アイデンティティの政治学

マイケル・ケニー
［著］
藤原　孝
山田竜作
松島雪江
青山円美
佐藤高尚
［訳］

日本経済評論社

レベッカ・グリーンハルとユアン・ケニーに

日本語版への序文

西洋の民主諸国での、特定の集団に属する市民の集合的アイデンティティは、それらの諸国の政治文化と公共圏において次第に力を増してきているようである。エスニシティ、文化的伝統、宗教的献身、性的志向、障害、ジェンダーと結びついた区分は、今日では立法上の関心と論争の的となってきた。このような潮流は、たいていの西洋の政治体では比較的新奇なものに見えるが、しかしアメリカ合衆国においてはそうではない。合衆国では、人種や宗教と結びついたアイデンティティは、長らく政治生活と文化の中心であり続けてきた。だが、アメリカの主導的な政治理論家たちの多くは、アイデンティティというファクターが政治に立ち入ることを、特殊アメリカ的な特異性とみなす傾向にあった。過去一〇年ほどの間に、アイデンティティが公共圏の中に入ってくることは、合衆国と他の西洋民主諸国の両方で、次第にノーマルなことと見られるようになってきている。

本書において私は、アイデンティティにもとづく政治の新たな突出が、英米系の自由主義的な知識人のあいだで、多くの抵抗に直面しさまざまな不安を生み出してきている事実を、示そうと思う。英語圏の世界から発せられてきた、リベラル・デモクラシーの理想に関するもっとも影響力のある説明では、シティズンシップは概して、人種やジェンダーや性的志向といったファクターの個別性に左右されない、法的資格であり道徳的気質であるとされてきた。英米系の自由主義のある立場からすれば、内省的・自律的で自己を信頼する民主的な市民のイメージは、その市民が属するあらゆる共同体やアイデンティティ集団に伴う束縛や紐帯から自由になれるということを含んでいる。また別の観点からすれば、マイノリティ文化や抑圧された集団と結びついた党派的な見地や価値は、民主的議論が要請する内省的で冷静な熟議を妨げるものだということになる。二〇世紀後半を通じての、何人かのフェミニストの研究者や多くの多元主義的哲学者の努力にもかかわらず、民主的シティズンシップに関する以上のような見方は、英米系の政治的思考において支配的であり続けているし、〝有徳の市民は、ジェンダー、人種、宗教、文化的背景の指標《マーキング》を持っているはずだ〟という考えに反対する根深いバイアスを強化するのに役立ってきた。

西洋において勃興した「アイデンティティの政治」は、必ずといってよいほど、シティズンシップに関する以上のような前提を疑問に付してきた。現在起きている論争は、〝市民というものを、あたかも人種やジェンダーや階級の個別性から独立したものとして想定することが、はたして公平で賢明なのだろうか〟〝デモクラシーというものは、その成員が、自分自身の独自の集団的な経験や価値にもとづいた議論をすると、苦痛を受けるようなものなのだろうか〟というものである。これらの規範的な問いは、英米系の主流の政治哲学における中心的なイシューとなってきている。これらの問いは、一連の「困難な事例《ハード・ケース》」――その多くは、アメリカの立憲的な法から生じている――に関するいくつかの論争を刺激している。その中には、〝宗教集団は、その雇用慣行において、民主的な文化の規範を破ることを許されるべきなのだろうか〟〝アーミッシュのような分離主義的な集団は、自らの共同体の中で子供たちを、伝統的で非自由主義的な価値にもとづいて教育することを許されるべきなのだろうか〟〝マイノリティ集団の成員は、自由主義国家から、文化の公的な保護と支援を受ける資格があるのだろうか〟という論争が含まれている。

私の著した本書では、これらの論争について三つの新たな次元が示されている。まず第一に、本書は、自由主義理論におけるこうした哲学的な論争に対して、単に新たに介入するよりもむしろ、それらの論争に関する理解しやすくかつ批判的な全体像を提示するものである。第二に私は、〝なぜ、またいかにして、これらの諸イシューが、イギリスとアメリカ合衆国における政治的思考にとって顕著なものとなってきたのか〟という、これまで無視されてきたが重要な問題を扱おうとした。本書が独自性を有する第三の側面は、今日的な英米系の自由主義思想における主たる規範的パラダイムに対する、私の批判的な検討によるものである。一方で、西洋自由主義の啓蒙主義的な遺産を擁護しようという批判者がいる。これらの思想家たちは、批判理性であれ、リベラル・デモクラシーの文化中立的な性格であれ、自律した個人という価値であれ、それらを強く主張することによって、特定の集団アイデンティティからなされる主張や議論を政治生活に持ち込むことに反対する論陣を精力的にはっている。他方、こうした幅広い立場に対抗して、過去一五年間に、ラディカルな多元主義者、多文化主義の提唱者、「差異」の理論家たちによる知的連合が形成されてきた。こうした理論家たちは、それぞれの仕方によって、英米系の自由主義が含意する合理主義と普遍主義に抗している。これらの異なる思想家たちが典型的に再構築しようとしているのは、自由主義の基礎である。つまり彼らは、文化的バイアスと知的傲慢さがより少ないように再構築された自由主義において、多様で差異化され分節化された西洋社会が再考されるべき仕方にはさまざまなものがあることを、指し示している。この両者の視角は強い影響力を持っている。だがこの両者はいずれも、私の見るところ、自由主義を支持する人々が落ち着くべきオルターナティヴを表していないのである。

幸運にも、西洋自由主義の伝統の中での多くの他の思想と洞察は、アイデンティティ集団の激増に対して、自由主義的な視点の中核部分を放棄することなく、より微妙で包摂的な対応を可能にしている。私が論じたいのは、この種の立場が、西洋自由主義の遺産の別の部分に力点を置く何人かの現代アメリカの理論家たちの著作の中に、見出し得るということである。この遺産の別の部分とは、つまり、ヨーロッパの宗教改革と結びついた宗教対立にならって、平和共存のための諸原理を確立しようという試みである。最近死去したジョン・ロールズの政治的自由主義に関する著作は特に、これらのイシューに関する政治的・道徳的英知に富んだものである。

英米系の政治理論に関心を持つ、日本および非西洋の読者にとっては、これらの知的・政治的潮流が西洋のデモクラシーに特有なものかどうかというのが、重要な問いであるに違いない。それとも、そうした潮流は、世界中でのデモクラシーの理論と実践の発展と改善と、より広い関係を持っているのだろうか。確かに、〃アイデンティティの政治に関する自由主義的な論争は、概して西洋に特有のものである〟と想定する誘惑に駆られがちではある。なぜなら、すべての普遍的な装いを持った英米系の哲学にとって、その哲学の関心の多くはしばしば地方《ローカル》の伝統と偶然の出来事によって規定されているからである。例えば、文化的マイノリティはどの程度自律性を享受すべきかに関する昨今のアメリカ合衆国での議論は、教会と国家との理想的な関係性に関する初期の論争に直接つながっていることを示している。一方、イギリスでは、エスニック・マイノリティは普遍的に適用されるルールから免除されるべきかどうか（例えば、強制的に決められた結婚や一夫多妻制に関して）をめぐる論議は、かつてイギリスの植民地であった領域から起こっている「逆移民《リバース・イミグレーション》」の歴史的パターンから起こっている。

しかしまた、〝これらの理論的潮流は単に特定の地域において重要なだけではない〟という考えを真剣に受け止める根拠、そして〝それらは［英米という］特定の国家を超えて、デモクラシーの実践と理解への関係を持っている〟と想定する根拠もまた、存在するかもしれないのである。三つの理由が、このような判断を支えている。第一に、もっとも戦闘的に個別主義的・文脈主義的な理論家でさえ、最後には、自分たちの見方はある単一の文化的コンテクストを越えて適用できるものであると擁護することになる。なぜなら、こうした理論家たちは典型的に、自己《セルフフッド》と道徳性に関する非偶然的な立場に訴えるからである。この意味で、〝民主諸国はアイデンティティにもとづく不平不満といかにして取り組むべきであるか〟あるいは〝自由主義には、寛容の価値を強調し、自律性の持つ排除的な意味あいを希薄にする余地がどの程度あるのか〟に関する現在の論争は、デモクラシーの意味を理論化する継続的なプロジェクトと結びつき得る。このプロジェクトは、いかなる意味においても、西洋だけのものではない。そして、これらの論争は非西洋の文脈においても妥当性があるという第二の理由は、政治に関する英米系の思考と東アジアの関心が、重なり合う一つの焦点によって特徴づけられるという可能性に関係している。西洋の自由主義理論家たちは次第に、文化的伝統や家族的忠節や社会的ネットワークの確立といった、東洋の学術者にとってはなじみのファクターが、民主的な実践と文化の発展にとってプラスとなるのかマイナスとなるのかについて、考察する傾向を示しているからである。

別の観点においては、これらのことがらに関して、西洋の経験がアジアのそれと何らかの類似点を持つという考えは、日本の読者にとっては奇異に映るかもしれない。「アイデンティティの政治」という考えそのものが、日本および東アジア諸国の政治的ボキャブラリーの中にないかもしれない。だがここでも、〝西洋の思考は特殊である〟という安易な前提を疑ってみることは重要である。「アイデンティティの政治」という名のもとに提起されている多くの［政治的］展開や諸問題は、非西洋諸国においても明らかに存在する。ただ、それらが異なった名で呼ばれ、異なった枠組みで捉えられているに過ぎない。西洋における「アイデンティティの政治」と結びついた二種類の社会的な挑戦は、東アジア社会にも関係している。第一に、インドネシアやマレーシアのように、エスニシティや言語に基づく複雑で著しい差異に影響されている諸国にとっては、デモクラシーが文化的差異をいかに公平に扱うかに関する論争は、明らかに重要なものである。そして第二に、日本のように文化的差異が比較的少ない社会であっても、グローバリゼーションと結びついたさまざまな経済的・社会的・文化的変容は、恐らく、より個人主義的で脱《ポスト》伝統的な政治文化――それらは西洋においては、アイデンティティにより自覚的な市民を育成する場であり続けている――に向けた、社会の変化や個人の態度の変化を促し始めているであろう。より相互依存的で文化的「他者」を意識する世界にあっては、二一世紀にデモクラシーが直面するさまざまな挑戦に関して、また、民主的シティズンシップが個人に要求することと、伝統や共同体や社会的アイデンティティが提供し続けている所属と安心とを、和解させることの重要性に関して、西洋と東洋のあいだでさらなる対話をし、相互に学び合うことが求められていると言えよう。

そのような知的交流がなされるためには、英語圏と日本語が使われる世界の両方の書物が、相互の学術者に利用可能にされることが重要である。ゆえに私は、本書『アイデンティティの政治学』が今や日本の読者に読まれ得るようになったことを嬉しく思っている。山田竜作氏のエネルギーと思考力と知的技量なくして、本書の翻訳は実現しなかっただろう。西洋と日本におけるデモクラシーの理論化の最前線を行き来する、山田氏の稀有な能力によって、彼は今日の世界に求められる学術的相互交流の見本となっている。本書の訳出に御尽力いただいた、日本大学の藤原孝教授、松島雪江氏、青山円美氏、佐藤高尚氏、そして山田氏に、私は深い感謝の意を表したい。また、日本語版の出版を引き受けてくださった日本経済評論社の皆様にも、御礼申し上げる次第である。

マイケル・ケニー

二〇〇四年一二月　シェフィールドにて

謝辞

本書の完成にあたっては、三つの機関から寛大な援助を受けている。二〇〇二年、私はイギリスの人文科学研究評議会（The UK's Arts and Humanities Research Board）から、在外研究奨学金を与えられた。また同年、私は本務校であるシェフィールド大学より、一セメスター間のサバティカル休暇を認めていただいた。そして、本書の内容に関するそもそもの着想は、私がオックスフォード大学ウォルフソン・カレッジに、チャーター・リサーチ・フェロー研究員として在職した時期に得られたものである。

私はまた、本書執筆のさまざまな段階で助言と支援をいただいた、多くの同僚たちに恩義がある。特に、ジェームズ・メドークロフト、ニック・スティーヴンソン、リーフ・ウェナーは、シェフィールドでの素晴らしくそして最悪のパブやレストランで、本書に関する議論をしてくださった。オックスフォード時代、マイケル・フリーデンは私を厚遇してくださるとともに、批判的な知見を提供していただいた。トニー・ペインには、本書執筆のあらゆる段階において、助言と励ましを受けた。アンドリュー・ギャンブル、ダンカン・ケリー、ラジブ・プラブハカーの諸氏は、本書の草稿を読んでくださり、非常に有益な示唆と批判をくださった。さらに、過去数年間にわたって、アンソニー・アーブラスター、マシュー・フェステンステイン、ボブ・スターン、アンドリュー・ヴィンセント、マウレーン・ホワイトブルークとの会話の中から、本書が扱うトピックについて多く得るものがあった。

私は、忍耐強い支援をいただいたデヴィッド・ヘルドおよびポリティ社の編集スタッフ、本書執筆の初期段階で関心を示してくれたレベッカ・ハーキン、さらに本書を仕上げるにあたって通読してくれたレイチェル・カーとアンドレア・ドゥルガンに、感謝申し上げたい。

だが、以上にもまして感謝したいのは、わが息子ユアンと、妻のベッキーである。ユアンは私たち両親に喜びをもたらしてくれ、新しいアイデンティティの鋭敏さと楽しみを教えてくれた。ベッキーは、本書執筆を通じての、愛情と支えとよきアドヴァイスの尽きせぬ源泉であった。私は本書を、この二人に捧げたい。

凡例

一、本書は、Michael Kenny, *The Politics of Identity : Liberal Political Theory and the Dilemmas of Difference*, Cambridge : Polity Press, 2004の全訳である。原著者による「日本語版への序文」もあわせて訳出されている。

一、訳文では、次のような要領にしたがって諸記号を用いている。

①「　」は原文で ‵ ′ で示された引用文および語句または論文名を示す。

②『　』は原文でイタリックで表記された書名を示す。

③［　］は訳者による補足を示す。

④訳者の判断で、読みやすさを考慮して適宜〝　〟を挿入した。

⑤原文中のイタリックによる強調部分は、訳文の該当箇所に傍点を付した。

一、本文中の（　）内に記される参考文献の表示は、基本的に、当該文献の著者名、出版年、ページ数の順に並べられている。巻末に参考文献を掲載し、邦訳のある文献についてはそこに邦訳書のタイトルその他を示した。

一、引用部分の訳出に際しては、邦訳のある場合は参照しつつ、本文との整合性を保つために、適宜訳文を変えてある。

一、原書では、注の部分が巻末に一括されているが、本訳書ではこれを各章末に置いた。

一、索引は原著に従って作成したが、訳者の判断で一部省略し、巻末に収めた。

アイデンティティの政治学／目次

序章

　集団アイデンティティにもとづく政治概念は、利益や改革、またイデオロギーなどにもとづく政治概念とは対照的に、過去二〇年間、数多くの民主主義国家の人々の関心を集めてきた。アイデンティティにもとづく政治は、すべての政治関係者や政治理論家の考察対象となり、希望を呼び起こしたり、あるいは不安を抱かせたりするものであった。英語圏の政治理論の中で、このアイデンティティの政治は、いくつかの激しい哲学的論争と結びついてきた。例えば、マイノリティ・グループに権利を割り当てることにはいかなる利点があるのか、また今や「差異」というものは（ポスト）近代社会の中で、個人性と道徳性が有効に作用する規範的な原理となるのかどうか。政治的協力の可能性を探る場合、道徳的不一致や社会的多元性が意味するものは何か、政治的価値の共約不可能性とは何を意味するのか、市民社会や民主的シティズンシップに対してなされる、道徳的・社会的挑戦とは何か、といった論争である。アイデンティティの政治が注目されるようになった理由は、それが多様な政治的関心と関わり、それに賛成する側からも反対する側からも激しい反応を引き起こしたからであった。

　政治理論の世界の中で、アイデンティティの政治の意味合いは、英米の政治哲学者のグループによって推進された、二つの典型的な規範的議論との関連で構成されてきた。第一に過去二〇年間の主要な自由主義論者のうち何人かは、リベラル・デモクラシーが果たして独自の集団的アイデンティティの言説に根ざす主張と行動が、両立し得るかどうかを問題にしてきた。また何人かの論者たちは、アイデンティティの政治が隆盛し、それが知的な注目を集めたことを目のあたりにして、アイデンティティの政治は民主社会にとって重大な脅威であるといった踏み込んだ議論を展開している。それらに関連した第二の議論は、ある政治形態では、個人を他者と結びつけ、社会に貢献すべきものと促し、集団への連帯と責務を引き受けさせようとするものであるが、そのようなことは個人が市民であることを不可能にしがちであるとするものである。この議論によれば、民主的シティズンシップを支えている実践と権利は、示唆されている通り、アイデンティティの請求によって危険に晒されているというのである。このような議論に対抗する主要な主張は、自由主義哲学の知的基礎づけに対して批判的な攻撃を果敢にしかけようとする多元主義者たちによってなされた。こうした陣営（多文化主義者、「差異」の政治の提唱者、集団の承認の理想を擁護する人々などを含む）の内部からは、「アイデンティティの政治は、自由主義政治形態およびその構成的な政治的、道徳的規範の終焉と限界の前兆となっている」とする主張が広がっている。

本書を執筆するそもそもの動機は、このようなアイデンティティの政治への対立的な見方が流行していることに対して、筆者が関心を持ったことであり、自由主義的な政治学の議論としてこれら諸議論が持つ分析的・規範的価値に対して懐疑的になったことである。アイデンティティの政治という名で呼ばれている社会的・政治的現象が、これらと対立する枠組みによって、即座に、そして完全に閉め出されているのはなぜなのだろうか。一部の分析的哲学者が主張するように、アイデンティティの政治に対して自由主義者が反対しなければならないものとして解釈することは正しいのだろうか。さらにアイデンティティの政治の具体的事例として引き合いに出される、多くの多様な運動、集団、共同体、ネットワーク、組織などの主張とそれらの意義を、道徳哲学者たちの解釈との関連で説明することが賢明なのだろうか。これらの対立する立場双方に対して筆者が違和感を感じるのは、以下の点に気づいたからである。つまり、真理、進歩、理性が自分の側にあると信じて疑わない自由主義と、積極的に多元的で多文化主義的な自由主義とのあいだに、対抗関係があるということである。こうした二分法は、領域が拡大する政治的・道徳的な論争に関して、議論のための専門的な用語を創り出すようになっている(Mendus, 1993)。そして、その用語は単に政治哲学者の体質を構成するゼミ室、学術雑誌、学会の中だけで流行しているのではない(Katznelson, 1996)。それは、より一般的に、公衆の議論の中にも顕著に現れている。二〇〇一年九月一一日の大事件に対する多くの世論形成者や解説者たちの反応は、この両極的な思考の影響力と限界について重大であるけれども厄介な事例を提供した。(1) これらの選択肢のどちらも、私が議論するように、アイデンティティの政治に関連したディレンマに対する健全な、あるいは成熟した道徳的反応をもたらしてはいないように思われる。自由主義を持ち出すこれらのかなり貧相な方法と、欧米の伝統的な自由主義政治思想の歴史的発展を特徴づける洞察の豊かさ、多様性、鋭さとの関連性について、私は他の政治思想研究者と同様に疑問を感じている。(2)

本書の主要な目的は、これらの対立関係にある自由主義哲学者たちが生み出している、アイデンティティの政治に関するさまざまな議論を読者に紹介すること、そしてこれらの問題への明らかな自由主義的な反応として、どれだけ妥当性を持つのかについて、批判的な考えを提供することである。この二番目の目的は、現代の自由主義政治理論の特徴に関する、より一般的な現在進行中の議論と関連している。多くの政治哲学者たちにとって、自由主義は、議論の余地がないかのように思われる一連の道徳的規範――通常は、平等・自由、そして社会正義といった諸価値のいくつかの組み合わせと定義される――の集合体を示している。これらの道徳的規範は、競合しあう規範的主張を評価する際のベンチマークとして用いられる。しかしながら、これは自由主義政治思想を用いて理解するための単に一つの方法でしかない。このアプローチは、政治的な問題の偶然性と複雑さを無視し、多次元で複雑な政治問題を単純化してしまい、自由主義哲学の前提を探求することよりもむしろ、所与のものとして受け入れてしまっている(Newey, 2001)。

政治概念に関するほかの研究者と同様に、私はすでに述べてきたように、自由主義政治理論に対してかなり異なったアプローチを展開する。私は自由主義を、歴史的に進化し、文化的には偶発的で、その内部においては多様な、諸々の政治思想の「一群」として理解する。[3] この見解に従うならば、自由主義は、議論の余地のない一連の道徳的規範あるいは方法論的規定というよりも、むしろ論争可能で流動的、そして複雑な観念領域の問題なのである。[4] 私は合理的および個別主義的な現代自由主義哲学のそれぞれの形態を紹介し、これらを批判的に検討する。そして私はそれらと対照的に、普遍主義および個別主義の倫理的コミットメントを織り交ぜ、自律性と多様性の価値を結合しようとするような、そうした政治化されたアイデンティティに対する自由主義的なアプローチのメリットを提案する。このようなアプローチの中に、例えばジョン・ロールズの政治的自由主義のような、西欧とアメリカにおける自由主義思想の伝統における、最も深みのある道徳的で政治的ないくつかの洞察を復活させる議論がある。私は、自由主義者はさまざまな立場を超えて、一定の立場に立つべきであると考えるが、それは、自由主義的な遺産を正当に主張できる政治的・道徳的議論にはさまざまなものがあるということを前提にしてである。

そして本書は、自由主義政治理論に関して今日流行しているいくつかの哲学的主張に対する筆者の懐疑から成り立っており、とくに政治理論家たちがアイデンティティの政治を解釈してきたさまざまな仕方の価値や、それが含意するものを評価してみたいという関心によって成り立っている。本書は、自由主義的なデモクラシー思想における中心的概念——特に、シティズンシップ、アソシエーション、市民社会——に関する諸議論が、アイデンティティの政治に対する多くの自由主義者の反応の仕方を構成しているということに光が当てられるように構成されている。第二～五章において、私は民主社会に関するいくつかの主要な現代自由主義理論から、アイデンティティの政治の特徴に関していかにさまざまな批判的概念が生じたかを考察する。これらの議論は、アイデンティティの政治を、自由主義的な政治秩序とは相容れず、むしろそれを脅かすものとして描く傾向とオーバーラップしている。私はまた、第七・八章において、一見新奇な概念的関心——特に「承認」と「差異」に関するもように構成されている。

努力の中核であり続けてきたのかを考察する。これらすべての章は、一つの主題的論理、つまり、アイデンティティの政治に関連して引き起こされたいくつかの中心的概念に関する、自由主義的な議論の多様性を強調できるように構成されている。

これらの議論に対する指針を読者に提供するのと同時に、私は一方で、自律性、あるいは個人性の「包括的価値」にもとづく自由主義が提起した、選択をめぐる二極化した論争の影響を批判的に評価しようと試みる。また他方で、文化的遺産の道徳的価値、差異の規定的規範、承認の重要性といった根拠づけによる自由主義の多文化主義者的再生の正当化を試みる。このような多文化主義的な立場の間のいくつかの重要な特徴と不一致を指摘するが、同時にまた、これらの異なった多元的な議論に関係する一般的な哲学的特徴にも注目する。その一般的な特徴とは、もはや存在しないとされる普遍主義的な自由主義的論法に対抗するものとして、個別主義的な哲学的見解のメリットを主張する傾向性である。アイデンティティの政治のような現象の政治的理論化は、あまりにもしばしば、啓蒙主義的傲慢さか多文化主義的個別主義かというマニ教的二元論の、オール・オア・ナッシング的な選択を要求するように見うけられる。

これらは決して、アイデンティティの政治の主張やディレンマや道徳的含意に関連して、適切であると自由主義者がみなすべき唯一の規範的選択肢なのではない。その理由はいくつかある。第一に、これら対立し合う観点はどちらも、決定的な理由を独占しているわけではない。これら両者の議論の方向性の中に、リベラル・デモクラシーの性格に関する重要な見識があり、またアイデンティティの政治の危険性や期待が存在する。だがそこにはまた、いくつかの重要な盲点も存在するのである。第二に、自由主義は、その内部に多様性を抱えるイデオロギー的集合体であり、今日的な諸問題に対してかなり異なったアプローチを提案している多くの議論の根拠地なのである。何人かの重要な自由主義思想家は、普遍主義的な思想が個別主義的洞察と重なり合うとする政治理論を発展させてきた。現代の論争において、この普遍主義的な思想が個別主義的洞察と重なり合うとする構想に適合する議論は、アイデンティティの政治と結びついた道徳的ディレンマをほぐすためには、とりわけ適切である。なぜならそうした構想は、自由主義哲学がしばしばもたらす分析以上に、よりコンテクストに敏感な分析だと言えるからである。現代政治理論の中で、こうした立場は程度の差はあれ、政治的自由主義を反映している。政治的自由主義は、多元主義的な批判者があまりにも性急に捨て去ってしまったパースペクティブなのである。こうしたパラダイムの内部から、自尊心の社会基盤の重要性と、アイデンティティの政治に特に妥当性を持つ市民性《シヴィリティー》の価値に関する重要な議論が生まれる。

これら二つの立場のいずれをも超えた論争的な領域を検討する三つ目の理由は、アイデンティティの政治それ自体に関わるものである。このアイデンティティの政治というパラダイムに関連づけられた主張、ディレンマ、行動は、私が考える限り単一の、あるいは狭く発想されたいかなる政治─倫理的理論においても、捉えることは不可能であろう。これにはいくつかの理由がある。すなわち、個々人が属する集合的なアイデンティティに、個々人が関わりあう仕方が常に曖昧であるということ。アイデンティティの政治が、集団が強調したり、目立たなくさせたりすることが可能な、行動と修辞上の広範なレパートリーの一つの側面を現しているということ。そして、自発的に選択されたものではないさまざまアイデンティティ――例えば、障害、人種、ジェンダーによるもの――との関連で生じた、いくつかのアソシエーションや集団が、道徳的価値と社会資本の源泉であり、民主的な善に資するかもしれないこと(5)、などである。

アイデンティティの政治によって提起されたディレンマに、自由主義哲学者たちがどのように反応してきたのかを理解するために、国家的《ナショナル》な背景を考察したり、特定の著作に固執することは非常に重要である。これらのアイデンティティの政治という社会的現象を、たとえばデモクラシーの敵だとか、社会的解放と個人の表現の手段であるとして規範的に構築する中で、それらについてのいくつかの重要な脅威と懸念が形成される。これらはある特定の規範的議論を促進・強化し、その議論に反対する者から正当性を奪うために用いられる。従って、アイデンティの政治の政治的意義を考えるとき、どのように、そして、なぜ、政治理論家たちはこの「問題」に焦点を当てるようになり、これらの現象を規範的に説明する際の広範な政治的文脈を考察するようになったのかを熟考することは重要である。アイデンティティの政治のレトリックに対する社会的個別性と特異性が重要であることを考えると、このパラダイムが現われた国家的《ナショナル》な文脈を解釈しようという関心がほとんどないということは顕著なことである。したがって私は、特殊国家的《ナショナル》な背景を持つ二つの国、すなわちアメリカとイギリスに注目してきた。しかし厳密にこの方法をとるというわけではない。たとえば私は、カナダ人学者であるチャールズ・テイラーの重要な思想を考察する。なぜなら、テイラーおよびその他の人々は、英米系の自由主義哲学者たちが過去一〇年間、社会的アイデンティティと文化の問題に取り組んできた方法に対して大きな影響を与えているからである。しかし、ある程度の国家的《ナショナル》な特異性を考慮することによって、国家の政治文化とイデオロギー的な伝統の差異がどのように、アイデンティティの政治の本質と重要性をめぐる考えを形作ってきたのかを考察することが可能になる。

アメリカとイギリスを並列することには、特別な歴史的理由も存在する。多くのイギリスの知識人にとって、アイデンティティの政治は最近までアメリカ固有の現象であり、したがってそれはイギリスの政治には特異なものと見えていた。加えて、近年、あるいはそれ以前に、多くの重要なイデオロギー的発展と政治的議論を産みだしてきた、特殊英米的な知的空間の重要性を考察することは意味のあることである。いくつかの相違にもかかわらず、これらのアメリカとイギリスという国家的《ナショナル》な共同体を横断する知的言説の共通性が存在するのである。その共通性とは、たとえば政治哲学に対する特殊英米的な分析的アプローチの出現を支えてきた一つの属性である(Barry, 1999)。

アイデンティティの政治それ自体の観点から見て、先住民の権利と主張に関する問題が中心的議論になる英語圏の文脈――とりわけ、オーストラリア、ニュージーランド、カナダ――と、アフリカ、アジア、ラテンアメリカからの移民の波が近年増加しつつあることへの英米の関心の間には、それ相応の、一般的な違いがいくつかある。すなわち、市民社会における宗教団体の台頭、女性およびゲイの権利運動のような勢力の文化的・道徳的な影響、そしていわゆる市民文化の衰退と、「反政治」勢力の台頭に関する共通の論争である。それらの議論におけるさまざまな論点において、私は英米系の哲学者の間での知的関心の共通点と、そうした哲学者たちによってアイデンティティの政治が理論化される仕方の、国《ナショナル》ごとの差異の両方について言及するつもりである。

これまでの段階で明らかなように、この研究の主要な焦点は、特に自由主義的な政治の理論化にあり、より一般的には、アイデンティティの政治に関連した社会的勢力と形態についての規範的議論にある。本書はこのアイデンティティの政治という表題の下に置かれた運動・集団・共同体の徹底した調査結果を提供することを意図するものではないし、それらに関する異なった分析的・歴史的解釈の包括的な調査でもない。本書は、これらの勢力が引き起こした、いくつかの政治的・道徳的ディレンマを考察し、それらの活動と影響のいくつかを見出そうとする研究を紹介するものである。しかしながら、少数民族、主要な社会運動、または市民社会における新たなネットワークの類に関する経験的、または歴史的な資料に関心のある読者は、これらのそれぞれの題材をもっぱら扱っている別の文献を参照するようお奨めする。今日、そのような研究や、これらの集団に関する歴史的・社会理論的な解釈はあり過ぎるほどある。本書の目的は、英米の自由主義理論家たちがアイデンティティの政治を描写し解釈するためにこれまで選択してきた仕方について、詳細な検討を加えることである。本書はまた、政治哲学者たちがアイデンティティの政治について典型的に追求しているいくつかの主要な問いに対して、異なった種類の自由主義的アプローチにメリットがあることを正当化することをも目的としている。

本書には一定の枠組みが存在し、道徳哲学の一部として政治理論にアプローチしようという人々にはいくらか正統ではないかもしれないような順序で、議論を展開していくことにする。議論のさまざまな段階、特に第六章において、私は、集団アイデンティティの経験的で概念的な複雑さのいくらかがより良く理解されるように、自由主義理論が社会理論として再結合することで利点が得られるかどうかを考察するという、どちらかと言えば一般的ではない方法をとる。一見して特異に見えるかもしれない本書でのアプローチは、実際には、自由主義理論の初期の段階の特徴への回帰であると考えられるであろう。

また、別の観点から言えば、私がアイデンティティの政治を扱う方法は、現在通用している哲学的考察の慣行から外れることになる。英米の自由主義哲学者の間で、アイデンティティの政治に関連したディレンマと発展は、次のような問題に関する「凝った」論争の中にしばしば取り込まれる。すなわち、特定の集団に権利を配分することの合法性、普遍的に適用されるべき法律からある集団を除外することの正当性、そして文化的慣行が個々人に課すコストに対して、個人が責任を負うのかどうか、といった問題である（Barry, 2001a；Kelly, 2002）。これらは多くの人々によって、アイデンティティにもとづいた政治的主張によってもたらされた典型的な「困難な事例」と考えられており、文化的多様性に関心を寄せた真摯な政治理論家たちが興味をもたざるをえない問題なのである。こうした問題が、道徳的観点と政治的観点の両方において重要であることは疑いないが、しかしそれらは政治理論家たちがこの領域の中で正統に提示できる唯一の有効な規範的な出発点や論争的な問いを表しているわけではない。私は対照的に、アイデンティティの政治に関しての一見して議論の余地のなさそうな道徳的意義をさらに持ち出して、混乱した知的市場に参入することよりも、むしろアイデンティティの政治によって生じたディレンマを自由主義哲学者たちがどのように構成したのか、その方法の特徴とメリットを検討しながら、異なった立場から自由主義的議論と社会的アイデンティティとの間の関連性を考察する。

多くの英語圏における政治哲学者が法律尊重主義的焦点を合わせることによって、自由主義者たちはある程度、アイデンティティの政治の出現によって生じたいくつかの問いの重要性から眼を逸らしてしまった。その重要な問いとは、すなわち民主的シティズンシップは社会的アイデンティティを引き起こす言説の議論や動員と矛盾しないのだろうかということである。より明確に言えば、キリスト教原理主義者や、敬虔なイスラム教徒、あるいは、政治意識が高いレズビアンたちは、善き市民になり得るのだろうか。そしてもしある人が、このようなアイデンティティの有利な立場から政治的議論を発展させた場合、他の同じ市民たちに許容される公共理性《パブリック・リーズン》を提供することは可能なのだろうか。(6) アイデンティティの政治は、現代市民社会のアソシエーション的文化の中に、究極的にはこの関係を脅かすウィルスを広めてしまうのだろうか。あるいはまた、アイデンティティの政治を実践する多くの社会運動、ネットワーク、集団の中には、発見されるべき道徳的、社会的価値があるのだろうか。これらの疑問を考察する中で、私は、カント主義者、自由平等主義者、自由共和主義者、「差異」の理論家、承認の政治の提唱者、そして、政治的自由主義の擁護者を含む一連の現代自由主義理論家たちの中での本質的に異なる議論を検討する。アイデンティティの政治のさまざまな局面は、これらの異なる立場によって解明されている。しかし私の見るところ、このアイデンティティの政治という政治的パラダイムが突きつけている挑戦との関連で、論争的な自由主義的・道徳的諸原理のもっとも期待しうる統合をもたらすものは、これらの中の最後のもの、すなわちロールズの政治的自由主義である。こうしたさまざまな理由から私は、現在の形態の多元主義によって、必然的に自由主義政治原理は放棄されなければならないか、またはアイデンティティの政治は、抜本的な再構築を余儀なくされるという広く流布されている考えに疑問を呈する。私はまた、アイデンティティの政治は、デモクラシーにとってトラブル以外のなにものでもないと広く表明されている「常識」に対しても、異を唱えるものである。

英語圏の自由主義の両極化した反応は、ある程度自由主義者が利用できる政治的議論に対する縛りの効果をもたらせ、有益というよりむしろ、結果的にアイデンティティの政治への一元的な評価を招いている。しかし実際には自由主義政治の伝統は、個人性、シティズンシップ、多様性といった価値を調和させるさまざまな方法を提供してもいる。実際、私が本書で述べるように、自由主義者たちが押し付けられたアイデンティティを通して生じた不平等と害悪について考察しようとするならば、差異や文化的真正さの価値といった基準に対するものとしての、民主的シティズンシップを支える諸価値の説明と関連して考察すべきなのである。

説得力のある、有益な自由主義の議論の視座を、カント的普遍主義と倫理個別主義に代表される対立極の中に嵌め込むためには、それなりの説明を必要とするものだ。自由主義理論をこのように限定する理由の一つは、重要な社会的、心理学的考察を無視するという結果をもたらせたアカデミックな政治理論化の自閉的な性格にある。[7] その他の理由は、レイモンド・ゴイスが「純粋な規範性」と名づけたものに哲学的に傾倒する支配的傾向性である。すなわち、「最もありふれた場合において、規範性は私たちにある明確な決定を与えてくれる。その決定は、規範的判断に先立つべき分析が、複雑な状況を人為的に単純かつ明快にするという理由のみで、もっともらしく見える」というのである（Geuss, 2002 : 332）。そして、歴史的観点からすれば、自由主義が発展途上の思想なのであるということに注意を払わないと、自由主義を発展させるいくつかの重要な政治的、社会的影響についての健忘症を引き起こしてしまうのである。

（1）二〇〇一年九・一一およびアフガン戦争以後、自由主義者の中で湧き起こった議論の対立の図式は、以下で見ることが出来る。Bunting（2001）、とりわけ自由主義の「硬」・「軟」の用語に関する彼女の議論を参照。
（2）現代自由主義哲学と自由主義の政治的伝統の関係については、以下を参照。Kloppenberg（1998 : 3-20）, Freeden（1996 : 226-75）, Gaus（2000）.
（3）この意味で私は、自由主義の政治版と同様に哲学的な自由主義に対して、自由主義という同じイデオロギー的一群の中で疎遠になったものとしてアプローチすることが正当であるとする立場に立つ。Freeden, 1996.
（4）この多様性は、自由主義の現代の哲学的議論に現れがちな二分法――例えば「啓蒙」と「改革」の繋がりや、「寛容」対「自律性」という結びつき――を超えて拡散する（Galston, 1995 ; Gray, 2000a）。
（5）この考えは以下で広範に考察されている。Gutmann（2003）.
（6）私は英語圏の理論家たちをこのように性格づけているが、そこには多くの重要な例外がある。とりわけシティズンシップと人権に関する議論と関連した、デヴィッド・ミラーによる集団の権利に関わる重要な議論（Miller, 2002a）や、それにエイミー・ガットマンのアイデンティティの政治への思慮深い自由主義的評価がある（Gutmann, 2003）。

（7）政治哲学に対して道徳的心理学が持つ重要性に関するものとしては、以下で強調されている。Rosenblum（1998a）．

第1章　アイデンティティの政治の性格とその起源

われわれの現代的条件は、新たな形態のアイデンティティの政治が地球規模で起こっているということによって特徴づけられる。これらの新たな形態は、アメリカ革命およびフランス革命によってもたらされた普遍的な諸原理と、ナショナリティ、エスニシティ、宗教、ジェンダー、「人種」、言語といった個別性とのあいだの、過去幾世紀にもわたって存在してきた緊張関係を複雑にし、増大させてもいる。(Benhabib, 2002 : vii)

はじめに

新しい種類の政治、すなわち社会的アイデンティティの独自性に基づいた政治が、民主的生活の中に出現した――という観念は、次第によく知られたものになってきている。こうした観念によって連想されるのは、アイデンティティに基盤を置く政治を実際に行う、多くの運動、集団、文化的共同体である。こうした集団は、民主的な政治・社会において、両義的で時には不快な役割を占めてはいるものの、しかしそれらの影響力、アピール、インパクトは増大しつつあるように見える。そしてこのことは、多くの論者を驚かせている。近代政治の主たる伝統を支持する者は、こうした展開に困惑し、明らかな嫌悪感を示しさえしている。

何人かの論者は、アイデンティティの政治を、民主国家の性格と文化の質的変化を示すものとして見ている（Wolfe and Klausen, 2000；Elshtain, 1995）。そのような論者によれば、近代の政治生活を動かす主要な軸と力学は、過去三〇年のあいだに根源的な変容を経験した。個人の利益やイデオロギー論争によって動かされる政治的諸関係《アラインメント》から、文化――そこでは、包括的な集団という名の下に市民が集まり、集合的パーソナリティと独自の文化を持つ――へ、というシフトを反映しているのが、アイデンティティの政治であるというのである。こうした理解は、現代の政治生活に関するさまざまな悲観的な言説の基となっている。つまり現代の政治生活においては、民主国家での生活の「黄金期」といわれるものが、アイデンティティの勃興に示される新たな野蛮に、対比されるのである（Schlesinger, 1998）。しかしながら、私が示そうと思うのは、アイデンティティの政治に関与することが必ずしも、リベラル・デモクラシーが終焉しつつあるという主張につながるわけではない、ということである。

政治・社会生活における集団アイデンティティの突出（salience）に関する、非常に異なった、長期にわたって形成された理解は、アメリカ例外論《アメリカン・エクセプショナリズム》の伝統を呼び起こすものである（Lipset, 1996）。この見方からすれば、アイデンティティの政治は、アメリカ政治文化の特異性に必然的なものであり、アメリカの市民社会においてエスニック集団および宗教的集団が比類なく重要であるということと同時に、連邦国家が比較的に脆弱であることを反映している。〝他の英語圏諸国の観点からすれば、アメリカ合衆国は多くの重要な面で異質である〟という主張には、確かにメリットもある。だが、このような例外論的な説明の立脚点は、過去三〇年間に実質的に掘り崩されてきたのである（その理由については、以下で議論する）。

「アイデンティティ」あるいは「差異」に基礎づけられた政治の規範的なメリットは、近年、論争の主要なトピックとなり、英語圏の政治理論の広範な批判の標的となってきた。特に合衆国の内部においては、政治理論の多くは、〝アイデンティティの政治がリベラル・デモクラシーの「安定した」説明を混乱させる〟という挑戦と脅威との批判的検討をめぐって、行きつ戻りつしている。以下に見るように、このような見方は、こうした新たな種類の集団多元主義が道徳的に逆機能していることに関する、影響力を持つ多くの批判的説明を堅持している。一方、この批判的な合意に対抗すべく結集した立場も存在する。この対抗的な立場は一貫して、集団多元主義のメリットと政治的重要性を強調したいと考え、特にマイノリティ文化の重要性に光を当てている（Kymlicka, 1995, 1998；Carens, 2000；Young, 1990；Parekh, 2000；Williams, 1998）。この立場は、自由主義的および非自由主義的な多様な源泉に依拠している。私は第二章において、こうした立場の輪郭をスケッチしてみることとする。要するに、アイデンティティの政治のもっとも影響力のある規範的―政治的構成の責任は、こうした立場にある。(1)これらのパースペクティヴのための一般的な知的系譜は、西洋思想の血統の中に辿ることができる。そしてまた、現代の諸議論の先駆者として呼び出される、ロマン主義、道徳的多元主義《モラル・プルーラリズム》、哲学的一元論といった、幅広い伝統の中に辿ることができる。しかし興味深いことに、比較的最近の政治的な諸文脈と影響については、まだ十分に追究されていない。ゆえにこの章では、過去三〇年間の社会主義・社会民主主義思想の危機と改革の重要性に、重点を置くこととする。アメリカ合衆国とイギリスの両方におけるニュー・レフトの遺産から起こった論争が、現代の哲学的議論の特に重要な背景を成しているのである。(2)

アイデンティティの政治を理解する

「アイデンティティの政治（identity politics）」および「アイデンティティの政治（politics of identity）」という、相互に密接な関係を持つ用語は、集団の行動《グループ・ビヘイヴィア》と政治的議論における多くの変質に言及するために、広く用いられている。(3)英語圏の政治理論においては、これらの用語は、一九六〇年代以来、以前には――自由主義社会の支配的文化や政治的左翼の政治的論点によって――隠蔽され抑圧され無視されてきた多様な集合的アイデンティティに基づいた、新たな種類の社会運動の登場に光を当てるために、典型的に用いられてきた。女性やゲイの解放運動はしばしば、このようなアイデンティティを指向した動員の典型的な事例と見なされた。これらを含めた諸運動は、特定の社会的「指標《マーキング》」を持つ個人の利害とものの見方を形成するような、特有の共有されたアイデンティティが持つメリットを、力強く支持する議論を展開した。アイデンティティの政治は、

個人に……自身の自己概念化にとってまさに基本的な諸要素を基盤にした政治的プロジェクトとの結びつきを与えた［と言われる］。これらの集団のメンバーたちは、より多数の人々から自分たちを区別するような、ある重要な性質を共有するものとして自らを見なす。すなわち、差異に基づいた共通性《コモナリティ》である。（Hoover, 2001：201）

アイデンティティの政治をこのように解釈すること――すなわち、かつては恣意的で非政治的と見なされていたクリーヴィッジを政治化しようと試みてきた、そうした社会的な諸勢力を、集合的に記述するものとして、アイデンティティの政治を解釈すること――は、広く行きわたっており、そうした諸勢力に共鳴する知識人のあいだにだけ通用する解釈というわけではない。他の集団もまた、こうした諸運動の事例にならって、同様の種類の個別主義的レトリックと使命感を用いてきた、とされる。それに引き続いて、アイデンティティの政治は政治状況において一定の位置を占めるようになり、それまでなじみのものであったイデオロギーや政治的構図《アラインメント》を浸食し崩壊させた（Hoover, 2001；Purvis and Hunt, 1999）。こうした「ニュー・ポリティクス」は本質的に、政治的な問題と政治的でない問題とのあいだの適切な境界に関する既成の思想を、破壊するようなものである。

だが、このようなニュー・ポリティクスの動因となる社会的勢力をどう認知するかは、概して、それぞれの国

ごとの文脈と関心によって異なっている（Ivison, 2002 ; Kymlicka and Opalski, 2001）。例えば、オーストラリアやカナダの理論家たちのあいだでは、これらの社会的勢力は、土地の所有権をめぐる原住民の闘争をリードする運動として想定される（Kymlicka, 1995）。アメリカ合衆国においては、アイデンティティの政治という考えが適用されるのは、宗教団体と国家、あるいはアーミッシュのような集団の分離主義的欲求と結びついた道徳的・政治的闘争といった、長きにわたって形成された緊張関係に関するものや、または政治生活における人種とエスニシティの突出に反応するものである（Edsall and Edsall, 1991 ; Kymlicka and Norman, 2000）。イギリスや西ヨーロッパでは、アイデンティティの政治はもっと一般的に、マジョリティの文化的慣行《カルチュラル・プラクティス》と、多様な移民および宗教的マイノリティとのあいだの衝突と結びついた、政治的対立の産物であると、広く見なされている。

　アイデンティティの政治という言葉が当てはまる集合的な主体の範囲が拡大するにつれて、それらの主体が共通に持っているもの、あるいは共通してなすことはいったい何なのかということが、より顕著に問われるようになった。この問いに対する答えとして広く受け容れられているのは、多くの集団にとって中心にあるアイデンティティが非選択《アンチョーズン》的な性格を持つということである[4]（Galeotti, 2002）。アイデンティティの動員は、諸個人が自覚的に選択したわけではない社会的「指標《マーカー》」——例えば黒人、ゲイ、ラテン系、アーミッシュ系など——を背景として起こっている。もっとも、この観点からすれば、宗教的帰属性《アフィリエーション》は必ずしも明瞭でない位置を占めるのだが（この点については第二章で述べる）。しかし、現代的なアイデンティティの政治を、「非選択的（ascriptive）」アイデンティティを政治化する推進力として解釈することが、もっともらしさを持つのは、ある点までである[5]。というのは、選択されていない集合的アイデンティティの中には、長いあいだ、広範で有力な政治闘争の基盤となってきたもの——その最も顕著な事例は、民族主義的《ナショナリスト》運動——もあるからである。これは、アイデンティティの政治のパラダイムが特に目新しいものではないことを示す事実に見える[6]。道徳的な観点からすれば、後に（第二章で）見るように、選択されたアイデンティティと非選択的《アスクリプティヴ》なアイデンティティという二分論は、あまりに硬直していて、アイデンティティの政治が自由主義に対して提起する複雑な倫理的ディレンマを把握できない。そのようなディレンマは、例えば、諸個人は正統でない文化的慣行のコストを甘受するべきか否かをめぐる、重要な継続中の論争に見られるものである（Cohen, 1999；Barry, 2001a；Caney, 2002；Kelly, 2002：71-4）。だが、こうした規範的な複雑性を別にしても、明らかなのは、直接に選択されたわけではない――人種、ジェンダー、階級、障害、セクシュアリティなどに基づく――「指標《マーキング》」を政治化したいとする欲求が、アイデンティティの政治が起こるための、十分ではないにせよ不可欠な特徴だということである。

　それらの集団が共通に持っているもの、あるいは共通してなすことはいったい何なのか、という問いに別の見方から答えるならば、それは〝政治的あるいはイデオロギー的メッセージを、それらの集団が根底に持っている〟と見る解釈の中に見出される。この解釈はしばしば、次のような考えを通じて表明される。つまり、〝そうした諸集団は、何が政治的であり何がそうでないかに関する既成の概念やなじみの政治的伝統に対して、挑戦しようとする場合に団結する〟という考えである。何人かの解釈者によれば、それらの諸集団は、軽蔑や差別に対して自らの価値の承認を要求することで、あるいは従来は非政治化されてきた諸問題や諸関係を突出させることで、英雄的な闘争を行っている（Williams, 1998；Young, 1990；Taylor, 1994）。このように解釈されるならば、アイデンティティの政治は、不正義に対する多くの異なった個別的な戦いという観を呈して進展する、解放の論理を内包している。そしてアイデンティティの政治は、政治の境界や政治の慣習《コンヴェンショナル》的な内容に対して挑戦する、という共通の熱望から発している、ということになる。

　そのような議論は、魅力的であると同時に問題もはらんでいる。こうした挑戦は、実際のところどれほど新しいものなのだろうか。政治の中心は何であるべきかを左右する既成の観念を揺り動かそうとしたり、自由主義が政治的領域から除外しようとしてきた諸問題や諸関係を実際に政治化しようとするような勢力は、決して、現代の民主政治において初めて登場したのではない（Calhoun, 1994；Melucci, 1989）。そうした諸勢力は、社会主義、共産主義、ファシズム、ナショナリズムを含む、無数の政治的伝統の中心的な動機の中に存在したのである。歴史的な観点からすれば、現代の諸集団は、政治に関する既成の思想に対抗し、市民社会に根ざした諸関係と不平等を明るみにしようとしてきた諸勢力の、長い系列の最新版と見ることもできるかもしれない。

何人かの批判者にとっては、そうした諸集団と、その批判者が生み出してきた多元主義とを区別するものは、より明確な政治的衝動《インパルス》——すなわち自由主義への敵愾心である（Macedo, 1990）。後に見るように、自由主義者たちの中には、アイデンティティの政治を実践する諸集団に対して徹して異議を唱えるものがいる。なぜなら、そのような集団は、民主的な交流や平等という規範を破壊するように見えるからである（Waldron, 1992）。確かに、これらの諸集団や共同体の中には、自由主義的な価値に対して抵抗するものや敵対的なものがあろう。しかし、それがアイデンティティの政治の一般的な特徴であるとすることには限界がある。〝すべての、あるいはほとんどのそうした諸集団は、自らを自由主義的な文化や信条に根本的に反対するものと見なしている〟と考えるのは、正確ではない。多くの場合は、自由主義的な価値のある特定の部分に対して批判的なのである。しかし、これらの諸集団をこのように二元論的・イデオロギー的に読み解こうとすることは、自由主義的な価値と、諸集団が形成してきた主流社会の文化的慣行との間に、異なった種類の和解《アコモデーション》があることを見えなくしてしまう。それはまた同時に、諸集団・諸運動が、やがて国家機関や政策共同体や政治的アクターとの多様な関係性を作り出す傾向性をもまた、見えにくくしてしまうのである（Dalton, 1994 ; Dalton et al., 1990）。

アイデンティティの政治の社会的重要性を説明しようとする関連的な試みは、〝そうした諸集団は、近代性の文化と価値に対して典型的に異を唱えている〟という考えから起こってきている。何人かの社会・政治理論家たちは、恣意的で非合理的な形の伝統を攻撃する集団と、それを護ろうとする集団とのあいだの道徳的区分を、擁護しようとしている。これらの理論家たちは、特に、左翼リバタリアン的な運動やキャンペーン、イシュー・ネットワーク、選択された親和的集団《アフィニティ・グループ》、自助組織《セルフ・ヘルプ・オーガニゼーション》を称賛している。これらは、既成の伝統や慣行を問題化することによって、社会的な因習の打破をなそうとしている（Giddens, 1994；Beck, 1999）。そして、こうした諸勢力が典型的に対比されるのは、集団のアイデンティティが固定化され具体化されているような、伝統的あるいは保守的な形態のアイデンティティの政治を実践する、運動や共同体である。だが、このように対比する議論には、次のような困難な問題点がある。つまり、女性運動のような一見して「近代的な」集合的主体は、一切合切の伝統を超越してしまうのでなく、むしろ別の伝統を体現する傾向がある、という点である。[7] それゆえ、アイデンティティの政治を、伝統と結びついた共同体や社会運動と結びつけるのは、自己矛盾である。集団の独自性というレトリックは、いくつかの諸集団が用いるものだが、それはしばしば共同体に、〝自分たちには、抑圧され無視されてきた一連の独自の伝統を持つ単一の文化があるのだ〟という考えを持たせるように働くのである。

〝移民や宗教団体やエスニック・マイノリティによって形成される多くのマイノリティ共同体は、単純に反近代であり伝統に親近的である〟という考えもまた、同様に説得に欠けるものである。こうした考えは、いくつかの集団が追求する保護主義的な衝動《インパルス》を表すものであるが、しかしそのような性格づけは、その集団内の個人が自由主義的な規範と文化的伝統のあいだに折り合いをつける仕方を無視している。より一般的に言えば、共同体の包囲への指向を、社会的な個人析出の過程と深く結びついたものと見なすことには、意味がある（Bauman, 2001；Beck, 1999）。アイデンティティに関するこれらの集合的な主張は、個人主義的な思考をまるごと放棄するよりむしろ、個人主義の品質証明をしてきたように見える。このことが特に明白なのは、アイデンティティの集団について、独自の集合的パーソナリティを持つものとして語る傾向性においてである（Vincent, 1989）。

そして、自由主義の観点からすれば、〝他の何にもまして伝統に結びついている諸文化を、道徳的に区別することは擁護できない〟とする、自由主義の主導的な理論家たちの議論は、明らかに説得力を持っていた。例えば、アイザイア・バーリンの著作においては、非自由主義的あるいは反自由主義的な感情や議論に耳を傾けることは、自由主義の盲点を理解するためにメリットがあるとして、正当化されているのである。バーリンは、道徳に関するその多元主義的な確信ゆえに、善に関するリベラルな概念にのみ値打ちがあるとは考えない自由主義的な哲学者の陣営に位置づけられた（Gray, 2000a；1995b）。以上の理由から、諸集団と、近代的なものおよび伝統的なものとの関係性は、本来的にあいまいなのである。

政治的・社会的な大きな物語との関係で、アイデンティティの政治の意味を確立しようとするさまざまな試みは、おそらく、異なった社会的諸勢力の敵および友を生み出すというだけで終わるであろう。[8] それらの試みは、集団の存在とインパクトを形作る異なった道徳的・社会的プロセスについて、ほとんど何も語ってはくれない。そうした試みはまた、既成の政治的伝統のためにその集団がどんなディレンマを生み出すかを、取り扱いそこねてしまう。今述べたことが、より明確な形で取り扱われるのは、新たな文化政治《カルチュラル・ポリティクス》が政治的課題《アジェンダ》に及ぼすインパクト——そして特に、新たな道徳的論議を生み出す可能性——を強調するような解釈においてである。過去二〇年間の民主的な政治生活において最も議論を呼んだいくつかの論点は、既成の政治的構図《アラインメント》と提携《アフィリエーション》から起こっているのである。そうした事例の中には、例えば中絶の問題のように、明らかに和解しがたい道徳的信条の源泉であるようなものや、アイデンティティの集団——この場合はフェミニズムの運動家と宗教団体——と結びついているものが含まれている（Ferree et al., 2002；Lovenduski and Outshoorn, 1986）。軍隊内のゲイに関する論争の例に見られるように、さまざまな論争的な問いは、アイデンティティに基づく社会集団の増大する闘争性と、そうした自己主張に対する反動とに関係している（Hunter, 1991）。また、母権と父権の基礎に関する論争のように、民主的生活の中にもともと存在してきた要素だが、アイデンティティの主張が広くなされる政治的文脈の中で、新たな論争性を獲得してきたものもある（Lovenduski and Randall, 1993；Young, 1986）。

したがって、何がアイデンティティの政治の定義であり、何がそれを他のものから区別するのかについて、明白な合意は存在しない。アイデンティティの政治という用語は、政治的領域への参入を求めている特定のサブ・ナショナルな集団を表すのであろうか、それとも集団生活の内部における反民主的で反自由主義的な害毒《ウイルス》を示すのであろうか。政治哲学者たちは概して、このような「アイデンティティの政治という」現象がいかに起こったかについては興味を示さず、議論の余地がないと推定されるリベラル・デモクラシーの慣行と規範の説明に関連して、そうした現象の規範的重要性を固定することの方に関わってきた。アイデンティティの政治に関して政治哲学者がこだわってきた主たる問いは、それがリベラル・デモクラシーの入口に敵が現れたことを示すのかどうかということだった。また政治哲学者たちは、民主的な市民社会――そこでは、集団の多様性は、利益に基づくアソシエーションの規範に置き換えられる――の中に、新種の多元主義的な論理が現れたのだろうかと考えた。政治哲学者たちは、このような問いに焦点を合わせてきたのだが、それによって彼らは、そうした異質な集団によって出される政治的主張やそれらの政治―倫理的インパクトが、もっと違った形の分析的・規範的応答を要求するかもしれないという可能性を、無視してきたのである。したがって、さまざまな解釈のどれか一つに固執するのでなく、そうした諸勢力を解釈すべき軸にはさまざまなものがあるのだという多元的な意識を持つことの方が、より有用である。それぞれの解釈は、「アイデンティティの政治」は利益追求を通じて成立しているグループ政治とは質的に異なったパラダイムを表しているのだ、ということを示す根拠を提供する。そして、さまざまな政治学者たちが、こうした効果に対して納得できるような概念的・経験的議論を展開してきているのである(Offe, 1998 ; Inglehart, 1997 ; Bickford, 1999)。以下では、アイデンティティの政治に対するこうしたアプローチに――少なくともイギリスとアメリカにおいては――適切な、三つの次元を示してみたい。それぞれの次元は、アイデンティティの政治の実践の独自性と重要性に関する重要な手がかりを与えてくれる。アイデンティティの政治という理念が意味を持ち、その多面的な倫理的性格が形成され始めるのは、これら三つの異なった次元に沿ってなのである。

新たな政治的主体

すでに暗示していたことだが、アイデンティティの政治を、社会集団の特定の部分集合と関係したカテゴリーとして記述することには、問題がある。しかし、アイデンティティの政治に引きつけられそれに携わるような特定の集合性《コレクティヴィティ》を考察することは、明らかに重要なことである。このことが特に当てはまるのは、アイデンティティの政治と結びついた共同体と運動の、複雑で偶然的な歴史があげられるからである。例えばアメリカ合衆国では、人種的帰属化《アイデンティフィケーション》の政治には、障害者などの扱いには反映されない特異性と感受性がある。短絡的なリストアップに頼った分析（それは、エスニック・マイノリティ、女性団体、教会、民族的《ナショナル》マイノリティ、等々をひとくくりにしてしまう）は、政治化されたアイデンティティの新たな主体を描写する場合には、それぞれの集団が歴史的・イデオロギー的に特異なものであることを無視する傾向がある。

アイデンティティの政治に共感する分析者は、その政治をもっぱら新種の集団の出現という観点から見る傾向性によって、時として、自身にとってもっとも快くあるいは興味をそそるような集団ばかりを考察してしまい、結果としてそれ以外の集団の考察を回避してしまう。(9) しかし、アイデンティティの政治は、広範な集団や共同体によって実践されている。その中には、明らかに保守的で反民主的なメンタリティを持つものもある。まさに、こうした様式の政治と結びついた多くの集団は、根本的に相互に対立している。この問題は、自由主義的な規範に比較的近い位置にある集団——例えば自由主義的・社会主義的フェミニスト——と、自由主義的な文化に明らかに敵対的な共同体とのあいだの、倫理的な緊張関係を考察しようと試みられる際には、より明白に現れてきている。この問題は、スーザン・M・オーキンの論文「多文化主義は女性にとって悪しきものか」(Okin, 1999)によって引き起こされた哲学的論争の、核心部分にあるものである。それ以外の緊張関係——例えば、ゲイの権利と、いくつかの宗教的活動家とのあいだのもの——も、同様に広く浸透しているものである。アイデンティティの政治は、相互に敵対的であると同様に、反自由主義的連合という点で結びつきもする、そうした集団によって実践されているのである。

したがって、アイデンティティの政治に関する規範的な結論は、どの集団を主要な典型と見なし、あるいは加害者と見なすかに、大きく左右されるのである。ナンシー・ローゼンブラムによれば、政治理論家たちは市民社会を理論化する際に、あまりにも狭い範囲の社会集団にしか焦点を合わせない傾向にある（Rosenblum, 1998a）。ローゼンブラムが問うのは、民主国家の社会的文化の中で役割を果たしている社交クラブ、団体《アソシエーション》、共同体《コミュニティ》のうち、いったいどれが（主に自由主義的な）政治理論家たちのお眼鏡にかなってしまうのだろうか、ということである。もしもアイデンティティの政治を、集団内のメンバーに関する重要な主張をなすようなグループ政治の様式であると理解し、挑戦的で不快な諸問題を公けの場に持ち出そうとしているものと見るのであれば、従来考察されてきたよりもっと広範な社会的集団が、アイデンティティの政治に該当するものとして現れてくる。

多元主義の新たなモデル

アイデンティティの政治を解釈する、二つ目の不可欠な次元は、それが表すような多元主義に関わるものである。過去三〇年間、幅広い社会的集団によってなされてきた「承認《レコグニション》」への要求は、特別の法的保護と国家の援助を求めるという形態をしばしばとった。そのような要求の急増は、民主国家の共同社会的《アソシエーショナル》な生活の中に新たなエートスが勃興する兆候であるように見える。シェルドン・ウォーリンは、アメリカの文脈におけるそれらの展開を議論する中で、次のように述べている。この「文化政治」の特徴は、〝差異を主張する人たちは、包含の一つの条件として集団の差異の保持を要求する〟と考える点にある、ということである。つまり、集団の差異を主張する者は、その共同体における完全なメンバーシップを要求すると同時に、「社会契約における一つの留保条項」をも求めるというのである（Wolin, 1993：465）。自由主義者たちが、相互に異なる道徳的信条のあいだの裁定を目論んできたまさにその協定は、集団の独自性が「差異」の意識を不可避的な条件としているような政治的パラダイムには、うまく当てはまらないかもしれない。

　むしろ、新たな形態の文化的多様性は今や、深く厄介な紛争と不一致を生み出してきている。そこでは、信教の自由と寛容をモデルとした標準的なリベラルな問題解決が、もはや不適切で不安定になるほどである。デヴィッド・ヒュームに倣って言うならば、多くの現代の不一致は、単に利害の対立ではなく、原理の対立なのである。（Bohman, 1995 : 253）

おそらく、何よりも厄介な考えは、これらの差異から生じる紛争の民主的裁定への訴えかけが、事態を改善するのではなく悪化させるかもしれないということである。何人かの理論家によれば、民主的な熟議《デリバレーション》それ自体が、アイデンティティに基づいた差異によって生じた区分による攻撃にさらされているのである。

　集団の承認の政治《ザ・ポリティクス・オブ・グループ・レコグニション》は、いくつかの点において、利益に基づく多元主義のモデル――それは、第二次世界大戦以来、さまざまな政治学者や自由主義的な理論家たちによって展開されてきた――からの重要な離反を示している。もっとも、承認の政治と利益集団多元主義モデルとのあいだの相違は、誇張されすぎているように思われるが（Dahl, 1963 ; 1967）。ウォーリンは、第二次大戦中およびその直後の時期に多くの利益集団や団体《アソシエーション》が同意していた、共有された価値を挙げている。それらは、「愛国主義《パトリオティズム》、宗教、家族、私有財産、建国の父たち」である。ウォーリンはこれらの価値を、新たな差異の政治と対比させている。差異の政治は、エスニシティやジェンダーや言語的クリーヴィッジに基づく集団と結びついており、それは「怒り、固定された差異の誇示、正義・責任・救済策に関する一般的な理解を歪めるほどに時間が経過してしまった過去の不正義の飽くなき暴露」に依存している。ウォーリンは、これら多元主義的な波《プルーラリスト・ウエーブ》の顕著な特徴を、第一には多様性《ダイヴァーシティ》の政治に、第二には「差異」の政治にあるとし、それらを強調しつつ、その多くを弁護している（Wolin, 1993 : 465）。差異の政治に不可欠なのは、市民のカテゴリーの脱中心化であり、それこそが、多くの民主主義者が特に厄介だと考える展開である。新たな文化的差異の政治は、〃偏りのない、公共精神に満ちた市民が、民主的共同体の規範的行為主体《エージェント》である〃という考えを退けようとすることによって、その破壊的なインパクトをふるうのである。それゆえ、〃そのような動きが、民主的シティズンシップの展望と可能性にダメージを与えるのではないか〃という問題が、政治理論家と立法者にとって大きな倫理的ディレンマとなってきた。また、〃人権の規範の正当性が増大することは、集団の権利《グループ・ライト》の要求を侵害することになるのか、それともその要求を可能にするものなのか〃という問題も、問われるようになってきている（Miller, 2002a）。だが、デヴィッド・ミラーが説得力を持って論じるように、アイデンティティの政治と結びついた集団の権利の問題が基本的な倫理的重要性を当然のことと考えるのは、個々の民主国家における民主的シティズンシップの規範と原理との関係においてなのである。なぜなら、集団の権利の要求の多くのものは、平等主義的シティズンシップの規範に訴えるが、なかにはそうした規範の廃止を含意するものもあるからである（Miller, 2002a）。

〃アイデンティティ集団の力によって、市民の国家に対する関係性に質的な変容が生じてきた〃という示唆は、部分的には、〃これらのアイデンティティ集団は、慣習的に単一のパーソナリティと結びついた属性を主張している〃という考えに基づいている。それらの集団はしばしば、一つの社会的人格性、つまり単一の集合的意思と一組の一貫した価値によって動員される一つの多元的な主体《ア・プルーラル・サブジェクト》として、想像されている。もしもそれぞれのアイデンティティ集団が、消すことができないほど異なった「パーソナリティ」を持つものとして見られるならば、その集団のメンバーにとって、彼らをユニークな存在たらしめている差異というものは動かしがたいものであり、彼ら自身の目的とアイデンティティの意識を構成するものである（Waldron, 1992）。ウォーリンは、集団が独自のパーソナリティであるとする観念の登場を検討しつつ、多元主義的な多様性と結びついた妥協と取引がもはや不可能ではないのかと疑っている（Wolin, 1993）。集合的アイデンティティというレトリックの下に、また、例えばエスニック共同体に対して個人が感じるべき深い義務感の下に、次のような考えが潜んでいる。つまり、それぞれの集団には消すことのできない特性があり、各集団はその自己実現を果たすためには社会的・政治的コストを省みず戦わなければならない、という考えである。

〃新たなモデルの多元主義と自由主義的なシティズンシップとのあいだには、内在的な対立がある〃という考えは、英語圏の政治哲学に行き渡っている（Kymlicka and Norman, 2000 ; Kymlicka, 1998 ; Miller, 1995a）。しかしこの考えは決して、こうした政治の可能な、一見もっともらしい倫理的性格づけを消尽することはない。アイデンティティの政治を実践する集団は、自由主義的な政治のいくつかの中心的規範――とりわけ、民主的包含《インクルージョン》、非差別、尊重の平等――の拡大と実現を含意するような主張をしている、と議論する理論家もいるのである（Miller, 2002a ; 2002b）。ウォーリンはこうした潜在的な相乗効果（synergy）を、歴史的文脈の中において見ている。

> 労働、投票、学習の機会を平等化するために実施された政策と法は、かなりの程度、自らは差別の犠牲者ではなくむしろそれでしばしば利益を得てきたような、そうした多くの市民の支援を得た大きな抵抗運動の結果である。（Wolin, 1993 : 472）

こうした、歴史的に埋め込まれた特定の形態の社会的抵抗および文化的レジスタンスは、多様な社会的状況の中で、また特定の種類の集団との関係で、不正義や排除がどのようなパターンで働くのかについて、広く理解されるための教育的手段となってきたのである（Smith, 1997）。

新たな政治的論議

さらに、アイデンティティの政治に関係する意味には、重要な次元として、従来は公けにさらされることのなかった問題が政治的関心事として現れる過程が含まれる。そのトレンドは多様な形態をとり、ある国家の政治文化、ニュー・カマーに対する正当システムの開放性、その国家のアクターのイデオロギー的構図《アラインメント》の範囲と性質、その政策形成共同体の性格といった、さまざまな要素によって左右される（Dalton et al., 1990）。このトレンドの一つの側面は、抜きがたく深く実感されている文化的な帰属《アフィリエーション》性と差異によって引き起こされる、道徳的・政治的葛藤から生じるような試金石となるイシューが、多様な民主的共同体において可視的になるということである。何人かの政治観察者は、このような紛争を引き起こすような類の問題が民主的な政治体のアジェンダとして現れる頻度が増大していることを強調し、優勢なイデオロギーのパターンと政党幹部とに対してそれらの問題が挑戦を突きつけていることを指摘している（Inglehart, 1977；1997）。これらの問題は、一般の人々に、より大きな関心と参加、また新しい分割をしばしば生み出しつつ、新たな種類の社会的敵対《アンタゴニズム》と政治的エネルギーの源泉となるものかもしれない。

アメリカ合衆国においては、そのような議論は、学校［の生物の授業］における進化論の是非、積極的差別是正措置の倫理、軍におけるゲイの存在と状態、多文化的で国民的《ナショナル》な共同体に適合的な学校および大学のシラバスの内容をめぐる論争、等々を含んでいる。イギリスの場合、近年の事例では、サルマン・ラシュディ事件、宗教学校の問題をめぐる論争、人種差別に反対するグループやゲイの権利を主張するグループに資金供給している地方の公的機関から提起された論争、学校においてホモセクシュアリティが表象されるべき仕方、などが含まれている。以上のような論点は、それ自体としては決して目新しいものではない。それらはすべて、それより前の時代に淵源を持っている。だが、それらに関してもっとも政治的に重要なものは何かをめぐる論議こそ、「試金石」的な性質を持つのである。何が政治的にもっとも重要かは、公的生活においてそれらが突出していることによって特定できる。こうした突出性はしばしば、ひっきりなしのメディア報道や、個々の市民が自身の政治的・文化的自己理解の中心としてこれらの問題を経験する傾向の増大、それに引き続く、政治的状況における新たな

「友」と「敵」の発生、によって煽られる。何人かの解説者は、さらに論争的に、こうした新たなパラダイムの出現は民主国家におけるある種の「生の政治《ライフ・ポリティクス》」――利益政治やイデオロギー政治に反対するものとしての――への質的シフトの一部である、とまで主張している。なぜなら、主流の政治に対して多くの市民の関心が失われ、官僚や政治家にシニシズムが蔓延しているからである（Giddens, 1994 : 90 ; Beck, 1999）。

アメリカ例外論を超えて

こうした社会現象を、何か単一の道徳的定式に還元することは、誤解の元ではある。だが、アイデンティティの政治に見られる多くの自己の誇示《マニフェステーション》は、〝ある人のアイデンティティの特定の側面は、利益や福祉や階級といった典型的なカテゴリーに還元できるものではなく、それ自体が独立して政治的に重要なものとして経験されている〟という考えと結びついている。しかしながら、そのような判断に対しては、たちまち〝市民社会における、力強く包括的な集団と結びついた挑戦は、特殊アメリカ的問題である〟という、長いあいだ定着している見方からの反論がなされるだろう。

こうした「特殊アメリカ的問題」とする考えは、大西洋の両側における政治解説に広く浸透している。だが、分析的な主張として、これらのトレンドがアメリカ独自のものであるとする観念は、最近は姿を消している。そして、現代の大勢が強調するのは、アイデンティティの政治によって提起されるディレンマが一般的《ジェネリック》な性格を持つこと、およびそのディレンマに対して民主主義者が規範的応答をなさねばならないこと、である。アイデンティティの政治が今や、国際的に注目すべきトレンドであるとする考えは、国によって異なる文脈で展開されている政治のあいだに存在する無視し得ない類似性を反映している。しかし、社会的アイデンティティと文化的多様性を理論化する場合に、国ごとの特殊性への関心から［諸国家間の類似性へと］シフトする傾向性は、いくつかの点で弱くなっている（Carens, 2000）。アイデンティティの政治が明らかにするディレンマの性格と重要性は、国ごとの文脈に応じて異なった仕方で構成されている。このことを示すために、「アイデンティティ」の政治という観念がアメリカとイギリスの両方において生じた政治的・知的論争について、簡潔に概説してみよう。特に、初期の論争のあいだの、有機的だがいささか無視されてきた結びつきと、集合的アイデンティティと結びついた政治的挑戦について今日の理論家たちが考える際の仕方について、考えてみたい。

イギリスの場合、アイデンティティの政治がアメリカの現象であるという考えは、取るに足らない意見・謬見というよりも、むしろ重要な意見であり続けてきた。この考えは、〝宗教的・道徳的な信条によって引き起こされる激しい抗争や、政治生活における人種とエスニシティの突出性は、民主的な政治生活の正常な機能とは相容れない〟という近年の議論を支えてきた。このような一般的な理解のコロラリーは、人種的な不平等・不正義と結びついた論争的な諸問題と、マイノリティの文化的慣行とマジョリティの規範とのあいだの緊張を、政治的な現状《ステイタス・クオ》にとって破壊的なもの、あるいは伝統にとらわれない追加物であると見なす傾向性である。

〝集団的アイデンティティは、アメリカ合衆国の政治生活において独自の役割を果たし、その例外的な特徴を形作っている〟という前提は、長らく由緒正しいものとされてきた（Lipset, 1996）。独自と言われるアメリカ国家の歴史的発展の二つの側面が、そのような議論をする場合に通常持ち出される。つまり、アメリカは移民の継続的な波と連動して作り上げられた国民国家であるという威信と、二〇世紀後半に至るまでその経済と文化において中心的役割を果たしてきた私有奴隷である。合衆国の政治生活においては、人種は常に、政治的緊張と政治的構図《アラインメント》の主たる源泉であった（Edsall and Edsall, 1991）。さらに、アレクシス・ド・トクヴィルの『アメリカにおけるデモクラシー』以来、さまざまな論者が強調してきたアメリカの社会発展の特徴は、その市民社会におけるセクトと教会の多様性である。[10] 結果として、教会と国家との関係性は、アメリカ憲法論の中心的なテーマとして突出することとなった。

ヨーロッパに拠点を置く論者はしばしば、これら集団アイデンティティが一見してアメリカの社会生活に特有の性質であると繰り返し述べ、そして集団アイデンティティの影響が、アメリカの政治文化に特有のものであると見なしてきた。ヨーロッパの論者たちはまた、一方でアメリカ合衆国において共同社会的《アソシエーショナル》な生活が広がりと自律性を見せていること、他方で西ヨーロッパにおいてコーポラティズム的制度配置《アレンジメント》と巨大化した国家に対して集団が操作する余地が限られていることを、しばしば対比させてきた。歴史家のエリック・ホブズボームが述べるように、アイデンティティの政治が合衆国で発展したのは、

> 合衆国は常に、その社会的・心理学的な体温、血圧、その他の症状を測ることに、格別の関心を寄せてきた社会だからである。また、その主たる理由は、アメリカがヨーロッパのあらゆる場所からの大量の移民によってできた国であるがゆえに、アイデンティティの政治のもっとも顕著な——唯一のではないが——形態すなわちエスニシティが常にアメリカ政治の中心問題であり続けてきたからである。(Hobsbawm, 1996：39)

しかしながら、このようにアメリカとヨーロッパとの対比を支える前提は、過去二〇年のあいだに実質的に失われてしまった。その理由は、部分的には、一九八〇年代以来ヨーロッパ中の政治的な著述家や思想家たちによって、市民社会の理念や共同社会的《アソシエーショナル》な活動の美徳が再発見されてきたからである(Keane, 1988a；1988b)。また、それと同じくらい重要なことだが、一九六〇年代後半以来の社会運動の波が、多くの西欧諸国の政治文化に重要なインパクトを及ぼしてきたことがあげられる。その社会運動の中には、影響力を失ってしまったものもあるが、しかし一連の政治的・道徳的問題に関する草の根の運動や抗議行動を何世代にもわたって生み出してきたものもある(Tarrow, 1994)。こうした社会運動の第一波の中には、女性解放運動あるいはゲイ解放運動の場合のように、隠されたもしくは軽蔑された集団アイデンティティに関連して起こったものがあった。これらは、多くの他

の集団が独自の文化的特徴を宣言するための、先駆的な運動であったことは明らかである。そして、例えばイギリスにおける議会外政治研究は、一九八〇年代までは利益政治分析や時には労働運動分析からなっていたが、後には、エスニック集団やマイノリティ文化や他の抵抗運動への学術的関心が急激に高まった（McKay, 1996）。一九八〇年代には、多様な装いの組織と議会外政治運動が、土着の自立的な社会的抵抗の伝統の復活へと、道を開いた。こうした運動の中には――特に一九九〇年代の、道路建設計画や動物輸出に反対する運動のように――、広範な共感とメディアの好意的な報道に恵まれたものもあった（McKay, 1998）。議会外抵抗運動が、型どおりの政治《コンヴェンショナル・ポリティクス》と並ぶ重要な政治的影響力として確立するに至ったように、社会的アイデンティティ志向の運動や集団は、公共の場で、より可視的なもの、発言力のあるものとなった。こうした動員は過去一五年のあいだに、ヘイト・スピーチ規制やマイノリティの伝統的慣行――例えばキツネ狩り――のメリットといった問題を含むさまざまな論争的イシューを、公的生活の場に持ち込む重要な役割を果たしてきた。これらの抵抗の形態がかつて特殊アメリカ的なものと見なされてきたところで、こうした抵抗は次第にイギリス政治の重要な側面となってきたのである。

おそらくイギリスにおいて、アイデンティティの言説がよりありふれたものとなるような時代精神を解放したすべての変化の中で、もっともドラマティックであったのは、エスニックな多様性が持つ政治的インパクトの自覚が広がっていったことであろう（Saggar, 2000）。一九四〇～五〇年代の、植民地主義を正式に放棄した時代において、二つの主要な政党［保守党と労働党］は、英連邦からの継続的な移民の波をコントロールし制限しようと考えた。しかしながらそれらの政党は、多文化的・多人種的な生活の持つ文化的意味を、ほとんど何も理解していなかった。植民地時代のような権力という思考様式は、国家機構や文化にあまねく浸透したままであった。その結果、過去数十年にわたって政治生活の前面に出るようになった緊張が生じたが、その緊張は異なった種類の社会的はけ口を見出し、サバルタンの抵抗――例えば、一九五〇年代および八〇年代の大規模な平和運動や、一九七〇年代の人種差別反対運動――の重要な契機であり続けた（Gilroy, 2001）。それと同時に、生物学的・文化的な形態の人種差別イデオロギーを掲げる、極右的なネットワークや政党も登場した（Thurlow, 2000）。近年、エスニックな差異によって生じたもっとも明示的な対立の一つは、イギリスのいくつかの都市における白人労働者階級対イスラム教徒という緊張を背景にして起こってきている。強制的に決められた結婚や女性の割礼といった、マイノリティの共同体における慣行に関する論議が、国家《ナショナル》および地方《ローカル》における政治生活において次第に突出してきている（Blunkett, 2002）。むしろ重要なことは、多くの政治的論争におけるアメリカ合衆国の役割が、相当変化してきていることである。つまり、アメリカの事例は今や、イギリスにおける人種政治と何ら関連性のない例外的なものなのではなく、態度の明確な近年の論評においては代表例として、もしくは差し迫った警告として呼び起こされるのである（Freedland, 1999；Gray, 1998）。合衆国との類似性は、より一般的なイギリスの政治に関する論争において、主要な構成要素となってきている。アメリカ的な経験を黙示録的あるいは追従的に流用することが、今だに流行しがちであるものの、イギリスの文脈の特異性に力点を置いて、イギリスにおけるアイデンティティの政治の独自の形態とインパクトを意味あるものにしようとする論評もある。近年の研究では、さまざまなエスニック集団の歴史や、それらの内部におけるマイノリティについて、探究され強調されてきている（Modood, 1998）。

　集合的アイデンティティとの関連で生じた多くの集団の軌道と経験は、複雑で個別的なものであるが、同時に、上述のようなアイデンティティの政治の三つの解釈上の次元は、一九六〇年代以降のイギリスの市民社会に関係している。論者たちは、イギリスにおける集団の生活の深さと広さについて観察し、また、例えばゲイのラディカルな活動家、フェミニストの諸集団、エコロジー的な急進派、障害者の運動家、イスラム共同体などのあいだに見られる、集団的特性の政治的論理の流布をも観察している。国家的《ナショナル》な政治生活においては、政府の閣僚たちはこれまでのところ、広範な社会的・文化的イシューに関して、議会政治の中での規範よりも、公衆やメディアに縛られてきたことに気づいている。これらの結果、かつては疑問の余地なく政治の範囲を超えたものと見なされてきたような諸論点、諸関係、文化が、公的な論争の最前線に出るようになったのである。こうした諸論点、関係、文化には、それを支持する市民とそれに反対する市民のエネルギーと情熱がぶつかり合っているものもある。イギリスではアメリカ合衆国よりも、社会的アイデンティティの政治的レトリックが、多くの点でまだ弱く普及度が低いままで留まってはいるものの、しかし文化や集団アイデンティティと政治観とのあいだの結びつきが、過去一〇年間でいかに急速に主流社会の政治的言説の中に現れてきたかということには、目を見張るものがある。

そのような言説が伝統的な政治的論争の内部に現れてきたのは近年になってからであるにもかかわらず、文化的多様性一般に関する多くの関心・期待、特に人種の政治に関するそれが、最初に登場したのは一九六〇年代であった。アメリカ合衆国とイギリスの両方において、主要なアイデンティティ志向の社会運動の出現と、特にニュー・レフトの知識人によって広められた思想とのあいだには、有機的な結びつきがある。アメリカの文脈では、この結びつきは広く認識されているが、イギリスにおいてはほとんど気づかれていない[11]。しかしながら、社会的アイデンティティは相容れない存在なのではなく政治的議論の重要かつ正統な基礎である、という思想を普及させるのに重要な役割を果たしてきたのは、ここ何世代かのニュー・レフトの知識人なのである（Hall, 1988; Rustin, 1985; Rowbotham et al., 1980）。一九五〇年代後半および一九六〇年代初頭に起こった初期のニュー・レフト運動においては、社会的アイデンティティの多元性と個別性への関心は、伝統的に考えられてきた労働運動の政治のメリットについての増大する懐疑（C・ライト・ミルズの言葉では、「労働のメタフィジック」の死）と結びついていた（Kenny, 1995）。ニュー・レフトの中には、このような環境の中で、ハロルド・ラスキやG・D・H・コールといった論者によって展開された社会主義的な多元主義の固有の伝統にインスピレーションを求めた者もあった（Hirst, 1994）。こうしたニュー・レフト運動の若い世代はまた、オーソドックスな改良主義的政治にも明らかに不満足であった。このような知見は、引き続き一九六〇年代後半を特徴づける異議申し立て《ディセント》の爆発へと発展した。そして、多大な勢力となった学生運動、ベトナム反戦運動、多様な対抗文化《カウンター・カルチャー》の出現へとつながっていった（Young, 1977）。

しかしニュー・レフトはまた、集団アイデンティティへの転回を疑惑の目で見がちであったマルクス主義的・社会主義的・社会民主主義的な思想家たちの根拠地でもあった。そうした思想家たちの警告にもかかわらず、また一部から沸き起こった一九七〇～八〇年代のいわゆる新しい社会運動の賛美に対する著しい敵愾心にもかかわらず、社会主義思想とフェミニズム思想との重要な連携が、しばしのあいだ多くのラディカルたちの想像力を持続させることとなった（Rowbotham et al., 1980）。一九八〇年代の労働党の沈滞に続いて始まったのは、「左翼はその中核的な伝統から抜け出し、市民社会に現れている多様な活動や運動のダイナミックな流れを受けいれなければならない」という議論であった（Smith, 1991；Hall, 1988）。その帰結として、例えば女性運動や人種差別反対運動やゲイの運動などの政治的性格や社会的重要性に関する議論が、理論的・政治的な複雑な論争――一九八〇年代に支配的であったサッチャリズムという政治現象を把握しようとする左翼知識人を、分裂させた論争(12)――の中に顕著な形で現われた。より最近では、何人かのニュー・レフトの論者は、左翼的な多文化主義を擁護する論陣を継続してきており、その結果として、それ以前の世代の社会民主主義や社会主義を継承した論者たちから批判されてきた（Barry, 2001b；Hutton, 2001）。しかしながら、〃異なった社会的アイデンティティは尊重するに値し、彼ら［社会民主主義や社会主義］のメンバーにとって重要である〃という観念は、過去二〇年間にわたって、イギリス労働党の全体に浸透し、労働組合にも徐々に広がっていった。そうした観念は、メディアの激しい敵愾心に抗して虹の連合《レインボー・コアリション》政策を実施しようとする労働党支配下の多くの地方当局によって、一九八〇年代にはラディカルなプログラム的優位性を与えられることとなった（Hall, 1988）。全国レベルの労働党においては、黒人党員およびアジア人党員のための自律的なスペースを基礎づけようとする努力は一九八〇年代に挫折してしまったが、より多くの女性下院議員を生み出すための手続きを発展させなければならないという理念は、生きた論点として残ったのである。

アメリカ合衆国の場合と異なり、イギリスにおいては一九九〇年代までに、左翼リバタリアン的な多様な社会運動の全く異なるアジェンダを、社会民主主義および社会主義の伝統的な目標とつなぐという思想が、アイデンティティの政治の勃興に対するポピュラーな反応であることが明白となった。社会主義のイデオロギーが仮死状態に陥り、労働党が一九九七年より中道的・テクノクラート的な政権を発展させるにつれて、市民社会における運動と潮流を誘引する左翼的対立項は後退してきた。しかしながら、社会民主主義的な知識人たちのあいだの緊張は続き、多文化主義的な政策を提唱する論者たちと、平等主義的自由主義の支持者たちとが分断されてきた(Barry, 2002)。この対立は二〇〇〇年に、多文化主義的なイギリスの未来へ向けてラニメード・トラスト(議長は政治理論家のビクー・パレーク)が政府の要請を受けて作成した報告書に対する反応として、公になった[13]。社会民主主義的な作家ウィル・ハットンによれば、

この報告の著者たちは、イギリスについての不満に満ち満ちているため、自らの道徳性に固執することの危険性と同様に、主に寛容な文化がイギリス内のエスニック共同体のあいだに受け入れがたい慣行や態度――特に女性に対するそれ――をもたらしてしまう危険性を、認識しそこねている。……こうして、強制的に決められた結婚、女性への暴力、チャドルの着用等々は、多様性の事例ではなく、基本的人権の許しがたい蹂躙なのである。もし左翼が無定見にこれに従ってしまえば、左翼でなくなるであろう。(Hutton, 2001 : 4)

アメリカ合衆国におけるアイデンティティの政治

アイデンティティの政治を、アメリカの政治生活の特定の病理から起こったものだとする観念は、つい最近になって薄れ始めたに過ぎない。例えば、アラン・ウルフとジュッテ・クラウゼンは、ヨーロッパ的な社会モデルとアメリカ合衆国に優勢な文化政治とのあいだには際立った相違があると述べている（Wolfe and Klausen, 1992）。彼らは、ヨーロッパの左翼がアイデンティティに追従しようとするあまり、福祉国家に深く埋め込まれた社会的願望を捨て去ってしまう危険性に、注意を促している。つまり、「他国において、全く取るに足らないわけではないまでも周辺的なイシュー――学校における祈禱、未成年者へのコンドーム、飲酒、ハルマゲドン、進化論、デート・レイプ、忠誠の誓約――が、この国［アメリカ合衆国］においては激しい、ほとんど猛烈と言ってもいいほどの関心を呼んでいる」（Wolfe and Klausen, 1992 : 241）。このような、文化を政治的戦場へと変えようとする傾向性の行き着く先は、極端に有害なものであった。「賢明な政治家とは、特定の公共政策と関係する自分たちの直接的な自己利益を支持しつつ、一般的な消費のために文化的な決まり文句を口にするような人間のことである」（Wolfe and Klausen, 1992 : 241）。リベラルな資本主義的秩序の中心的な政治的・経済的問題が何であるべきかについては、「宗教的信仰、好み、文化的選好」といった論点によって示されてきた（Wolfe and Klausen, 1992 : 242）。ウルフとクラウゼンが警告するのは、そうした結果として、ヨーロッパにおける福祉国家の形成を支えてきた市民的結合と社会的連帯が、アメリカ合衆国においては不可能になってしまった、ということである。「私たちは、共通の運命が演じられる舞台を薄暗くすると同時に、魂の闇の部分に光を当てる」というのである（Wolfe and Klausen, 1992 : 242）。

これらの著述家たちは、ジェームズ・ハンターの著した、一九九〇年代の「文化戦争《カルチャー・ウォー》」に関する影響力のある書物（Hunter, 1991）に依拠している。ハンターは、アメリカが文化政治となる傾向性を歴史的に説明しているが、その説明は国家的《ナショナル》な例外論という根深い感覚に基盤を置いている。この見方によれば、一九世紀のヨーロッパからの継続的な移民の波によって生み出された激しい宗教的対立が、文化をめぐる敵対的な闘争へと変容してきたのである。ウルフとクラウゼンはそれを、「アメリカにおける文化闘争は、武器を用いない戦争である」と言い換えている（Wolfe and Klausen, 1992 : 242）。政治的分裂をもたらす基本的な原因としての宗教が消滅するとともに、ハンターが認めているのは、世俗的な保守勢力と結びついた種々の宗教的 集 会《コングレゲーション》の原理主義的な諸派に共有される、特有の政治観が癒着したことである。このことは、一九六〇年代に結びつけて考えられる道徳的自由化の流れに対して、根深く対立している。ハンターはまた、公立学校における祈禱の問題から軍隊内部でのゲイに至るまでの多くの論点について、これらの文化的保守主義と結びついた原理主義的な世界観を形成しようとしている。

ハンターが論じるには、新たな、多様な対立の主要な側面の一つは、それら諸対立が相互に両立しないパースペクティヴによって動かされているということである。こうした論議は、ナショナルな歴史と目的に関する二つの本質的に敵対的な概念と、自己と共同体の根本的なモデルによって、起きている。これらは、「道徳的権威に関する異なった概念、……真実、善、相互の義務、共同体の性質、等々に関する異なった思想や信条に帰着する」（Hunter, 1991 : 49）。一見してマイナーな論点でさえも、政治的事件――広範でしばしばヒステリックなメディア報道や政治的動員を含む――に発展する潜在的可能性を秘めている。こうした諸パースペクティヴが、敵対的に組み合わさることで生み出してきたのは、ぶつかり合う道徳的ヴィジョンや、アメリカの文化生活を通じて相反する傾向であった（Hunter, 1991 : 43）。神学的セクト主義がかつてのような勢力を失ったにもかかわらず、ハンターは宗教に対して、敵対する両方の側から発するモラリズムの源泉としての主要な役割を割り当てる。なぜなら、一九四五年以来、特定の宗教・宗派における自由主義者と保守主義者とのあいだの対立は、宗教内的な対立に取って代わったからである（Hunter, 1991 : 97–102）。こうした新たな文化的二極化の結果としての、公共文化《パブリック・カルチャー》の再編成は、「宗教的・政治的な団体や組織の配置転換」の中に埋め込まれている（Hunter, 1991 : 107）。そしてそれぞれの側が、公的生活や社会的権威に関する対立するヴィジョンを提示している。ハンターの分析は特に、公共圏における文化の政治化がもたらす有害なインパクトを指摘する点において、非常に影響力のあるものであった。ある高度に両極化した言説は、道徳的・文化的論点の範囲に関する論争を形成する。このような観点からすれば、文化政治とアイデンティティへの関心は、アメリカ社会に特有の根深い歴史的発展の現代的な現れなのである。

例外論はまた、一九六〇年代の政治的ラディカリズムの消滅に関する多くの回顧的な説明において前面に出るようになった、アイデンティティの政治の勃興についても、非常に異なった説明をしてくれる。当時の左翼知識人たちのあいだで起こった分裂は、アイデンティティに立脚した政治的議論によって生じた期待と不安を形成する働きをしてきた。何人かの指導的な論者たちは、一九六〇年代におけるニュー・レフトの登場と分裂を、この物語の厳しい試練として位置づけてきた。アメリカ左翼の歴史を説明したリチャード・ローティの『私たちの国を大成する』(Rorty, 1998) は、この歴史記述の代表的な知見である。[14] ローティは、二〇世紀初頭の非共産主義的左翼によって追求された進歩主義的なアジェンダが、一九六〇年代後半の対抗文化から生じた精神、自己、文化的反乱という三つの関心事に取って代わられた、と描き出している。彼は特に、周辺的なあるいは脆弱なアイデンティティを擁護しようとするプロジェクトを、アメリカのナショナル・アイデンティティおよびそれを進歩的なものに変える可能性と相容れないものと見なすような、そうした政治的見解をとることには批判的である。ニュー・レフトへのこのような注目は、影響力のある他の種々の歴史的説明(特に Gitlin, 1995; Lind, 1996)の中心にあるものである。それらの中のいくつかのものは、ローティのものと同様の語り口であり、一九六〇年代中~後期にアメリカの諸大学や都市に吹き荒れたニュー・レフトの運動が、バラバラに分裂した諸運動——ブラック・パワー、女性の運動、ゲイの権利、等々——へと引き継がれた、と論じているのである。これらの諸運動はエディプス的な仕方で、それらの政治的起源、特に第二次世界大戦以前に流行していた社会主義的・社会民主主義的ラディカリズムに、敵対的になったのである。

実際、アメリカのニュー・レフトは、極めて広範なイニシアティヴ、実験、思想の拠点であった。政治的伝統、反抗のスタイル、そして知的影響を包囲しつつ、アメリカのニュー・レフトはその最初から、深く、そしてしばしば憎悪に満ちた論争の場であった。それが引き起こしたプロジェクトと論争の文化的・イデオロギー的な反響は、無視し得ないものであり、その構成メンバーを超えて広まった。その絶頂期、すなわちニュー・レフト運動がベトナム反戦運動を焦点とするに至った時、こうした流れは、多くの集団や不満を抱く学生や政治的左翼にとって、ある重要な政治的指向のポイントを提供することとなった。このラディカルな連合が、参加者の多くの異なった希望や期待の重圧のもとでいかに崩壊していったか、に関する物語を再び語りたいという欲求と、その連合の消滅の責任がどこにあるかを定めたいという追求が、この歴史記述の中心的なテーマなのである。アイデンティティの政治の誕生に対する、論争的で党派的な説明もまた、同様である。

自らの抑圧されたアイデンティティと経験を本質的な関心事とするような、バラバラに分裂した諸グループの生みの親が、ニュー・レフトであった、という主張がこの歴史記述の最も重要な教訓の一つである。その帰結として、集団の排他的な個別性を語る言葉にラディカルな信憑性が与えられることとなった。ニュー・レフトの知識人たちは、こうした展開に反対するよりも、むしろその展開をほしいままにした。暴力、エスニックな純粋性、道徳的熱情が優勢であるようなサブ・カルチャーが、それらの展開の中から大量に生じた（Gitlin, 1995）。ニュー・レフトの批判者が論じるには、ニュー・レフトの運動が分裂した集団の論理に道を譲った時、ブラック・パンサーやウェザーメンのような悪名高き結果を伴いながら、社会変革という共通の目的で結びついた多様な集団の連合を確立するという目的から決別してしまった。トッド・ギトリンによれば（Gitlin, 1995）、連合の確立というプロジェクトの放棄は、総体としてのアメリカ文化をますます拒否するレトリックの結果であった。ローティの目には、（Rorty, 1998）、こうした反アメリカ的な姿勢は、オルターナティヴなアメリカ社会を建設する漸進的プロジェクトの敗北を意味するものであった。「アメリカ（Amerika）」に対する戦争の宣言に象徴されるように、ニュー・レフトは、戦闘的な差異の政治に関する言葉と熱情を作り直したのである。

こうした修正主義的な歴史記述の基調となる発言の一つは、ポール・バーマンによるものである。バーマンは、ストーンウォール事件を契機としてレズビアンとゲイの運動が起こったことに対する、論争的かつ面白い説明をしている（Berman, 1996）。彼は、その時代における政治的ラディカルたちのあいだで、集団的個別性という感覚が起こってきたことを描き出している。それは、ニュー・レフトの解放的なレトリックと、自らの置かれている個別的な苦境とのあいだのギャップに対して、多くの人々が感じた失望の一つの帰結であった。集団の抑圧と文化的区別が、共有された道徳的・政治的目的という理念にいったん取って代わってしまうと、共通の政治的・社会的闘争というヴィジョンは視野から消えてしまった、というのがバーマンの批判である。活動家は次第に、声を傾聴される権利を得るために、「歴史的不満」に対する権利を主張するよう促された。しかし、不満の言葉は、集合的な行動を行う基盤が分裂的で腐食していることを証明するものであった（Berman, 1996 : 156）。異なった活動家のコミュニティの内部では、抑圧という共通の歴史によって結びついた人々――黒人、ゲイ、あるいは女性――が共同体を構成するという思想が現れた。個々人がいったん自らをある共同体のメンバーであると見なせば、共通の文化――それは、拒絶された主流社会と独自に構成された集団とのあいだの顕著な差異によって支えられている――が創られ促進されるような自然な発展が起こる、と考えられた。かつてニュー・レフトにとって重要であったはずの、より広い政治的ヴィジョンや改革への大望には、もはや存在する余地は残されていなかった。かわりに、「コミュニティのデモクラシー」という理念が登場した（Berman, 1996 : 157）。それは、後のラディカルたちや差異を指向する政治理論家たちによって宣言された虹の連合モデルの、先駆となるものであった。バーマンは、これらのアイデンティティ集団がそれらのメンバーとの関係性において、いかに狭量かつ保守的になって行ったかを示している。ある集団の慣行や行動を批判することは、「メンバー全体の尊厳と権利」を拒絶し侮辱することだと見なされることとなった（Berman, 1996 : 159）。それぞれの集団が追求する文化政治は、差異の自己確認の論理を裏切った。例えば、新たな文化政治は、長い間ゲイを蔑視してきたアメリカの主流社会を正そうとするよりもむしろ、主流社会から自分たちの共同体を隔てている慣例や慣行や公的誇示を公衆の面前で実行に移すことを中心課題とした。バーマンは、アイデンティティに立脚した多くのコミュニティに共通の特徴、すなわち党派的区分の傾向を強調している。

文化的アイデンティティの建設に基づくいかなる運動においても、遅かれ早かれ、他のどんなアイデンティティよりも自分のアイデンティティがより真実でより真正のものであると言い張る者が現れるだろう。そして彼は、集合的アイデンティティに対して滅亡の危機が迫っていることを告知するであろうし、それをもとに彼は、他のすべての人々のために決定し、裏切り者を暴き出し、刑に処する権利を手にするであろう。
（Berman, 1996：161）

これらの個々の運動は、それ自身の個別的な勢力と見解を発展させた。しかし、各々のアイデンティティは、それが生み出された社会的解放の手段との矛盾を抱えた関係に決定的に既定されていた。あらゆる部分は社会正義と解放の達成という利害を共有している、との前提から始まった運動から発展したのは、逆説的にも、政治的ルサンチマンの自己言及的なレトリック、特殊性へのこだわり、モラリズム的な罪悪感であった。

この歴史記述の主要な主張の一つは、〝狭量で排他的な文化政治への転回が、アメリカ合衆国における社会民主主義者や自由主義者たちの後継の世代にとって、多くの有害な倫理的・政治的影響力を持った〟ということである。この歴史記述に対して、他の左翼的な歴史家たちは激しく異議を唱えた（Lott, 1999）。民主党がマイノリティの連合を構築しようとしたことによって、白人労働者は疎外感を感じ、結果として彼らは一九七〇年代以降は共和党支持に回った、との主張もある（Gitlin, 1995）。また、アイデンティティを奉じることや、文化的脱構築のモチーフへの転回や、自己のセラピー的回復が、主流社会の政治から左翼知識人を運命的に解放する結果となった、という主張もある（Rorty, 1998：75–107）。

むすび

英米両国の文脈において、ニュー・レフトの旗の下に集った社会勢力と知識人たちは、新興のアイデンティティの政治において何が問題となっているかの一定の理解を形づくる上で、重要な役割を果たした。これらニュー・レフトの初期の論争と、より最近になって政治哲学者たちの中で急激に関心が高まっている、社会的多元主義と文化的多様性への関心とのあいだには、重要だがまだ検討されていない結びつきがある。両国においては、初期のニュー・レフトの位置と現代政治理論のあいだに人的な連続性が存在している。その重要な例は、チャールズ・テイラー、マイケル・ウォルツァー、スチュアート・ホール、コーネル・ウェスト、リチャード・ローティである。そして両国では、「差異」に引き続いて、社会的リベラルと社会民主主義的な思想とを並置し方向づけし直そうとする試みが、現代の哲学的論争の憎悪に満ちた性質を形づくってきたのである（Katznelson, 1996）。そうした集団を、正しく平等主義的な社会を創出するプロジェクトとは本質的に相容れないものと見なし、またそうした集団を、啓蒙主義的合理主義を標的とする個別主義の浸透の元凶と見なす傾向が、自由主義とアイデンティティの政治のあいだの関係をめぐる今日的な省察の開始される立脚点となっているのである。私は本書を通じて、論争のこのような二分法的パターンの影響が、いまだに浸透したままであることを示そうと思う。アイデンティティの政治のいくつかの重要な性格は、社会主義思想・社会主義的政治の内部崩壊およびニュー・レフトの連合の分裂に由来するこれらの文脈において生じたのである。

現代の諸議論において、これらの論争が持つ一つのさらなる影響力は、〝論争が「文化政治」の新しさについて語り伝えてきた〟という共有された前提である。歴史的な観点からすれば、もし私たちが、本章で略述した三つの手がかりにもまた適合的な初期の運動とコミュニティを考慮するならば、この前提は疑わしいものである。アイデンティティの政治の現代的な例は、社会的抵抗と共同体的な発展の確立されたサイクルと結びついたものとして、理解されるのがよいかもしれない（Calhoun, 1994 ; D'Anieri et al., 1990）。そして、アイデンティティの政治の具体例が含意するものについての議論は、現代においてそうであるように、一九世紀の社会思想・政治思想の中心テーマでもあったのである――その当時の方が、異なった集団は顕著でありがちであったが（Tilly, 1985）。今日の社会運動の先駆者たちは、政治の世界に重要な社会関係と経験をもたらそうとした諸勢力という外観――例えば、労働運動と女性参政権運動という形――で起こったのである。アイデンティティの政治は多くの仕方で、近代に独特の政治体と社会秩序の確立に淵源を持つ、周期的でおそらくは循環的な現象を構成しているのである。

（1）論者の中には、こうした特殊な知的対抗者の有効性と影響力を疑問視している者もいる。例えば以下を参照。Kiss (1999), Katznelson (1996).
（2）アメリカにおけるアイデンティティの政治の理論の、ニュー・レフト的な系譜については、以下を参照。Farred (2000).
（3）Identity politics と the politics of identity は、本書においては通常は相互に互換的なものとして用いられているが、一般的には二つの対照的な仕方で持ち出される。ある論者にとっては、the politics of identity はある特定の規範的議論を表すものであり、「強い」（それゆえ受け容れがたい）形態もしくは「弱い」（それゆえ「道理にかなった《リーズナブル》」）形態をとる（Cairns, 1999）。他の論者にとっては、the politics of identity は、「頻繁に起こる広範な政治的闘争を描き出すために」用いられる記述的カテゴリーである（Tully, 1995 : 7）。このいずれの用法も、他の可能性――例えば、アイデンティティの政治は特定の集団のラベルであるよりも、むしろ社会―政治的な慣行《プラクティス》である、とする考え方（Young, 2000）――を考慮するよう促すものではない。

（4）エイミー・ガットマンによれば、アイデンティティ志向の集団の中には、より容易に自発的団体の理想に順応するものもある（Gutmann, 2003：86-116）。

（5）非選択的なアイデンティティと意図的に選び取られたアイデンティティとのあいだの関係に含まれる、道徳的な意味についての重要な議論は、以下によってなされている。Tamir（1998）, Emcke（2000）, Galeotti（2002）.

（6）しかしながら、ナショナリズムに関する近年の規範的な論争の一つの中心的な特徴は、ナショナルな共同体の一員が、彼らの民族性の諸条件を左右するような契約に加わったと見なすべきかどうか、あるいは、彼らはその民族性を受動的に受け継いだだけなのかどうか、という論点にある（Miller, 1995b）。

（7）伝統の持つ性質と不可避性に関しては、以下の対照的な議論を参照。MacIntyre（1981）, Bevir（1999, 221-64）.

（8）これは決して、これらの現象のマクロ社会的・政治的な解釈の完全なリストというわけではない。オッフェは、アイデンティティの政治の政治的倫理に関する刺激的な議論の中で、他のいくつかのもの――特に、〝アイデンティティの政治というパラダイムは、経済的・政治的近代化のプロジェクトの失敗を示しているのかもしれない〟という考え――を検討している（Offe, 1998）。

（9）社会学者が、自ら親近感を覚える社会運動にのみ焦点を絞ってしまう傾向については、以下で提起されている。Jasper（1997）, Diani（1993）.

（10）教会と国家との関係性については、イギリスの政治思想においても、一九世紀後半および二〇世紀初頭において中心的な問題であった。

（11）ニュー・レフトの重要性を議論すべく、多文化主義に関わる英米の哲学論争に参入している主要な論者は、ブライアン・バリーである。バリーは、なぜ多文化主義が左翼的関心として起こったのかという文脈の議論において、簡潔で率直な見解を示している。つまり、「ニュー・レフトからコミュニタリアニズムを経て多文化主義に至るまでの、長いつながりが存在する。……多文化主義はいくつかの点において、ニュー・レフトの誤謬を具現化した最新のものである。そして、私の『文化と平等』に対して、私の世代の前後一〇年の範囲内で、学者たちのあいだでなされた応答の善き前兆は、彼らがニュー・レフトに関してとっていた立場にあることを、私は見出した」というのである（Barry, 2002：206）。〝平等主義的自由主義とニュー・レフト的多文化主義は、取り返しがつかないほど相互に対立している〟とする考えは、例えばアメリカのニュー・レフトとリベラルな政治的思考とのあいだの重なり合いを追跡している知の歴史家の業績に反するものである（Mattson, 2002）。

(12) こうした諸論争は、特に雑誌『現代のマルクス主義』(*Marxism Today*)と結びついていた。

(13) この報告は、『マルチ・エスニックなイギリスの未来——マルチ・エスニックなイギリスの未来に関する委員会報告』(*The Future of Multi-Ethnic Britain : Report of the Commission on the Future of Multi-Ethnic Britain*, London : Profile, 2000)として出版された。

(14) この歴史記述の批判的説明として、ロットによる「ベビーブーム世代のリベラル」への攻撃(Lott, 1999)と、「良き」六〇年代と「悪しき」六〇年代の性格についてのエコルスによる評論(Echols, 1992)を参照。

第2章　自由主義政治理論におけるアイデンティティの政治

はじめに

〝独自の集団アイデンティティに基づいた主張や議論が存在することは、民主的生活において正当である〟という考えは、多くの自由主義者たちにとって心地よいものではない。この章では、自由主義とアイデンティティの政治は根本的に相容れないものとして概念化されなければならない、とする理論家たちの確信は何に由来するのかについて検討してみたい。こうした考えの一つの問題は、それが、集団アイデンティティの名においてなされる社会的闘争の中核にある自由主義的価値が妥当であることを、看過してしまうことにある（Habermas, 1993；Miller, 2002a）。同様に、それらの社会的勢力が生み出すディレンマの中には、自由主義にとって長い間なじみのものであった諸問題の現代版として解釈し得るものもある。そうした例の一つは、一方で、自らの公的役割と相互的義務に関する市民のしばしば浅薄かつ怒りに満ちた考え方と、他方で、集団への帰属の中に見出される深さと意味とのあいだの、顕著なコントラストに見られる。個々の市民の次元と、多様で不平等な社会でシティズンシップを根づかせるという広範な挑戦という次元で、こうした緊張をどのように扱うべきかという問題は、自由主義的政治思想の歴史においてなじみのテーマである。

自由主義とアイデンティティの政治は根本的に両立不能であるという考えは、「啓蒙の武装した翼」（Young, 2002：173）である自由主義と、それに取って代わるような、ひどく個別主義的な哲学的性質を持つ文化的感受性のある立場とのあいだの、現在進行中の不可避的な対立というイメージに根ざしている。しかしながら、このような二元論的なコントラストでは、普遍主義的な思想と個別主義的な思想を別の仕方で織り合わせる自由主義的プロジェクトが、見えなくなってしまう。自由主義的な「西洋」と非自由主義的な「それ以外」とのあいだの衝突という観念は、あらゆる知的・道徳的区別をその重さによって押しつぶし、むしろ、政治現象に対する一次元的な自由主義的な反応を生み出すことになる。私はここで、集団アイデンティティの諸側面を政治化しようとする運動や集団が、自由民主主義諸国において置かれている立場に対して、より二分法的でない態度を採用すべきであることを提唱し、それには多くの理由があることを示そうと思う。

自由主義と集合的アイデンティティの政治

アイデンティティの政治を支える思想に対する、多くの政治的・文化的伝統――とりわけロマン主義と保守主義――の影響を追跡してきた論者たちがいる（Baumeister, 2000；Benhabib, 2002；Parekh, 2000）。それぞれの研究は、社会的区別について現代ではどのような主張がなされているか、アイデンティティに立脚した集団の独自の性格はどのように示されているか、を教えてくれる。例えば、現代の諸議論と、アイザイア・バーリンによって「反啓蒙」という表題の下にまとめられた議論との比較からは、学ぶべきものが多い。特に、ロマン主義的な遺産は、集団アイデンティティと文化の重要性に関する現代的諸概念を教えてくれる（Berlin, 1999）。ある種の帰属《ビロンギング》の独自性や個々人の潜在的可能性の個別性をロマン主義的に強調することは、アイデンティティの政治の中に明らかに見て取れるものである。本質と称されるもの――それらは典型的に、中核となる属性や文化的性格という観点から定義づけられる――との関係で、人や集団や国民《ネイション》の独自の性格を確定しようという欲求もまた、アイデンティティの政治の中に見ることができる（Benhabib, 2002）。個々の文化の道徳的単一性についてのヘルダーの概念は、文化的多様性の重要性と価値に関する多くの現代的な思想の、特に重要な源泉である（Barnard, 2003；Taylor, 1991a）。多文化主義が集団を、相互に孤立し相互にほとんど理解不可能な文化的な孤立点として特徴づける中に、そのような思想が受け継がれている。

多くの自由主義者たちの目には、アイデンティティの政治を解釈する鍵はロマン主義的な伝統にあると映っている。自由主義者たちによれば、集団多元主義を主張する現代の論者は、啓蒙主義に対する批判を受け継ぎながら、反合理主義という誤謬を繰り返しており、個人を慣行やハイアラーキーから解放するという近代性の倫理的約束に対立している。アイデンティティの名において、より古いタイプの集団多元主義を置き換えてしまうことは、民主社会にダメージを与えることになる、というのである。自由主義者たちが、市民社会において健全で機能的であると見なす、社交クラブ、協会《ソサエティ》、団体《アソシエーション》は、非強制的な選択《チョイス》から生じるものである。それとは対照的に、アイデンティティに基づいた集団は、ある個人が持つ全アイデンティティのうち、自ら選ぶことのできない部分を恣意的に、信条や運命の決定的特徴にしてしまうような、党派的で決定論的な論理を推し進めている（Gitlin, 1995）。つまり、個人が自らの人生の主役であり、自律した個人には自身が住む共同体や文化から批判的に離脱したりそれらを反省的に見る能力がある、とする自由主義的な理念が、アイデンティティの政治によって破壊されるように見えるのである。したがって、政治理論において人種、ジェンダー、セクシュアリティといったアイデンティティが顕著になってしまうと、「個人の自己決定という価値を十全に尊重できなくしてしまう」（Laden, 2001：4）。こうした観点からすれば、自由主義は本質的にアイデンティティの政治と相容れないものであり、アイデンティティの政治は自由主義的な政体に対しては根本的に異質な存在だということになる

（Schlesinger, 1998）。

自由主義とアイデンティティの政治に関するこのような性格づけはさらに、周期的に起こる論争的な二つの主張に支えられている。まず第一に、自由主義者たちがしばしば示唆することだが、民主社会におけるシティズンシップが要求する道徳性と、過剰に包括的な共同体の個々のメンバーに求められる義務とは、根本的に両立しない（Macedo, 1990；1995）。そして第二に、この点に関連することだが、自由主義の価値は、「差異《ディファレンス》」やアイデンティティを論じる理論家たちが主張するような、文化的な偏向を持つものではない（Barry, 2001a）。自由主義は、正当性のある立憲的な国家を権利の公正原理に立脚させる準備があるかどうかによって区別される、道徳的・政治的な哲学である（Dworkin, 1978）。それとは対照的に、アイデンティティの政治は、政治体を徐々に分断し、民主的なやり取りの基礎的な価値を損なうことで、立憲的な共和政体の条件を掘り崩す恐れがある、というのである（Elshtain, 1995）。

アイデンティティの政治に対する第一の異議は、民主的なシティズンシップにふさわしい主体《サブジェクティヴィティ》性に関するものであり、本章でさらに考察していくことになる。このような自由主義的な哲学的主張は、一九八〇年代の政治理論家たちの間で大いに論じられた自己《ザ・セルフ》に関するコミュニタリアン的な説明を修正・適用した、多文化主義的な自由主義によって挑戦を受けてきている。この多文化主義的な自由主義は、多元社会における自律の性質とその必要条件、および自己をめぐる文化の重要性について、挑戦的な問題を提起してきた（Raz, 1986）。以下では、こうした論争の主導的な立場について論じるとともに、現代の政治思想における自由主義的な自己《ザ・リベラル・セルフ》のオルターナティヴな説明が持つメリットについて指摘したい。そのオルターナティヴな説明は、自律性あるいは共同体の強い概念と結びつけられてはいない。私が論じたいのは、このような説明が、いくつかの負わされたアイデンティティと関連した害悪に対する、強い平等主義的な応答と両立するということである。

アイデンティティの政治に対する第二の異議は、集団のパワーとシティズンシップのニーズとのあいだの長年の緊張と関係している。もしも、集合的アイデンティティから生じ、あるいはそれらに訴えかけるような、多くの異なった種類の動機が、ロマン主義的な非合理主義の例であると見なされるのであれば、何人かの自由主義者たちがそうしてきたように、集団アイデンティティへの転回が民主的文化を文化的バルカン化への道であると議論することにも意味があろう（Schlesinger, 1998）。「もしも市民が、有限な政治的忠誠しか持たないのであれば、それは国民的《ナショナル》なシティズンシップの要求に満たないものとなろう」（Wolfe and Klausen, 1992 : 234）。自由主義者たちにとって、現代の集団生活とシティズンシップの要請とのあいだの関係を考える際に、はたしてこのような考え方のみが唯一のあり得べき道であるかどうかについては、さらに第三章で考察することとする。

リベラルな自己・再考

〝個人性は、政治化されたアイデンティティによって危険にさらされる〟という自由主義的な主張に対して直接的に応答する場合、過去十年間において、自由主義の多文化的な改革の中心として自律性《オートノミー》を提示する道徳的議論が現われてきた（Kymlicka, 1995 ; Raz, 1986）。このような議論は、マイノリティ文化の自由主義国家に対する闘争をもっと深刻に受け止めるよう、自由主義者たちを説得しようとしている。文化的差異が、セイラ・ベンハビブが言うように「アイデンティティという語に対する遍在的な別名」（Benhabib : 2002 : 1）として現れる傾向から、多文化主義的な自由主義は勢力を得ている。今では、民主的生活における多くの区別、経験、道徳的差異は、文化的な差異と特殊性を語る言葉の中に暗号化されている。文化的差異を語る言葉によって集団の区別《グループ・ディスティンクション》を言い表す傾向性は、民主的生活における一つの重要な展開を表している。こうした文化主義的な転回がもたらした一つの帰結は、〝自らの文化は国家によって保護され助成されるに値する〟というサバルタン・マイノリティからの要求の増大であった。政治的アクターが、次第に消えつつある市民の忠誠心をとらえ維持しようとする際、文化的な準拠点やシンボルが強力な手段となることに気づくにつれて、司法当局と政治制度は次第に、マイノリティ集団の文化的慣行《プラクティス》を支配しようとするようになってきた。

これらを背景として、自由主義的な多文化主義は、〝国家は人々の文化的・民族的なバックグラウンドから中立であり得る〟とする義務論的な主張に対するその批判から、勢いを得ている（Parekh, 2000 ; Kymlicka, 1995）。このような中立主義的な主張は、自由主義の政治的な制度配置《アレンジメント》と文化的選好を、競合する政治的見方や論争的な道徳的教理を越えたものとして描き出そうとする、自由主義の哲学的ブランドから生じたものである（Gray, 1995a）。しかし歴史的に見るならば、自由主義は多くの文化的規範や民族主義的《ナショナリスト》プロジェクトを発展・展開させてきた（Kymlicka, 1995）。自由主義はまた、一九世紀後半から二〇世紀初頭にかけて、ヨーロッパ諸国によって追求された植民地政策を強力に正当化したし、社会秩序と文化的水準のより高度な形態として――他の文化には欠落しているものとして――リベラル・デモクラシーを考えていた（Mehta, 1998）。多文化主義者によれば、自由主義の持つ文化的選好・文化的個別性がいったん明らかになれば、自由主義的な諸国家が企ててきた同化政策的な国民形成《ネイション・ビルディング》のプロジェクトが見えてくる、というのである。以上のような自由主義批判は、マイノリティ文化への共感を呼ぶものである。すなわち、自由主義的な文化に屈従させようとする、自由主義的な諸国家のインフォーマルだが明らかな試み――それは主として、一見して普遍的で公平な自由主義の規範のヘゲモニーを通じてなされる――に対して、マイノリティ文化は抵抗しようとするものである（Young, 2001 ; Young 2002）。ゆえに、自由主義を批判する論者は、多様な集団アイデンティティや民族的《ナショナル》マイノリティの名においてなされる抵抗運動の重要性に、重きを置くのである。民族的マイノリティは、独自の差異化された文化によって構成されるのであり、ヘルダーには失礼ながら、各々のそうした文化はそのメンバーにとって固有の価値の源泉なのである（Baumeister, 2000 : 10–11）。多文化主義者は、自由主義的な政治思想の中心にある単一文化的なロジックを批判し、リベラル・デモクラシーの理想を支えてきた普遍主義的合理主義を拒否することを通じて、アイデンティティの政治を読み取るのである。アイデンティティの政治の実際的な原動力は、自由主義的な民主国家で優勢なヘゲモニーを握っている文化が持つ標準化・同化への熱望に対する、一つの抵抗なのである(Deveaux, 2000b)。

キムリッカの多文化主義

こうした多文化主義的な自由主義の立場は、その力量《スキル》と情熱を発展させて、過去一五年間の現代政治理論に対して多くの重要な貢献をしてきた。カナダの理論家ウィル・キムリッカの思想は、その立場の中で特に影響力のあるものであった(Kymlicka, 1989 ; 1995 ; 1998 ; 2002)。キムリッカの議論は、多民族国家《マルチ・ネイション・ステイト》(そこでは、文化の多様性は、元々は自分たちで統治を行い、一定の地域にまとまりをもって存在していた文化が、より大きな国家に組み込まれることから生まれる)と多数エスニック国家《ポリエスニック・ステイト》(そこでは、文化の多様性は、個人や家族単位での移住によって生じる)との間の重要な区別をもたらした(Kymlicka, 1995 : 6)。前者の政体においては、民族的《ナショナル》マイノリティは、国家が国民性《ネイションフッド》の一貫した文化を建設しようとする努力の矢面に立つことになり、マイノリティはそうした国家の努力に対して次第に声を上げて抵抗するようになる。一方、後者の場合においては、国家のエスノ・カルチュラルな均質化政策への主要な障害となるのは、エスニック・マイノリティである。重要なことだが、キムリッカは、自ら提唱する多文化主義的デモクラシーの主題について、他の典型的な多文化主義者よりも精密な描写を提示している。キムリッカは、すべての社会集団が独自の文化を持っているという観念は信じがたいものであると述べつつ、「社会構成的文化(societal culture)」を生み出した社会集団のみが、文化的権利を受けるに値すると国家が見なすべき対象である、と論じる(Kymlicka, 1995 : 18)。ここで「社会構成的文化」とは、「公的生活と私的生活の双方を包含し、人間の活動のすべての範囲にわたるような、慣行と制度」

と定義づけられる（Kymlicka, 1995：75）。彼はこのようなスタンスから、「他の定義が多文化主義なるものの範囲に含めている特異な生活様式、社会運動、そして自発的アソシエーションの類」を、倫理的な関心から除外することになる（Kymlicka, 1995：19）。しかしながら、キムリッカの他の著述においては、彼は、エスノ・ナショナルな文化の観点からなされる彼の議論は女性やゲイにも当てはまるかもしれない、ということを認めている（Kymlicka and Norman, 2000）。

社会構成的文化を持つ集団と持たない集団とを区別するということは、自由主義的な多文化主義の特徴を表すものである。キムリッカが社会構成的文化の価値を重視するのは、生活の社会的・教育的・宗教的・レクリエーション的・経済的な領域にわたる諸活動において、社会構成的文化は「意味ある」生活の仕方を提示するものと考えられているからである。こうした社会的な文化は、個人の自律性の行使《エクササイズ》と陶冶《カルティヴェーション》のための、十分に安定的で多様な選択のコンテクストを提供し得るから、重要なのである（Kymlicka, 1989）。キムリッカの議論では時に、安定性が、選択の条件として持ち出される。なぜなら、そのような社会構成的文化は、個人が選択できる適度に広範囲の生活プランと、その内部で優勢な価値のための序列体系とを、提供しなければならないからである。だが、安定性に力点を置くことは、時を越えて自らを再生産できるいかなる文化にも必要とされる特性と矛盾する。つまり、その特性とは、社会的・経済的・政治的な変化に適応でき、並存する他の文化に対して十分に応答的であるような能力である（Stevens, 2001：201）。キムリッカが、彼のエスノ・ナショナリスト的モデルの範囲から抜け落ちてしまうような社会集団、特に他の非選択的《アスクリプティヴ》アイデンティティとの関係において生じる社会集団の地位に対して躊躇するのは、「集団は、首尾一貫した独立した、また安定した文化的母体《マトリックス》を生み出す限りにおいて問題となる」という思想に彼が深く関わっているからである。例えば多くのゲイのコミュニティは、そのような全く独立的で首尾一貫した文化を持っているわけではない、というキムリッカの観察は正しい。しかし、それと同じことが、民族集団《ナショナル》やサブ・ナショナルな集団にも言えるかどうかについては、彼は考察していない

(Kukathas, 1992)。彼のモデルでは、エスニックおよび民族的マイノリティによって生み出された文化は、他の文化から区別して描くことができると仮定されており、「こうした集団とそれらの文化の輪郭とのあいだの境界は、明示でき、比較的容易に描くことができる」ということが前提とされている（Benhabib, 2002：4）。キムリッカ自身が言及しているように、多くの突出したエスニック・アイデンティティ――それらの文化的慣行は、異なった影響や伝統が混ざり合った結果である――の場合には、同じことを適用するのが困難な条件が存在している。

それゆえ、アフリカ系アメリカ人の例は、このような立場にとって、ひとつの例外的事例という以上のものを表している。事実、この事例はある深い概念的なあいまいさを鮮明にする。多文化主義者は概して、まるごとの文化なるものが存在するとの前提に立ち、キムリッカの場合には、文化がより確立し安定的であれば、それだけ個々のメンバーにとってその道徳的価値が大きくなると考えがちである。しかし、キムリッカや他の多文化主義者たちは、知識人やエリートや政治的行為者によって具象化され提示された文化――そこでは不可避的に、一貫性や安定性や深さが強調される――と、偶然的で社会的に構成され多元的な性格を持つ実際の文化形成とを、区別し損ねている。文化は一定の固定的な人々と結びついているとか、異論の出る余地のない文化が現代的な状況において可能であるとかいう観念は、いずれも疑わしいものである（Benhabib, 2002）。文化とは、常に改変を伴う社会的構成物である。文化は本質的に、流動的なものであり、それら自身を越えた要素と交じり合う傾向を持つ。現代の文化理論が示すように、雑種性《ハイブリディティ》こそは、例外的な状態ではなく、近代性における文化の存在の条件なのである（Gilroy, 2001；Bhabha, 1994）。規範的な多文化主義はしばしば、文化における多くの要素の相互作用と、多くの異なった重要な慣行《プラクティス》と伝統《トラディション》によって形成された全体性とを強調するような、文化人類学的な文化概念を描き出す。このような見方においては、ある文化はひとつの体系として考えられており、「文化が生じ再生産される行為や行動をする人々の意図」とは独立してそれ以前に存在するものとして、文化は想定されている（Benhabib, 2002 : 3)。しかしながら、現代の文脈においては、より社会学的な文化概念の方を支持するべき理由がある。こうした、文化に関するより相関的でプラグマティックな考えとその対象は、一般に流布しており、それと対応するように、行為者《エージェント》が文化的資源に起源を持つということの可変的な意味を強調することが主流となっている。

　自由主義者たちは、何が文化であるかに関する多文化主義的な考えに慎重であるべきであるのみならず、そうした文化によって形成された自己《ザ・セルフ》に関する自らの前提をもまた問わなければなるまい。いくつかの説明においては、個人と文化との関係は、擬似コミュニタリアン的に考えられている。文化形成は、その文化のメンバーの目的とアイデンティティに決定されるものと見なされているのである。ここでは、キムリッカが発展させようとする二つの異なった考えの緊張が生じている。つまり、一方では、個人は文化的影響によってある程度構成されている（ゆえに、文化の地位は基本的に善である）という考えと、他方では、個人は文化的な選択肢の中から選ぶことのできる存在である、という考えである。この後者のプロセスは、前者の条件によって条件づけられたり、意味を喪失させられたりしているように見える。

　他のあらゆる社会的産物と同様に、文化は歴史的変化と発展の影響を受けるものである。このような存在の条件は、まるごとの文化から一貫した倫理的善を生み出そうとする多文化主義者の努力に対する、主要な障害を引き起こしている。例えば、ある文化の現在の偶然的な形態を、過ぎ去ったものとしてやこれから生じつつあるものとしてでなく、承認されるべきものとして受け容れなければならないのは、なぜであろうか。個人的な価値の意味ある源泉、あるいはキムリッカの言う「選択の文脈」を維持するために、文化はおそらく、さまざまな社会的ディレンマや対抗的な文化に適応し発展しなければならないのであろう。そうした本来的な可変性《ミュータビリティ》を受け容れることは、完全な状態《インテグリティ》という観念や、まさに真正性《オーセンティシティ》という観念を、掘り崩すことになる。それらの観念は、多文化主義的な議論がしばしば依拠するものなのである。

その上、多くの民主国家でなされてきた一般的な議論においては、多文化主義はさまざまな不幸なアソシエーションを自身の特徴とするまでに至った。批判者たちは、多文化主義という言葉は伝統的な語法においては、主流社会に対して「異質な」者たちによって引き起こされた諸問題を示すために用いられる、ということを認識してきた（Alibhai-Brown, 1999）。そのような見方は、移民やエスニック・マイノリティを、さまざまな恣意的な不平等によって生活が影響されている存在であるとか、独自の自己を鍛え出す能力を持った存在としてではなく、本来的に混乱を生じさせる要素として作り上げてきた。政治的・知的な枠組みとして、多文化主義は、文化的体系の衝突を、集団の相互作用と不平等が生み出される主要な原動力であると仮定している。このような仮定は、主流社会である自由主義的な文化の海に取り囲まれた、群島のような一連の非自由主義的文化に対して、再起的で誤解を与えるようなイメージを生み出している（Modood, 2001）。こうした理解は、マイノリティの文化が事実の上で複雑で偶然的に形成されたモザイクである場合に、その文化を具象化してしまう恐れがある。

したがって、マイノリティ民族《ネイション》のレンズを通してアイデンティティに立脚した政治を解釈しようとすることは、社会学的に無効であり、道徳的にも問題である。このことは結果として、〝ある人が持つエスノ・ナショナルなアイデンティティの感覚は、他の社会的特徴よりも、その人の道徳的パーソナリティにとって本来的により重要である〟という規範的な主張をもたらしてしまう。だが例えば、北アイルランドでカトリックであることは、ベルファストに住む失業したゲイであることよりも、ある人の個人性にとって本来的により倫理的重要性を持つ、と言えるのだろうか。賢明な答えとしては、これらすべての「諸アイデンティティ」は潜在的に重要であり、その個人の周囲で何が起こっているか次第であり、またそれらのアイデンティティが何を目指すものであるか次第である、というものがあろう。しかし、そうした政治的偶然性の感覚や特定の個人の行為能力《エージェンシー》の尊重は、多くの多文化主義的な説明とは無関係である。

自由主義的な個人主義と、多文化主義の議論や差異の理論とのあいだの対立が、もっとも流布してきたのは、形而上学のレベルにおいてである。しかし、こうした［対立的な］議論はまた、現代の民主諸国の公共圏を活性化している政治的論争の内部にも影響をおよぼしてきた。広義の自由主義的なコメンテーターと、サルマン・ラシュディに対して出されたイスラム法に基づく宣告《ファトゥアー》、あるいは二〇〇一年九・一一テロの意味といった諸問題を広く論じてきた著述家たちとの間を区分するということの中に、このような二極化しようとする知的衝動《インパルス》が映し出されている。英米の文脈においては、言論の自由や自律性や社会的発展といった自由主義的な遺産の擁護者を自称する者と、自由主義は単に多くの文化の一つに過ぎず、そのヘゲモニー的な野望が放棄されなければならないと論じる者との間に、こうした二重性が形成されている。強制的に決められた結婚や女性の割礼といった自由主義に反する慣行《イリベラル・プラクティス》に対して西洋の自由主義者たちが取るべき立場とか、より一般的に非西洋から移民してきた人々の文化の西洋における地位についてもまた、広く論争が起こってきている（Carens and Williams, 1996；Modood, 1998；Parekh, 2000）。アメリカ合衆国とイギリスの両方において、自由主義的な理想と価値は、国民的《ナショナル》な伝統と自己理解にとって重要なものであるので、こうした見解の不一致は、道徳的のみならず政治的にも無視し得ない重要性を持つ。もっとも広い哲学的見地からすれば、カントの影響を受けた自由主義哲学と、それに対する多文化主義とのあいだの対立は、英米の政治理論家たちの注目をひいた規範的論争の中心にあった。以下、こうした二極的な性質を持つ論争が、他の重要な自由主義的思想から注目をそらしてしまったことについて、論じてみたい。特に、非選択的《アスクリプティヴ》なアイデンティティと結びついた害悪の道徳的重要性を、説得力を持って強調する一群の自由主義が存在することを述べたい。そのような自由主義は、上述の思想的学派のいずれに対しても、優勢となってはいないが、こうした観点を強調することは重要である。すなわちそれは、今日的な社会集団の諸要求との関係で、現代の自由主義的な議論のより複雑な見取り図を作り、この政治的・知的伝統の諸相が豊かであり続けていることを実感するための、重要なプロセスとなるのである。

自由主義と自己

現代のさまざまな自由主義思想家たちは、個人性の価値を本質的な理想として保持しつつも、しかしその価値を、文化、集団、ネイションの個別性によって制約され形づくられているものと解釈している（Strong, 1990；Macedo, 1990：219–26；Benhabib, 1992）。多くの英語圏の自由主義理論家たちのあいだで広まっている感覚は、自由主義が、コミュニタリアンたちが攻撃したような負荷なき自己の理想に基礎づけられるべきではなく（Sandel, 1984）、むしろ、複雑で文化的・社会的に制約された行為主体《エージェント》と結びつくべきである、というものである（Gill, 1986；Appiah, 1996）。このような広く行き渡った見方において、市民は「自らに与えられたさまざまな文化を大いに利用すべく、物語や歴史や習慣を選択し、解釈し、評価する」（Gutmann, 1993：185）。個人の社会的行為能力《エージェンシー》は、自らが生れ落ちた文化的・解釈学的な伝統から生じる。そして個人は、その伝統を通じて、自らの独自の意向を表現するようになる、というのである。このようなアプローチは、制約されたアイデンティティ形成者としての自己イメージをもたらす（Appiah, 1996：96；Wallman, 1983；Taylor, 1985）。こうした広範な［自由主義の］アプローチは、社会的アイデンティティや集団メンバーシップの持つ道徳的重要性を承認することと、決して両立しないわけではない。非選択的な指標《アスクリプティヴ・マーキング》から生じる文化的伝統とアイデンティティが、流動的で社会的に多元的な文脈において個人が持つ選択と自己理解を形づくる、というのは疑いないことである。しかし、個人の能力、すなわち意味のある人生計画を作り、利用可能な文化的諸資源を用いて満足のいくアイデンティティを形成しようとする個人の能力が、道徳的・社会的に重要であることに変わりはない。

政治的伝統として、自由主義は特に、個人的《パーソナル》なアイデンティティの構成が不確かな性格を持つことに敏感である。このことが典型的に意味しているのは、ある人自身およびある人が属する集団についての物語を展開すること、およびその物語を書き換えることである（Somers, 1994；Whitebrook, 2001）。物語という観念が近年復活してきたのは、それが、行為能力と自己理解の発達が流動的・偶然的であることに訴えて、理念や神話や共有された理解が個人にとって重要であることを示唆するからである。しかしながら、これらのプロセスを理解するために、自由主義者たちが避けるべきは、個人が共同的《コミューナル》文化によって与えられた「台本《スクリプト》」を単に繰り返す存在に過ぎないという、「強い」多文化主義的な考えである（Appiah, 1996：98；Baumeister, 2000）。文化的、経済的、社会的な諸要素を完全なものと考えてしまうと、個人が新しい台本を考えたり慣れ親しんだ台本を見直したりする能力や自由に、悪影響を及ぼしてしまう。個々人が自己形成する道筋において、負わされたアイデンティティによってもたらされる文化的資源は、重要だが両義的な役割を果たしている。文化的資源は、それを解釈する人々がしばしば示唆するように、持続的な物語や解放の物語、そして連帯の源泉を提供することができる。だが、文化的資源はまた、支配的文化について考える際の本質主義的《エッセンシャリスト》で限定されたイメージを反映して、個人の視界《ホライズン》を固定化し限定してしまいかねない。

　何人かが主張するように、行為能力の偶然的で制約的な側面を強調することは、自由主義思想と相容れないわけではない。メイラ・レヴィンソンが述べるように、このようなアプローチは、自律性の包括的な道徳的教説に関して基礎的《グラウンド》な自由主義に満足できないさまざまな哲学者たちによって、主張されてきた（Levinson, 1999：91）。このアプローチは特に、加入《アフィリエーション》および現代市民社会において個人性を形成する諸影響の社会的・道徳的重要性に関心を持つ思想家たちにとって、示唆に富む見方を提供するものである。この見方において、行為者《エージェント》はやはり、自身および他者が持つ信条《ビリーフ》と傾倒《コミットメント》を評価する能力を持つ者だ、ということになる。しかも、道徳的・社会的に多様性を持った社会においては、もろもろの選択や思想や影響が増大することによって、自身の信条を反省的に見ることが可能になっているようである（Raz, 1986）。例えば信仰共同体においては、個人性の感覚は希薄化されているのだが、多文化主義者たちは、このように薄められた個人性感覚の影響でさえも、アイデンティティに対して本来的に敵対的であるとして、今なお好ましくないと考えている（Macedo, 1995）。だが、個人性に対する自由主義的なアプローチは、自ら従おうとする価値や戒律に関して「二次的な判断《セカンドオーダー・ジャッジメント》」が可能な忠実な信奉者、という考えを包含する可能性がある（Levinson, 1999 : 91）。確立された伝統や道徳的コードに基づいて生きることに満足している個人が、全く受動的な社会的行為者であると見なされるべきではない。彼らは、自らをある共同体と同一化するという観点から、民主的秩序が要請する行為能力《エージェンシー》を行使しているものと見ることも可能なのである[1]（Mason, 2000 : 58）。もっとも多くの要求をされる信仰共同体においてさえも、個人は、どの程度深くまたどのような形で関わっていくのかについて、選択しなければならない。また、ある特定の共同的加入《コミューナル・アフィリエーション》と、他の集合的なしがらみの引力との間で、影響を受けつつも一種のバランスを取らなければならないので、行為能力は多元社会にも関係している。ある個人の人生計画や日々の意思決定が、ある一つの共同体によって完全に決定されてしまうということは、ほとんどあり得ないことである。

　このような意味での個人の社会的行為能力は、自律性《オートノミー》と共同体《コミュニティ》という理想を超えて、現代の自由主義思想の重要な特徴になる。そのような立場をさらに練り上げているのは、ジョン・クリッテンデンである。彼によれば、個人のアイデンティティは、個人の自律性と構成的な諸関係の相互作用によって支えられている（Crittenden, 1992）。クリッテンデンはこのことを、複合的な自己《コンパウンド・セルフ》の理想と呼び、自己発展《セルフ・デイヴェロップメント》といういくぶん忘れられた自由主義的な理念を彼の議論に導入している。クリッテンデンは、個人的《パーソナル》アイデンティティの形成のさまざまな社会―心理学的モデルを描写しつつ、分裂し高度に多元的な社会において生じる自己というものを仮定している。だが彼は、社会的に包含されることおよび相互に協力することのメリットに関して、自己が学習する能力を示すことで、複合的な忠誠《マルティプル・ロイヤルティ》と断片化《フラグメンテーション》という不一致を克服可能だとしている。こうした立場は、負荷なき自己のモデルとも閉じた共同体のモデルとも結びつかないような、英語圏の自由主義理論の領域における発展の一つに過ぎない。自由主義政治理論とアイデンティティの政治との間の関係を考察する際、このような［英語圏の自由主義理論の」伝統の中に含まれる、形而上学的な理念の多様性を想起する価値がある。主導的・典型的な英米の自由主義を、哲学的論争で相も変わらず現れる「個人主義かコミュニタリアニズムか」というカテゴリーの中に適合させようとすれば、当然にゆがみが生じてしまうのである。

平等と文化

　自由主義思想の中で、以上の議論とパラレルに起こっているのが、平等の原理の性格と、それが実際に何を意図しているかをめぐる論争である。自由主義者たちは、集団の差異の特殊性に根ざした政治的議論と平等とが潜在的に両立可能かどうか、という問題に正反対の方向からアプローチしてきた。ある人にとって、平等とは、肌の色や信条や社会的バックグラウンドに関わりなく同じに扱われるべきであるということを意味している(Dworkin, 1978)。ブライアン・バリーが論じるには、サバルタンの集団や運動によってなされる主張は、それらが非差別や、そこから出てくる平等な扱いや平等な機会といった諸原理などの、平等主義的な規範に従う限りにおいて、正当性を持つという(Barry, 2001a)。多文化主義者たちはそれとは対照的に、平等主義的な思想が文化的・規範的なバイアスを伴っていることを示そうと努めている。多文化主義者が強調するのは、自由主義的な平等主義的思考が、道徳的属性が一般的に共有されているという仮定によって支えられており、それゆえそこには文化的に「異なる《ディファレント》」者に対して不公平な差別を生む潜在的可能性がある、ということである(2)。平等に関する抽象的な理念が、現実の世界に適用される場合には、文化的・社会的に媒介される必要があるというのである(Parekh, 2000; Bader, 1997: 792)。平等という価値の中心が、自由主義によって単に誇張されているにすぎない、と見る多元主義者もいる。しかしながら、多文化主義者たちのより典型的な提案は、自由主義のこの「平等という」中心的な価値を、例えば文脈化《コンテクスチュアリゼーション》と個別主義的再解釈を要請する一つの原理であると見ることで、解釈しなおそうということである。彼らはリチャード・ローティによる提案、すなわち、集合的アイデンティティに基礎づけられた集団や共同体を、「古きよき平等主義的ユートピア」の抽象的スケッチにある種の具体性をもたらす勢力だとする提案に同意している（Rorty, 1999 : 235）。このような集団の多様な要求は、平等を放棄する根拠を示しているのではない。むしろそれらは、普遍的規範を練り上げ実際に適用する場合に、いかなる社会的特殊性と偶然性が媒介となっているのかについて、感受性が必要であるということを示している。平等主義者は、自らの自由主義的な出自と、彼ら自身があまり自覚しているとは言えないような、苦痛と屈辱の形態があるかもしれない、という可能性を考える必要がある［とローティは言うのである］（Rorty, 1999 : 236）。

社会的個別性という文脈の中で平等を再解釈する、という見方は、自由主義と両立するのであろうか。〝平等主義的な原理は、社会集団が引き起こした排除《エクスクルージョン》という、特定の必要性とその形態についての理解を求めるものだ〟ということを、多くの自由主義者たちは受け入れている（Phillips, 1999）。しかしながら、「平等主義的な原理は、ある社会集団のメンバーが平等に扱われるようになるような、その社会集団に対する特別な措置を正当化する」という考えには、大いに議論の余地がある（Levine, 1998 ; Barry, 2001a : 19–62 ; 2002）。文化的マイノリティは普遍的に適用可能な規範から免除されるべきであるかどうか――例えば、強制的に決められた結婚や複婚などの慣習を自由主義社会の中で維持したいと願う共同体の場合のように――、といった問いをめぐる論争の中で、平等に対するこれらの異なったアプローチが明らかになってきた。ある集団の道徳的主張が、公共財や社会サービスのそのメンバーへの拡大を確実にするという形を取る時、そしてもしそれが恣意性や私的な行動に基づいた差別を克服するのに役立つ場合――例えば、公共の建物への障害者用スロープを準備する場合――には、自由主義的な平等主義者は比較的安心している。しかし例えば、障害者グループのメンバーの大学入学とか就職といった公共財へのアクセスを平等化するために、積極的差別是正措置もまた正当化し得るかどうかについては、論争が起こる。バリーのような平等主義の理論家にとって、平等の原理は、文化的に与えられたある個人の慣行や選好によって、正当な法や民主的価値との関係でその人に不利益が生じる場合に見られるような、そうした個人を償うことにまで拡大されるものではないのである（Barry, 2002）。

以上のような諸問題は、自由主義哲学者たちのあいだの論争の主題であり続けている（Miller, 2002b）。これらの異なった事例において、哲学的論争は次第に、機会の平等の原理の意味するものに関する議論へと洗練されつつある（Miller, 2002b：45-9）。すなわち――平等とは、社会的特殊性にかかわらず、万人に対して財と機会の準備を意味するのか、それとも基本的な機会と資源を万人が利用できるように平等化することを意味するのか。不運《アンラッキー》な負荷に対して、不公平《アンフェア》な負荷とは何によって構成されるのか、等々という議論である。これらの差異に対してさまざまな哲学的「解決」がこれまで提唱されてきたが、自由主義における平等の概念は、それとは対照的に、もっともらしい応答を提示するかに見える。平等主義的な思想には、ある特有の緊張関係がある。つまり、尊重の平等《イクオリティ・オブ・リスペクト》のような原理が含意するものは、すべての個人はあたかも同じであるかのように扱われるべきだということである。だが、もし私たちが個人としての各々の独自性を尊重してもらうよう願うのであれば、私たちはまた、道徳に適うかぎりにおいて、他者をそれ自体として［差異を持つものとして］扱うことが求められている（Ignatieff, 1994：17）。表面的な哲学的論争でこのような影響力ある緊張を生み出したのは、フェミニズムの理論家たちである。母権《マタニティ・ライト》の要求は、まさにこうしたディレンマを起こしている（Phillips, 1997）。こうした要求は、女性の「差異」の反映であるとして、正当化されるべきなのだろうか。それとも、それらは男性との対立をもたらすものなのだろうか（Coole, 2001；Phillips, 1999）。平等主義的フェミニズムは、時として困難を伴いながら、ジェンダー化された差異の恣意的な性質を取り除くことを強調する普遍主義と、女性に特有のニーズと利害を呼び起こす議論とのあいだで揺れ動いてきた。平等主義フェミニズムの支持者が、社会的個別性から生じる議論と近代政治思想の普遍主義的地平とのあいだでバランスを取ろうとしてその両義性と緊張に精通しているのは、驚くに当たらない。多くの論者にとって、平等の原理は、それがジェンダーをめぐって確立された社会関係に適用される場合には、経験の差異、生物学的差異、文化的差異に対する感受性を要請するものなのである（Phillips, 1997）。

これらの論議の背景には、現代政治哲学において、倫理的普遍主義と社会的個別主義のあいだの緊張関係が影響し続けているという事情がある（Vincent, 2002）。自由主義思想家たちは、平等主義的な規範を適用する際に媒介となるコンテクストと文化的差異に対して敏感である必要があるし、同様に、そうした規範が適用される異なる社会領域とその永続的な目的にも敏感でなければならない(3)。より一般的には、多様な社会集団のニーズや個別の経験が広く自覚されることで、政策決定者や立法者が、平等主義的な根拠に立つ諸集団への特別な措置および免除が正当化されてきた。多くの自由主義者たちにとって、アイデンティティ集団の主張は、それらの集団が民主的シティズンシップを構成する［普遍的な］規範――平等、自尊、市民性《シヴィリティ》――に訴える限りにおいて正当なのである。それとは対照的に、多文化主義者たちの議論は、平等に関するよく知られた自由主義的な理解を作り直し、その自由主義的含意が妥協される地点までこの価値を文化変容させ個別化させようとするものである。

しかし、ここで言及された自由主義的な議論は、こうした多文化主義的な見直し論と、ルールの免除と特別な措置を完全に回避しようとする自由主義的な平等主義とのあいだのスペクトルにおいて、多様な位置を占める。〝特定の種類の害悪は、人種やセクシュアリティといった個人的アイデンティティの恣意的な諸相との関係で考慮されるべきである〟とする考えに対して、自由主義的な平等主義を支持する論者たちは懐疑的である(4)。つまり、個人が差別によって影響を受けたり平等な機会が否定される限り、これらの個人は、〝社会的差異にかかわらず万人が平等に扱われなければならない〟という根拠に基づいて保護されねばならず、損害賠償がなされねばならない［というのである］。他方、多文化主義者たちは、ステレオタイプ化していくことや同化といった文化的過程の重要性に注目し、これらが不正義の体系的パターンの源泉となっていることを強調している。もっとも有望な自由主義的立場は、この両者のあいだにある。この有望な立場にあるのは誰よりも、〝屈辱といった不平等や害悪が、自分では選択できない集団アイデンティティに基づいて影響され得る〟という考えを深刻に受け止めようとする平等主義的な理論家たちである。こうした理論家たちが懸念するのは、さまざまな負わされたアイデンティティ――それが人種、セクシュアリティ、ジェンダー、障害のいずれに基づいていようとも――が深刻な社会的不利益を生み出し、個々の経験や文脈の個別性に左右されることである（Kiss, 1999；Galeotti, 2002）。そのようなアイデンティティの「指標《マーキング》」が社会的に目立つするようになると、不公平に関して特定の事例を扱うことが、より大きな集団の経験、歴史、状況の考察を必要とするかもしれない。このことから、個々人に対して永続的に続く不正義の特徴を見極めることが、例え複雑であろうとも重要な課題となることがわかる。確かに、〝ある人がある非選択的《アスクリプティヴ》な集団の成員であるがゆえに、道徳的な侵害を当然に受ける〟という考えは、自由主義者たちにとって受け入れがたい。そのような集団のメンバーが永続的に被る損害は、個々人の異なった状況のゆえに、また他の集団との横断的なメンバーシップのゆえに、当然のことながら多様である（Smits, 2000）。ある状況の中で高度に重要なアイデンティティの標識《マーカー》――例えば、社会的に保守的な村においてゲイであること――が、他の状況でも必ず重要であるとは限らない。それと同様に、個人的なアイデンティティが作り出されてくる社会的プロセスが偶然的・流動的であるがゆえに、境界横断的な分類が、その個人にとってある意味では重要なものとして確かに現れてくる。こうした分類は、個人が被っている差別を強化するかもしれないし、相殺するかもしれない。〝いかなる個人のライフ・チャンスも、例えばエスニックな名称のみによって決定されるべきではない〟ということは、自由主義の基礎である。

しかしそれでも、現代の自由主義者たちは、自分では選択できない諸アイデンティティによって不正義が生じるという考えを、深刻に受け止めるべきであると主張している――その主張が、文化的な真正《オーセンティシティ》性や文化的継承への関心からではないにせよ。個人の能力がうまく発達すること、およびその前提条件、そして自己の価値（self-worth）の原理へのコミットメントから始まって、自由主義的な思考のこうした要素は、恣意的にあてがわれた集団メンバーシップの重要性に向けられている。エリザベス・ガレオッティによれば、個人の自己尊重という感覚を抑圧してしまうような文化的慣行――人種差別主義や同性愛嫌悪――に関して民主的国家が何をなすべきか、私たちは注意深く考察しなければならない（Galeotti, 2002）。このことは決して、自由主義的な国家を説くような、何の論争も伴わないスタンスではない。人種差別主義のような慣行は疑問の余地なく、自由主義思想や共和主義思想にとって重要ないくつかの規範を破壊するものであり、結果として国家介入の正当な対象と見なされやすいであろう。だが、そうした慣行はまた、他の基礎的な自由主義的価値――もっとも明らかなのは、言論の自由と良心の自由である――と関係している。これらの異なった要請は、常に調和しやすいとは限らない。最近の論争では、アメリカ市民自由連合（American Civil Liberty Union : ACLU）は次のように主張している。アメリカ市民の自由に関心ある人々はこの連合に参加して、他のすべてに優先する言論の自由ゆえに、クー・クラックス・クランが十字架を焼くというその伝統的・文化的慣行を維持する権利を擁護しなければならない、と。しかしながら、アフリカ系アメリカ人でもある地元市民の価値観に対するそうした［人種差別主義という］一般的な慣行が持つ社会的含意を考慮しようとするならば、この問題に対する異なった批判的応答が出てくる。この［人種差別主義という］慣行に反対する人々は、その慣行が自己尊重に対して持つインパクトに関してと、それによって影響を受ける集団のメンバーを内包しているという感覚に関する、もっともらしい公共理性を提供することができる。

〝あるアイデンティティに対して恣意的に課されたものと結びついた多種多様な損害は、道徳的問題である〟という考えは、自由主義者たちに普遍的に受け入れられているわけでは決してなく、哲学的論争の主題であり続けている。ある市民が〝自分たちは、自らのアイデンティティに見られる恣意的な特徴によって定義づけられている〟とか、〝その特徴によって、自身の人生計画が深刻な影響を蒙る〟と気づくことになるような、社会的プロセスが持つ文化的・道徳的含意を解きほぐすことは、複雑で重要な試みである。だが自由主義者が、非選択的《アスクリプティヴ》なアイデンティティに伴う損害や不利益を、平等主義的な諸原理を曲げてしまう不公平な負荷として扱うことにも、正当な理由が存在する。実際、集団のメンバーシップは不平等と結びついているとする考えは、自由主義にとって決して新しいものではない。すなわち、近代社会における、もっとも確固とした非選択的なカテゴリーのひとつは、社会階級である。自由主義者たちは一九世紀以来、労働者階級や他の下位集団のメンバーシップに付随する不公正——失業者、高齢者、低所得労働者を含む——を改善するもっとも良い方途は何かについて、憂慮してきた。しかしながら、より新しいものとしては、同じ平等主義的な土俵における、ある集団に特定的な措置——例えば、法からの除外、公的支援、財政援助——を求める声が挙げられる。今日では階級を、人種やジェンダーや障害とは全く区別されるものとして扱うようになっているが、社会的自由主義者《ソーシャル・リベラル》たちが持つ階級への確立された平等主義的関心は、人種やジェンダーなどとの関連におけるある種の特別な措置を正当化するために拡大され得る。ミラーが論じるように、民主的シティズンシップと結びついたいくつかの諸価値——例えば、政体へのある意味での包含の促進——を用いた、集団に特定的なある種の救済策について議論することは、確かに可能なのである（Miller, 2002a）。〝平等主義的な根拠の上では、ある集団の個々のメンバーの幸福や機会よりも、むしろ集団の文化の方に価値がある〟という主張や、あるいは〝デモクラシーと結びついた統合的諸価値や法は、非自由主義的な集団を蹂躙する場合には、常に緩められるべきである〟という主張は、自由主義にとって必然的に困難を生み出すかに見えるのである。

　しかしながら、アイデンティティに基づく不利益に対する自由主義的な関心と、そうした不利益を文化的統合とは異なる方法で公的に救済する方策については、まだ考察する余地がある。さまざまな自由主義的な理論家たちは、ある種の非選択的《アスクリプティヴ》なアイデンティティから明白な不利益が生じることを、説得力ある形で論じている。また論者によっては、〝正しい国家ならば、そうした共同体の個々のメンバーの自己尊重と自己発展の能力に対して与えられる損害を賠償することを考慮しなければならない〟と主張している。自由主義哲学者にとって、そのようなスタンスに見られる主たる規範的困難さは、〝アイデンティティ集団は必然的に、選択ではなく偶然の結果もたらされるアイデンティティとの関係で生じる〟という見方にある（Mendus, 2002）。

非選択的なアイデンティティと自由意志に基づくアイデンティティ

非選択的《アスクリプティヴ》なアイデンティティが、個人の自己発展を潜在的に、もしくは事実上妨害すると考えることは、倫理的に決して簡単ではない。選択されたアイデンティティと、非選択的で恣意的なアイデンティティとを区別するための確たる根拠を確立することは困難であり、その困難さから一つの問題が生じてくる。つまり、その両者のアイデンティティを区別しようとすれば、アイデンティティ集団に倫理的地位を付与するという課題が複雑になるのである。その理由は特に、アイデンティティ集団の中には自発的アソシエーション——全米有色人種地位向上協会（NAACP）のように、メンバーがそこから離脱するコストが比較的小さく、広く社会に対して開かれているもの——の形を取るものがある一方、他方では固く結びついた閉じた共同体のような場合もあるからである（Gutmann, 2003）。そして哲学的な見地からは、ある集団のメンバーシップを得るべく選択がなされる瞬間を独立に考えることは、ほとんど不可能である。ある個人がある集団に参加するという、一見して自発的な選択も、よく注意してみるならば、集団に基づいた他のファクター——例えば、自分たちが社会化されてきた、家族や近隣やエスニック共同体といった集団の諸価値——によって影響を受けているからである。強い集合的なアイデンティティを伴う集団に自由に参加することと、目に見えないところで働いている原因や要因、その影響の結果として集団に属することとを、厳密に区別することはできない。この点を理解するは、労働組合を例に考えるのがよかろう。自由主義思想においては、労働組合は典型的に、個人が自由に参加したり離脱できる利益に基づいたアソシエーションと見なされている（狭量なクローズド・ショップ制が支配的な場合を除いて）。だが多くの場合、そのような集団に加わる決定は、同僚からの圧力、社会化、文化的背景などといった広範な諸要素によって形作られている。労働組合から抜ける権利が形式的にあったとしても、それらの諸影響は、ある個人が労働組合の中に残るかどうかに主要な役割を果たすのである。

こうした社会学的なあいまいさが、〝個人は、エスニシティのような恣意的なアイデンティティによって被る害悪を補償されるべきである〟という自由主義的な平等主義者たちの議論に影響するかどうかを考察することは、哲学的に重要である。そして、以下の二つの理由から、社会学的あいまいさは自由主義的な平等主義に影響するということ、および、平等と個人性の価値に関心を寄せる自由主義者たちは負わされたアイデンティティの問題に注目し得るということが、示される（たとえ自由主義者たちの間に、国家はそれに対して道徳的に厳密に何をなすべきなのかについては、依然として不一致が存在するにせよ）。まず第一に、道徳的重要性をより多く割り当てられる集団とそうでない集団との間に、絶対的な区別をする必要はない、ということが挙げられる。例えば、選び取られたアイデンティティと所与のアイデンティティという二元的な区別は、選択《チョイス》と非選択的帰属《アスクリプション》の間には連続してさまざまな位相が存在するという理念と、置き換え可能かもしれない。労働組合は、例えばエスニック集団よりもはるかに選択的である一方、エスニシティのより明らかな非選択的な特徴は、自由主義者たちの道徳的応答の中に反映され得る。非選択的帰属が道徳的に重要である第二の理由は、このカテゴリーが、楽しみや自己利益、はたまた実験のためになされるものではなく、集団の歴史や社会関係や経験の中に根ざした慣行やライフスタイルの特異性を示すことにある。この区分は広く、集団メンバーの文化的・宗教的バックグラウンドが、法や多数者の嗜好を侵害するような慣行を生み出す場合、アメリカ合衆国の最高裁判所のいくつかの法学上の論拠を導き出してきたものである。これは決して議論の余地のない区分ではないが、しかし非選択的帰属にはやはり、無視し得ない道徳的・社会的価値が残されている。

こうした区別の重要性と困難さとをさらに例証するものは、宗教という形を取って現れる。(5) 現代の多元主義的な社会において、もしも宗教的信条が自由な選択によるものと見なされるのであれば、信仰が恣意的な不利益を生み出すことはないので、信仰は自由主義国家においては正当な公的関心の対象ではあり得ないと思われるであろう。だが多くの著述家は、アイデンティティの政治という表題の中に宗教団体を含めているし、宗教が非選択的《アスクリプティヴ》アイデンティティであるかのように語られている。これは、正当化されるスタンスなのだろうか。自由主義の理論家たちと立憲主義的な解釈者たちは、宗教が自発的アソシエーションと同等であるかどうかについて、論争を繰り広げてきた（Kukathas, 1992）。このような論争に対して特に影響力を持った自由主義的な議論によれば、宗教に関する「自由な選択《フリー・チョイス》」という観念は、それ自体が、世俗主義的な諸価値に根ざした党派的・包括的な道徳的教義なのである（Galston, 1991；Nussbaum, 2000b：167–240）。そのような考えに対して、宗教を実践する多くの人々の見方からすれば、宗教は信仰の問題であり、自由な選択の問題ではない（Canavan, 1995）。宗教に対して選択という枠組みを当てはめることは、一つの論争的な道徳的教義を他者へ理不尽にも押しつけていることの象徴であるかに見えるし、[言い換えれば] 自由主義にとっての「政治的」正当化のためのさまざまな試みの中でのルール違反に見える（この立場については、第三章でより詳細に考察する）。以上を前提にして、マーサ・ヌスバウムによれば、宗教的な善の概念を、個人的・政治的アイデンティティの豊かで重要な源泉と見なすことが、より公平となる（Nussbaum, 2000a；2000b）。それゆえ、宗教的な善の概念を公的領域から排除したり、宗教的信条をナショナリティやエスニシティと同様としてではなく、気晴らしや消費選好や「高価な趣味」（Cohen, 1999）と同等に扱うことは、正しくないということになる。

　こうした議論の鍵は、敬虔な宗教的信条に帰することのできる固有の価値という感覚であり、個人が持つ道理にかなった善に対して、自由主義者たちが尊重し共鳴する立場にある。こうした価値の感覚は、宗教的実践に一般的に見られる次のような考え、すなわち、〝宗教的実践を特徴づける信条が、信者にとっては根本的に重要だ〟という考えから生じている。この点を、ジョン・ホートンは以下のように述べている。

イスラム教徒であること、あるいはユダヤ教徒であること（また、言うまでもなくキリスト教徒であること）は、その人のアイデンティティが、その集団のメンバーシップと非常に密接な関係にあると理解することである。それは、歴史を共有することであり、自分が誰であるかという感覚に不可欠な集団と特定の関係に立つことである。その程度は不可避的にさまざまであるが、しかし自分たちの文化的共同体から離脱したいと考える人でさえ、自分たちが離脱しようとしている当のものを認識せざるを得ない。（Horton, 1993 : 2）

市民が作り出す多くの種類の所属《ビロンギング》とメンバーシップの中から、単純な選択の問題ではなくアイデンティティを選び出そうという考えにとって重要なのは、自分が何者であるかというメンバーの感覚と、比較的深く関係する集団メンバーシップをさまざまに区別する可能性の有無である。ホートンによる描写は、非選択的アイデンティティのさらなる特徴的な要素を前面に押し出すものである。そうした集団に属している人々は、その集団に自らを深く同一《アイデンティファイ》化させている。そして彼らは典型的にも、道徳的に重要なものとしてそうした集団文化のメンバーシップを経験するというのである。この最後の点はまた重要である。非選択的帰属のあれやこれやの分類は、倫理的に重要ではない。そうした帰属が道徳的に突出するのは、集団メンバーシップが、不当な扱いや従属の経験に対して、集合的利害や独自の自己理解の感覚を生み出す場合のみなのである。

自由主義的な政治倫理と集合的アイデンティティの害悪

負わされたアイデンティティによって生み出される害悪に対して、このように道徳的に応答することは、（ある種の）文化的遺産が持つ固有の価値についてのロマンチックな起源を持つ思想とは区別されるべきである（Taylor, 1994）。この後者の立場は、所属の政治あるいは承認の政治（第八章で検討される考え）に向けられるものである。前者は、個人が機会の平等と公的空間における尊重とを正しく享受できるように、個人に対して確立された平等主義的な原理を拡張することを含意している。この立場は、集団の文化の真正性についての主張へと向かうことはない。この立場が指し示しているのは、個人に対してある特定のアイデンティティを恣意的に負わせることによって、ある種の損害が起こり得る可能性である。ステレオタイプ化され戯画化されたアイデンティティの経験に基づいてなされる、さまざまな形態での冷遇は、自身の個人性の基盤となる独立した道徳的パーソナリティを形成する個人の能力を、損ねてしまう可能性がある。

　この立場は、屈辱《ヒューミリエイション》に立脚した社会関係を無効にするという、自由主義社会の中心に光を当てようとする近年のいくつかの哲学的試みを、補足するものである（Margalit, 1996 ; Levy, 2000）。アヴィシャイ・マルガリットは、アイデンティティに基づいた運動の間にある自己主張の傾向に、屈辱に対する内在的な抵抗を見出している。基本的な品性の基準を満たそうとするいかなる国家も、マイノリティに対する有害で残酷な存在であり続けないように、その行為能力《エージェンシー》と制度を整えなければならない。マルガリットは、自尊心を傷つける社会的慣行における三つの異なった要素を叙述している。つまり、(1)人間を、人間ではなくあたかも獣や機械や類人であるかのように扱う要素、(2)基本的コントロールの喪失へと導く要素、(3)「人間家族《ファミリー・オブ・マン》」からの人類の拒絶を含意する要素、である（Margalit, 1996 : 144）。スティーブン・ルークスによる議論は、選び取られたわけではないアイデンティティに対する自由主義的な平等主義からの応答を深める方向で、この立場を先鋭化している（Lukes, 1997）。ルークスは、「非選択的《アスクリプティヴ》な屈辱」――支配をもたらす冷遇の形態――を生み出すことになる過程と慣行に対して、もっと考察が加えられるべきであると述べている。ルークスは非選択的帰属《アスクリプション》を、差別に関するよく知られた自由主義的な関心の強化・拡大のために用いている。こうした種類の屈辱は、遂行《コミッション》と怠惰《オミッション》という二つの行為から生じ得る。さまざまな形態の残酷さと屈辱の緩和に力点をおくことは、現代の介入におけるよりもむしろ、自由主義的な遺産におけるよく知られた特徴である（Shklar, 1985）。

このような観点においては、アイデンティティの政治は、軽蔑され周辺化された諸集団のメンバーとして個人が経験する屈辱への抵抗を表現するための、重要な手段を提供している。したがって、イスラム教徒とかアフリカ系アメリカ人のような集団が、共同体の公的生活においてそのメンバーが十分な役割を果たせないようにステレオタイプ化され差異化されるような、文化的な過程や規範に注目する理論家たちもいる（West, 1994）。このような過程や規範は、それら諸集団のメンバーの自信と自己尊重に対して非常に明らかな形で害悪をもたらしている。それはまた、「正常」であると考えられている人々のあいだに、公共空間や公共善を他者と共有することへの著しい不快感を生み出しかねない（Galeotti, 2002）。害悪は、法の範囲を越えて存在する慣行、態度、行動パターンから生じる。つまり、男性の上司が女性の同僚を不利になるよう扱う場合、白人のサッカー・ファンが黒人やアジア人への不寛容さを顕わにする場合、異性愛の労働者がゲイの同僚を締め出す場合、などである。これらの慣行は、非差別と尊重の平等という規範を導入したがっている自由主義的な立法者および政策形成者にとって、著しいディレンマを表している。公的な機関には果たして、そのような問題に対する直接的そして／あるいは間接的な方策をとる資格があるのだろうか。

こうしたディレンマに対する応答の一つは、不利益を被る集団に対して権利と保護を与えるという主張を推し進めるものであった。また、別の応答には、マイノリティ集団の平等の価値を承認するという感覚の養成を求めるものもある（この点については第八章で議論する）。今述べた自由主義的な選択肢は、マイノリティを侵害する差別的・攻撃的な慣行を崩そうとする、強い関心を持っている。このスタンスは、例えばミラーによる平等主義的シティズンシップの提唱（Miller, 2002a）や市民の能力の道徳的重要性に関するアマルティア・センの説明（Sen, 1992）のように、広範な自由主義理論と調和している。もしも、民主的共同体の市民的生活に貢献し自身の道徳的目標を形成・追求し得るある人の能力が、そのような慣行によって危険にさらされているということが論証できるとすれば、起こり得る道徳的害悪に対して公的に介入するメリットを考察する基盤がうまく整えられるかもしれない。この文脈において、アイデンティティの政治の重要な倫理的機能は、個人の自己発展と個人の行為能力《エージェンシー》の形成・行使に対する障害が、よりよく知られている社会―経済的不平等を通じて起こると同様に、文化的・心理的にも複雑な形態で起こるということを、明らかにすることである。ヌスバウムは、アイデンティティの政治のいくつかの表明に対するそのような応答を擁護している。つまり、

不完全なアイデンティティがもたらす害悪、すなわちある人が持つ自己発展と自己理解のための能力を低減させること［に対抗して、このような表明が起きている］。……それは単に、自己表現を阻む障害物を取り除いたり、私たちが解放運動を「アイデンティティ」運動と呼ぶ時に問題となる意志を働かせるといった問題ではない。そうではなく、そもそもの最初の段階における意志の形成や自己の形成に対する有害なあるいは強制的な条件の問題なのである。個人が基本的な帰属意識を持つ集団を周縁化すること、あるいはその集団のニーズによって形成された社会的空間をそうした集団が享受する能力を制限することは、その集団に属する個人の主観性を害する危険を冒すことである。（Nussbaum, 2000b : 205-6）

自己に対する損害が周辺化しステレオタイプ化する社会的慣行によって起こり得る、という観念は、自由主義的な伝統と相容れないものでは決してない。現にジョン・スチュアート・ミルは、より大きな社会集団に属している個人に対する道徳的・社会的インパクトを認識していた。自由主義的な民主国家において、個人が経験する異なった種類の――物理的であると同様に心理的でもある――害悪や干渉に関する増大する自覚を反映させるために、法規範を精錬するさまざまな試みがなされてきた。個人が持つアイデンティティの非選択的《アスクリプティヴ》要素を理由にし

た、個人に対する理不尽な軽蔑が、ウェーバー的な言い方をすれば、公的な関心事になり得る地位の侵害を生み出す——ということが信じられるための自由主義的な根拠は、十分に存在するのである（Fraser, 1997）。言うまでもなく、そうした潜在的な侵害を指摘することが、そのまま国家による介入と法的救済を正当化するものではない。非選択的帰属《アスクリプション》に基づいて生じる害悪の一つの重要な位相は、そうした害悪のインパクトと発生率が変化しやすいということである。〝ゲイや黒人であることが、このカテゴリーに入るすべての人の自己尊重を必然的に害する〟という前提には、問題を乱暴に扱っている面がある。なぜならこの前提は、負わされたアイデンティティの代価として個人が行使している行為能力《エージェンシー》を考察し忘れているからである。ステレオタイプ化することや排除の影響を全面的にカテゴリー分けすることとは、不利益を救済するという課題に対しては不十分である。同様に、「害悪を受けている」とするすべての言明が、法的救済を求めたり暗示したりするとは限らない。そうした言明のいくつかは、あるデモクラシー国家における公的な文化の中で傾聴されたり注目されりしたいという欲求に、動機づけられている。ある集団の主観的な意識や信条は、そのような主張との関連において国家から考慮されるかもしれないが、しかし怒りそれ自体は、代償的行為への十分な条件とはなり得ないのである。

むすび

しかしながら、アイデンティティの政治が光を当てる社会的アイデンティティは、単なる抑圧と従属の原因なのではない。それらは、個々のメンバーがより広い社会に対してもっと確信を持って関わる一助となるような、連帯感《フェローシップ》と文化的自己主張の基となるものを提供し得るのである。このような道徳的に二つの価値が、アイデンティティの政治の核心にある。アイデンティティの政治は、〝万人が平等に扱われるために、ある特定の社会的区分は放棄されなければならない〟という主張を生み出しもすれば、〝特定のアイデンティティが、もっと尊重を受ける価値がある〟という主張もまた生み出すのである。つまり、これらの衝動《インパルス》は両方とも、アイデンティティの政治における政治的倫理に不可欠だということができる。現代社会においては、エスニック・マイノリティ集団のあるメンバーは、市民として参加する場合に自身の共同体の声を心に留めるよう強いられることを嫌うし、自身の文化のメリットを宣揚・宣伝したいとも思ってはいない（Waldron, 2000：169）。彼ら・彼女らはまた、自身の個人的アイデンティティに帰属《アスクライブ》する多様性と独自性の地平において、自らの非選択的《アスクリプティヴ》な呼称に憤慨し、人種やジェンダーやセクシュアリティといった単一のカテゴリーによってでは把握できない複雑な性格をもつ多次元的な存在として扱われることを要求するかもしれない。K・アンソニー・アッピアが論じるように、人種的差異が権力の不安と不一致を生み出しているような文化においては、アフリカ系アメリカ人は他者に承認される個人的特質《パーソンフッド》を十分に豊かにするよう闘争している（Appiah, 1996：88）。しかしながら同時に、ある人が受け継いだりあるいは負わされたりしたアイデンティティの周りに形成された集団に対して、自己を同一化しようという決心から生じ得る連帯と自己信頼を心に留めることが重要である。

> 個人は、そのような集団の内部において、政党においては手に入れることのできない集団的連帯を発見する。差別や抑圧といった共通の経験を持つ民主的な人々によって構成される周辺化されたメンバーは、伝統的なイデオロギー的同一化《アイデンティフィケーション》を超越し、あるいはそれに対抗するよう強いる個々の集団のアイデンティティに集中する、個別主義的な政治プロジェクトをしばしば発見している。（Hoover, 2001：208）

これらの衝動はいずれも、自由主義的な格言と本質的に反するものではない。したがってローティは、ある人の独自性を尊重させようとする衝動を、西洋の自由主義の発展に不可欠なものとして提示している（Rorty, 1991：206）。この要求は、「愛」と「正義」という二重の倫理へと導くことになる。このうち「愛」の理想が示すものは、リベラル・デモクラシーの諸文化の中で生じる直観的な他者への開放性《オープンネス》である。

リベラル・デモクラシーの諸文化は、認知を求めている人々の風変わりな行動を――愚かさとか狂気とか底辺とか罪といった観点から説明するのとは反対に――よく知られていないにせよ、一連の首尾一貫した信条と欲求という点から、いかに説明するかを示すことによって、彼ら・彼女らの存在を可視化している。

(Rorty, 1999：236)

ローティは同時に、正義の原理を通じて典型的に示された、自由主義の平等主義的な熱望を認める。このことは、「いったんこれらの人々が市民として認められれば、いったん彼ら・彼女らが多様性の鑑定家によって光のあるところに導かれるならば、そのような市民はそれ以外の人々みんなと同じように扱われることを確実にする」役割を果たす (Rorty, 1999：236)。

この章を通じて私が述べてきたのは、最初の外観とは逆に、自由主義とアイデンティティの政治とのあいだの関係が単純な二項対立ではないということである。自由主義的政治思想は、アイデンティティの政治による挑戦に対して、異なった応答をしている。アイデンティティの政治による挑戦の中には、他のものよりも拒絶的なものもある。自由主義の理論家たちは、メンバーの人権あるいは市民的権利を犯そうとする共同体や、反民主的な政治的主張を攻撃的に推し進めようとする共同体に対して、警戒するよう促す点では正しい。しかし、自由主義の理論家たちはまた、アイデンティティに基づいた集団の中に、自由主義の中核的な価値やデモクラシーとのより多義的な関係を持っているものもあるということを、認めなければならない。自律性を良き性質の証明であると仮定する自由主義思想も、エスノ・ナショナリズム的なモデルの多文化主義も、アイデンティティの政治の二面的な性格とはかみ合わない。これらの相反する規範的傾向を分かつ区分が決定的になってしまうと、致命的にも、その両者のあいだにありまたその両者を越えて存在する哲学的地平を、視野の外に追いやってしまうことになる。結果として、自由主義と、アイデンティティの政治を実践する集団とが、絡み合い相互に依存し得るという面が、現代の政治理論では軽視されてしまっていたのである。

（1）メイスンは、行為主体のある集団への同一化《アイデンティフィケーション》と、その集団からの批判的離脱あるいはその集団による吸収とを区別し、後者に反対する立場を表明している（Mason, 2000 : 58–9）。

（2）こうした平等の異なった概念については、以下の文献によって深く考察されている。Phillips（1999）, Levine（1998）.

（3）これらの諸問題は、バリーによって提起されている。彼は、文化的・宗教的集団に対して支配的な法を免除するよう要求する多文化主義者によって出された、いくつかの「ハード・ケース」を扱っている（Barry, 2001a. 特に19–62）。バリーの議論に含まれる意味については、以下の文献が論じている。Miller（2002b）, Caney（2002）.

（4）バリーは、肉体的な無力さ（incapacity）と関連した不利益と、宗教や文化と結びついた不利益とを、明確に区別している（Barry, 2001a）。

（5）アイデンティティの政治との関連で、宗教的集団の地位に関する明快な議論としては、以下を参照。Gutmann（2003 : 151–91）.

第3章　シティズンシップ・公共理性・集合的アイデンティティ

はじめに

政治的アイデンティティによって引き起こされた「文化戦争」により、民主的要求が脅かされているという懸念は、公共の議論ではお馴染みのテーマになってきた。政治理論家たちの中でこのテーマは、二つの典型的な関心から述べられている。その一つは、もし市民が集団での差異に敏感すぎると、シティズンシップが要請する目的である共通性と統一性とが危険に晒されるかもしれない、ということである。二つ目の関心は、生活の中での政治的領域と非政治的領域との関連性についてである。アイデンティティの政治は、私的で党派的、情緒的関心を、政治的な事柄の核心に向けることで、リベラル・デモクラシー政体におけるいくつかの典型的規範を侵しているように見える。民主的シティズンシップの統合を求めるという関心から離れているがゆえに、アイデンティティの政治は、何人かの自由主義理論家たちから非難されてきている。

この章で私はこうした議論のメリットとそれが含意するものを考察し、アイデンティティの政治とシティズンシップの自由主義的な理解との関連を探求することにしたい。仮に「人々が自らをある国家の市民としては定義しなくとも、選択によってであれ必要性によってであれ、何らかのより小さな下位集団に帰属意識を持つ」(Philips, 1993 : 117) 場合、民主的なシティズンシップに対する期待は必然的になくなってしまうのであろうか。宗教団体の敬虔なメンバーであるのと同時に、一人の善き市民たり得るのであろうか。政治的な自覚を持った同性愛者でありながら、積極的で献身的な市民たることは可能であろうか。市民としての義務精神、つまり責任ある隣人であること、地方選挙に投票すること、公共の問題に関心を持ち続けていることといった義務が明らかに衰退していることと、アイデンティティの政治とのあいだには関連があるのであろうか。時に怒りをあらわし、しばしば自閉的な政治化されたアイデンティティのレトリックは、デモクラシーの求める公共的熟議や社会的市民性を許容できるのであろうか。

市民的徳性への回帰

現代の自由主義者たちは、シティズンシップが含意する内容と価値について、非常に様々な思想を引き継いでいる。それでも多くの者の意見が一致するのは、シティズンシップというものが、政治的共同体の一員たる諸個人に、等しく義務と権利とを用意している点である。しかし、こうした市民としての地位を獲得することが、市民的な結束を実現するために果たして十分であるかについては、疑わしく考えている論者もいる (Kimlicka and Norman, 2000 : 5–7 ; Dagger. 1997)。一つの地位としてのシティズンシップが、市民の性格付けの問題とは切り離して考えられるとする自由主義哲学者たちの主張にもかかわらず、多くの自由主義の批判者たち、つまり社会学者、ナショナリスト、そしてとりわけフェミニスト、またこれら批判を支持する人たちは、権利志向的市民の観念が必然的に規範的なものを含意していると考えてきた (Slawner and Denham, 1998)。こうしたシティズンシップに関する自由主義者たちの手続き上の理解は、コミュニタリアンや共和主義的な批判者から、充分に本質をついていないと批判されてきた。コミュニタリアンや共和主義者は、権利を伴う均質化されたシティズンシップの上に構築された市民文化や、社会の連帯が失われたことに非難の目を向けている（Dagger, 1997；Sandel, 1984）。かくして、リベラル・デモクラシーが特異なまでの高レベルで市民間の協同や連帯を求めていること、および共有されるべきシンパシーを担う世代がそうしたことを当然とみなせなくなっていることを、自由主義者たちは徐々に気づくようになったのである。

シティズンシップというものは、確固たる共通の文化と、比較的自発性を持ち公共精神のある一般市民を要請するものだという理解に、デモクラシーの理論家たちは同意するようになってきた。この見方は、市民的徳の必要性やその明白な消滅に関心を持つ英語圏の政治理論家たちのあいだで再燃した中心課題であった（Macedo, 1990；Kymlicka and Norman, 2000；Slawner and Denham, 1998）。多文化主義の衝撃ともども、国民国家の衰退と目されることへの政治的な不安の拡大が、英米系の政治思想で共和主義的な議論が再興する決定的な理由となっている（Dagger, 1997；Sustain, 1998）。近年、政治理論家たちのあいだで、自由というおなじみの哲学的概念は、非支配の価値を採る共和主義的なアプローチから挑戦を受けてきている（Petit, 1999）。それと同時に政治思想史家たちは、半ば忘れ去られていた共和主義の系列という視点を持ち込んできた（Skinner, 1998；Pocock, 1975）。自由主義それ自体がかつて共和主義の一ヴァリエーションであり、それがこのところ忘れ去られていたに過ぎないと主張する論者もいる（Dagger, 1997；Sustain, 1998）。例えばアダム・スミスであれば、もし共和政体が不景気や腐敗、衰退といった危機にも屈しないとすれば、市民社会に位置する自由の価値や商業活動の重要性と、いかにして充分に徳のある一般市民を確保するかという問題関心とを結び付けている。

政治理論家たちによって提起された市民的徳への回帰の問題は、こうした理論展開の産物であると同時に、前述のように、今日の政治不安に対する応答でもある（Kymlicka, 2002）。リベラル・デモクラシーにおける市民文化が著しい衰退に瀕しているという不安は、自由主義的な政治理論家たちにとっての最重要課題となってきた。

西洋民主主義国家の市民には無感動、無関心、シニシズム、私利などが蔓延し、引き返せないところまできている。この一〇年間以上、学者や政治家たちは、このような段階に直面したデモクラシーをいかに再生させるかについて憂慮してきた。自由主義的な哲学者によると、健全な市民生活という考え方は、ひとつには独立した価値あるデモクラシーの特徴として、同時にもうひとつには自由主義的な秩序の刷新や安定の必須条件として現れてくるという。自由主義的思想におけるこうした市民性の転回は、あまり一般的とはいえない議論までをも喚起してきた。スティーヴン・マセドは次のように述べている。

自由主義的な政治制度や公共政策は、単に自由や秩序、繁栄の促進に結び付けられるだけではなく、活動的なシティズンシップの前提条件でもあるべきだ。つまり、シティズンシップの能力や気質といったものが、現代政治や市民社会の諸活動に思慮を持って参加することにつながるのだ。最高の徳の一つとして個人の自由に関わりあうことは、私たちの生活における市民的次元を否定する根拠とはならない。(Macedo, 1990 : 10)

正しい国家の原理を練り上げることに関心を持つ理論家たちは、次いで徐々にシティズンシップの問題性について探求するようになった(Kymlicka and Norman, 2000)。こうした研究の中で、重要だと思われる問題がいくつかある。アリストテレスが措定したアテネ市民の日常的な相互行為領域モデルである「市民の交友」に対して、現代の政治秩序においては、一体何がそれに相応するものとして示されるであろうか。市民が、見知らぬ人たちや決して会うことのないであろう人たちと生活領域を共にする時、その政治体制において市民の徳性を促進するということは、何を意味するのだろうか。そうした未知の人々に対して、それ以外の市民に対するよりも上回るアイデンティティを分かち合う義務があるのだろうか。そして何をもって、アメリカやイギリスのように、母語やそこでの制度、伝統的生活様式と密接に関連するような、ある一つの政治体制において市民であるべき、もしくは市民になるべきと言えるのだろうか。社会民主主義者らは、さらに別の問題を提起している。商品の論理や「市場人」モデルが、かつての社会的、公的な生活領域を侵しているような局面で、一体何が市民として行動する動機や願望を個々人に与えるというのであろうか。

　こうした問題意識から提起された理論の多くは、市民の衰退という「事実」を一つの出発点としている。現在行われているシティズンシップの説明は多く、今の現実には欠けている黄金時代のようなものを、暗に前提としている。シティズンシップに関するかつてとの暗示的な対比は、一九世紀中葉に見られた集団の全盛期と関連していると、ナンシー・ローゼンブラムをはじめ何人かのアメリカの学者たちは考えている。「アメリカにおけるアソシエーションの最盛期は、一九世紀の中盤におけるクラブラッシュの頃であった。これこそが、ただ乗り《フリーライド》や、庶民であることによる不運を克服する社会資本として、社会科学者が期待している『市民文化』なのである」(Rosenblum, 1998a : 100)。これを現代の失望につながる牧歌的なスモールタウン・デモクラシーとする多元主義者もいる。イギリスの文脈に拠ると、福祉国家の設立後数十年間は、現状の評価に対する論及が好んでなされてきた。つまり、社会民主主義者の解説によると一九四〇年代というのは、アイデンティティや消費主義の時代と比べ、社会連帯や市民的献身がなされた、ひとつの黄金時代として考えられているのである (Wolfe and Klausen, 2000)。

　こうしたことを背景として、アイデンティティの政治は、異質で危険なまでに奇抜な力を現してきている。集団特有の主張やアイデンティティに基づく政治的議論が急激に高まることは、民主的な生活の衰退につながるものと広くみなされている。公衆が一般に、自分たちに共通する利益よりも、エスニシティや宗教、ジェンダーなど、自分たちを分断する諸要素により自覚的となるのではないかと、自由主義的な論者は懸念している。もし、市民が自らの集団における生活様式の促進や保護を第一義として政治に参加するのであれば、市民は政治にアプローチするための手段となり、共同体善の名の下で妥協や束縛というアピールからも免れることになる。アイデンティティの政治は、共有された政治的手続きや慣行に抵抗したり、交渉を不可能にしたり、「ゼロ＝サム」的な対立を生み出すかに見えるのである（Philip, 2000 :170）。

自由主義と市民的徳への回帰

アイデンティティの政治に関するこの種の議論に含まれるメリットを検証するために、市民的徳性にむけた自由主義的な事柄の性質について熟慮することには、意味があるだろう。徳性に向けられた新たな関心は、それが市民の統一性と同義語として典型的に定義されていることに、ひとつその特徴が挙げられるだろう。市民的徳性と市民の統一性との合一は、民主諸国の社会文化における衰退に関して、最も影響力のある特徴的な診断的分析を支えており、またシティズンシップを刷新すべきとする規範的な提唱を支援している。この結びつきを分析した結果、特定のアイデンティティや忠誠心は、政治的統一性が求める徳性の現実化に対して、障害として規定される傾向にあった。

カント的理論家たちの間では、市民的徳性の中身と目される事柄が、自由主義的なシティズンシップという、中立的であろう原理の説明によって、典型的に概念化されている（Macedo, 1990 ; Galston, 1991 ; Slawner and Denham, 1998）。このことは、自由権と諸自由との折り合いをどうつけていくかの考察から、こうした自由主義に含まれる道徳的性質を述べることへの動向を含んでいる。したがって有徳なシティズンシップの規範は、「理にかなった《リーズナブル》」かつ公共精神を持つ市民が達するであろう共通理解を根拠として現れてくる。ウィリアム・ガルストンは次のように述べている。

> リベラル・デモクラシーをどうにか存続させるだけではなく成功裡に導くためには、多くの市民が一定の政治的価値や徳性の領域で、共通の責務を考慮せねばなるまい。その政治的価値や徳性には、寛容、相互の尊重、多様な人種や信条及びライフスタイルを同じくするもの同士の活発な協同が考えられるだろう。また公共問題を批判的に考え、民主的プロセスや市民社会に積極的に参加しようとする意志なども挙げられるだろう。そして、すべての理にかなった市民同士で公的に正当化できるような、最高の政治的権威を持つ原理を確たるものにしていこうとする意思なども、そのひとつに数えられるだろう。(Galston, 1991：10–11)

こうした解釈が、理にかない公共精神ある徳性を導くようなアソシエーション的生活形態と、そうではない形態との明確なアンチテーゼを前提としている。アイデンティティに基づく集団は、典型的に後者の陣営に位置している。

多元主義的な民主諸国において、市民的徳性についてこのようなアプローチを採ることに、一体どれほどの意味があるというのだろうか。デヴィッド・カヘインが正しく示唆するように、こうしたアプローチをとることで、自由主義的な会話に参加する人々の間で許容されるであろう多様性を、必然的に過小評価してしまうことになる(Kahane, 1998：105)。カント的アプローチでは、共有された自由主義的な徳性や理解の蓄積が消滅するのではないかという不安が拭いきれない、とカヘインは断じている(Kahane, 1998：106)。社会の崩壊や市民性の消滅といった不安材料を相殺するために、こうしたカント的アプローチをとる理論家たちは、次第に自分たち相互間の差異に気づいていくであろう市民の間でもなお、自由主義的な善についての共通理解を構築する重要性を強調している。しかし、この種の議論方法は、「自由主義的なシティズンシップをめぐる言説が事実上多様性を持つこと」を否定しているのである(Kahane, 1998：117)。多様性や多元性を持つ共同体では、市民性や理にかなっている《リーズナブルネス》ことといった価値の意味が相当広範囲で議論に付されるであろうし、こうした見方を奨励する多様な方法も広がっているということを、カント主義者たちは忘れている（Gutmann, 1993）。平等や正義などという価値をわきまえた市民の間で共有される関係を定立することは、これらの諸価値が特定の論題に関して示すものが何かについて、特定の行為者が同意するだろう範囲を強調しすぎることになる。政治的な物語、文化を仲立ちとする信条、および道徳的な議論といった一連のものは、寛容、法の永続性、批判的な自己反省性、市民参加等々の価値について、共有された自由主義的な敬虔さに注目する際に、それを無視したくなるほどの多様性の一助となって、民主的なシティズンシップを生成することができるのである（Kahane, 1998：117）。

公共理性とアイデンティティの政治

英米最前線の政治理論にあっては、激増したデモクラシーへの熟議的なアプローチをも含んだ、様々な形での知的発展によって、市民的徳性への回帰が図られつつある。デモクラシーに見合った政治共同体が求めるような熟議と、アイデンティティの政治とが両立するのかという懐疑が、ここ四半世紀のあいだにも広まっている(1)。この節では、アイデンティティの政治に対して、この熟議によって生じる異論が、いかにうまく基礎付けられるかについて考えてみたい。そのために、多少遠回りな議論になるとしても、すでに広く指摘されてきたように、ジョン・ロールズの非常に影響力を持つ公共理性の理解が、アイデンティティの政治と相反するかどうかについて考えることには、意味があるだろうと思われる。

公共理性の内容や限界について現在なされている議論は、民主的な共同体における「一般意志」の性質や重要性について、長く確立されている見方の延長線上にある。市民の特定信念や利益に対するアンチテーゼとして示される、集団の集合的利益というルソー的な概念は、長いこと民主的な観念を特徴付けてきている。共通善の決定によってもたらされる合理性という考え方は、善き市民であれば共同体の最善利益たるものに同意する傾向があることを示している。自由な社会において道徳的問題に関する全員一致などありえない，という認識を持ち出して，このモノローグ的な熟議概念を相殺しようと，自由主義的・共和主義的な理論家たちはやっきになってきた。最近の政治理論で，こうした見方は，後期ロールズにおける公共理性の性質と限界に関する説明によって，相当見直されるようになった(2)。批判家たちは，ロールズの思考に見られる公共領域において，アイデンティティに基づく政治討議を加えることに，相当な反感を持っている。その一方で多文化主義者やその他の多元主義者たちは，他者に対する選好の際に，ある種の性質を促進するように意図されているとして，ロールズの説明を受け入れず，また，この要求にそぐわない多くの特定個人や文化を排除しているとして，その他の自由主義と同様に，ロールズの説明を拒否している。この節では，こうした双方の議論について，真偽を正していきたい。まず，アイデンティティの主張が公共理性と両立するという見解が正しいかどうかについて考察したい。そして次に，多元主義者らがロールズの概念をことさらに否定することが正当なのかどうかについて，問うてみたい。すべてではないが，いくつかの点で，ロールズの公共理性という見解が，アイデンティティの政治と関連するいくつかの倫理的主張とも全く矛盾しないだろうことにも論及するつもりである。

アイデンティティの政治は概して，集団アイデンティティの特異性や規律を引き合いに出した主張や議論を提示している。このことは，個人や集団のアイデンティティにとって重要だからという理由で，特別な要求や特定の理解を必要とするという理論形式をとっている。一方，こうした議論が，公共理性とは両立しないと確信している民主主義理論家もいる（Barry, 2001a；Woldron, 2000, 1993）。公共理性は，理論的にみると，すべての市民にとって意味のある理性からなっており，自己利益や「包括的な」道徳，宗教上の信念などに基づく議論とは相反するものであるとことが，一般的だと考えられている。またブライアン・バリーは，特定の文化や伝統と結びついたからという理由で慣行を擁護することは，結局のところ適切に正当化されえないとしている。慣行というものは，それがある特定の文化システム内部から，そのシステムに属する人々のために提起されたという点でしか正当化されえない。アイデンティティの政治は、ひとつの理性に基づく議論設定を拒否することで、他者が討議可能である事柄について、理性を提示するという民主主義の義務を単に回避しているに過ぎない（Barry, 2001a）。こうした見方に立つと、アイデンティティ集団が、共有された価値に根ざした議論を受けいれることは、本質的に不可能ということになる。それというのも、ただひとつのアイデンティティを主張することは、間違いなく特定集団における議論の通用可能性について、その限界を定めると同時に、理性の拒絶をも正当化してしまうからである。批判家たちが指摘しているのは、例えばある集団や個人が、法から逃れんがために自らのアイデンティティに訴えた場合、そこで実際になされていることは、真正のアイデンティティというレトリックを使って、自らの利益を擁護しようとすることなのである。

こういった対立する見解には、どちらも答えることができない。ある特定の主張を基礎付けようとしてアイデンティティに訴えることが、必ずしも公共理性の論理を否定するとは言えまい。この種の議論は、ある種特定の、公的に接近可能な理性という概念に全面的に依拠しているかに見える。ジョナサン・クオン（Quong, 2002）によると、所与のアイデンティティに基づいて慣行を守ることや要求をなすことは、所与の慣行の価値それ自体の地平を越えるよりも、さほど論争的とは言えないようである。もし諸慣行が他者からの真剣な考慮に値するという、アイデンティティに基づく議論から引き出された一般原理、すなわちアイデンティティに不可欠であるならば、これらは他者にとっても理解可能で、万人に対して適用可能と言っても差し支えないだろう。

アイデンティティの主張が単にレトリックで装った利益主張に過ぎないという第二の異議は、これまで見てきた限りあまり説得力があるとは言えない。これは、ある個人の自己利益が道徳議論とは相反するいという見方に固執する限りでは、克服できない見解である。しかし善き道徳に関する議論はほとんどが典型的に、様々な利益に基づいて構築されており、そのうちのひとつが通常、普遍的とみなされているに過ぎないのである（Quong, 2002）。熟議デモクラシーは、利益に基づく主張をすべて排除しようとしているのではなく、道徳的権威を持ち出す主張と、そうではない主張との区別を求めているのである（Williams, 2000）。

そうした意味で、アイデンティティの政治に対立する熟議の問題は、考えられているよりもあまり明瞭とは言えない。一般的に言うと、アイデンティティの政治は公共理性の論理と必然的に相反するわけではないので、アイデンティティに関わる言説を考えなくてもすむような熟議がより生産的で、不和を生まないと考えることには、むろん特定の政治的・文化的理由があるのかもしれない。こうした異議は、特定の政治体やアイデンティティの主張の文脈をもっと強く考慮するよう求めている。しかし、民主的な熟議におけるアイデンティティの役割を一般的に観察してみると、通常それはもっと役立つ形で発展されうることが分かる。社会的アイデンティティが公的領域においてひとつの妥当な存在だとするならば、それは熟議的な相互作用や批判の主体だけではなく、同時に客体にもなりうるように思われる。まさにこれがゆえに、特定の慣行や要求を擁護するためにアイデンティティは引き合いに出されるのであるが、こうした議論のやり方が必然的に他の公共利益や道徳的議論との比較上、最優先されるというわけではない。例えばサルマン・ラシュディー事件の場合、ムスリムが支持する宗教に対する攻撃という認識は、多くの人たちがより根本的な公共理性とみなすもの―すなわち、宗教的事柄について自由に語る自由など――について、リベラル・デモクラシーの中ではうまく均衡を保たなくてはならない。同様に、相異なるアイデンティティの価値を評価することは、民主的な生活において不可欠な部分である。すでに表明されたアイデンティティにも、それを尊重し考慮するには余りにも一時的かつ不快で、場合によっては取るに足りないとしか考えられていないようなものもある。

ロールズの公共理性

アイデンティティに基づく政治的議論と公共理性とはかみ合わない、という見方は、自由主義を多元主義的に捉える多くの論者たちから提起されている。多文化主義者やその他集団多元主義の提唱者たちは、いまだ公共理性という観念に疑問を抱いている。しかしそうした論者らは、公共理性というパラダイムの総体を余りにも容易に切捨てすぎているのではなかろうか。とりわけ、こうした論者たちは、政治的自由主義のいくつかの教義と一致すると思われるアイデンティティの政治について、それが政治倫理的な性格を持つという局面を、一貫して否定してきている。

ロールズに見られる公共理性は、基本的な立憲的諸問題について論じる際、市民が他者から理解され、他者にも受容可能であろう理性を用いて議論し投票することを、原則的に要請している。理性を与えられた人間としてモデル化された市民は、自らの見解を正当化する時に、自由で平等な市民としての立場と矛盾のないよう、その他の市民が理解や受容できるようにしなくてはならない。そうした市民には求められていることは、以下ように定式化されるだろう。

> 自らが好む諸々の原則や政策が、どうして公共理性という政治的価値を支持するのかを他者に対して説明できなくてはならない。カトリック的でないすべての視点を排除する政策では、こうした義務の要請に応じることができなかった。このような不寛容性は互恵主義という基準に背くので、公共理性を害していることになる。（Farrelly, 1999 : 15）

このような枠組みによって、ロールズは潜在的に対立する二つの考えを比較している。ひとつは、正当な国家において要請される社会的協同には、何らかの原則に基づいた基盤が必要だ、ということであり、今ひとつは、ロールズによると、自由な社会における道徳的・神学的信条や慣行に関する、一定の理にかなった不一致——それをロールズは包括的な道徳的ドクトリンと名付けている——は避けられない、ということである。これは、ロールズが「多元主義の事実」と呼ぶものを受け容れることで提起されるモデルであり、そのことから彼は、生の目的に関して道徳的に一致することはないということを示している。この図式で公共理性は、二つの中核的価値との関連から説明される、理にかなっていることというエートスを思い起こさせる。この中核をなす二つの価値とは、互恵主義の原理であり、判断の負荷を認識する意志である（Rawls, 1993：47–89）。ロールズが言うには、これら二つの価値は、民主社会における社会的・政治的制度組織を支配する主要な規範である。理にかなわないものに対して、理にかなった善の諸概念の間に潜む相違を展開する中で、政治領域を支配する諸原理にあうように考慮され、擁護されるべき視点の正当な多様性に、ロールズは限界を設けることができる（Rawls, 1993：174–6）。それゆえに非常に不寛容な人、偏狭な人、原理主義者たちは、この定式によると考慮外におかれることになる（Moore, 1995：301）。公共理性は、文化的前提や道徳的信念の面から見て一致しないにもかかわらず、正しい国家の正当性にとって不可欠だとみなされ、ある民主社会における市民共通の基本利益や、集団的政治意思から生じるものと考えられている（Rawls, 1993：212–16）。共同体における政治生活への参加により、また公共理性の規範と広く適合する熟議への参加により、「何ら共通のアイデンティティも持たない人々が、一つのアイデンティティを共有できるようになり、それゆえに一つの意志をも分かち合うことが出来るようになるのである」（Laden, 2001：12）。

こうした見解が、マイノリティの権利キャンペーンに潜在的に有益かもしれないと見たり、マイノリティを公平に扱っているという見方をする論者もいる。自由主義的なシティズンシップが、「種々の基本権や自由といった、リベラルな防御基準のスタンダードな一群」（Laden, 2001：16）を含むものとする見方とは逆に、シティズンシップは熟議の実践によって部分的に構築されるものだと、ロールズは理解している。公共理性の諸原理に従った熟議により、市民は公共理性という規範が持つ利益や特徴を正しく理解できるようになる。アンソニー・レイデンが言うように、「この意味で理にかなっている熟議は、したがって私たちの関係を潜在的に作り直しながら、共有できる意志を可能にさせてくれるもの」なのである（Laden, 2001：97）。熟議デモクラシーの論者たちは、この互恵主義や共感といった特質が、一般利益に関連する明確な議論の過程を通して生み出されると考えている。こうした立場からは、市民の熟議能力を高めさせ、保護することが重要になる。非選択的アイデンティティの指標を持つ個人は、公共理性の原理が通用する政治体に正当性を与えるもっともな理由付けを持っているだろうし、そうした政治体において、政治的議論を決定すると考えられているものは、社会的な正常性や道徳的性質、多数派文化の規範の言説ではない。もしこのことが市民の基本権を侵すかもしれず、市民としての能力を脅かすことになりかねないとしたら、社会的アイデンティティを支持する人たちにとっての屈辱が政治的な関心事となる。同様のことがマイノリティ集団の扱いについてもあてはまるし、個人が市民として充分に機能できなくなるような、個人の基本権の剝脱や権利侵害に苦しむ場合にも、また然りである。

公共理性に対する多元主義者からの異議

しかしながら、政治的自由主義が社会的アイデンティティの政治倫理に適切であるという見方を、ロールズを批判する多元主義者たちの多くは共有していない。自由主義思想の中で多元主義の更なる具体化が進められているにもかかわらず、アイデンティティに基づく多元主義の出現によって、様々な多様性を調整・決定するために生み出された自由主義的な思想の不十分さを強調する論者もいる。ロールズ的な説明に付随するいくつかの問題点は、こうした批判的文脈の中で繰り返し登場している。

分　類

ロールズが道徳的不一致の意味することに注意しながらも、近代の市民が抱える社会的アイデンティティの本質や影響について考慮していない、というのがロールズ議論に向けられたよくある不満点である（Moore, 1995）。個人の信念に関して、単に文化的多様性や集団のメンバーシップにしか考慮を払っていないので、ロールズは民主社会に広がる諸々の差異の根深さやその性質を、過小評価しているのかもしれない。それゆえジェームズ・ボーマンは、共有された利益や価値についての安易な前提を無意味にするような対立や不一致を、文化的多様性が作り出すと指摘している（Bohman, 1995；Gutmann, 1993）。宗教的自由や寛容をモデルとした標準的自由主義の解決策は、もはやそれで充分とは言い切れないであろう。この種の不一致は、より高度な秩序原理が、実際には所与の論争の中で問題になっているような議論の可能性に挑みながら、様々な個人や集団に対して決定的な差異の上に作られたものとして、公正な決着を妨害している（Bohman, 1995：253；Nagel, 1987）。ポルノグラフィーを禁じるか否かの論争の中で、非介入的な公共理性を支持する言論の自由や寛容を持ち出す自由主義的な観念は、ジェンダー化された想定にひどく満ち溢れていたかに多くのフェミニストは感じていた。害悪がなされているかどうか、もしくはある個人の自律性が損なわれているかどうかを決定するために自由主義がよく持ち出した手続きの多くは、自由主義に対する沢山の批判者や論敵に比べて、中立的とはとても言い難いものである。

これら批判家たちが指摘するように、ロールズは合理性と理にかなっていることという二特性だけしか持たない脆弱な自己に固執することで、この問題を回避している。異なる道徳的視点から、「差異」の問題を捉えるロールズの見解は、不一致に内在する原因を個人があまり示さないことによって持ちこたえてきた。この不一致は、個人がそれぞれ異なった宗教や価値、信条体系を教わってきた、ということであり、人々が異なった言語を口にし、異なった共同体的アイデンティティを持っているということについて、ほとんど何も述べていないと言うのである（Moore, 1995：298）。しかし、こうした基盤の上に立つ多様性のディレンマに対しては妥当性がないとして、ロールズの思想を退けるのは好ましくない。自由主義的な思考が歴史的に生まれてきたことをロールズが論じる中で、彼は宗教的差異の重要性を正確に指摘し、共同体的な慣行や文化的差異に根ざす不一致の特殊な性格について、はっきり認識していることを示している（Rawls, 1993, xii-xxv ; 2000）。文化的、あるいは集団的アイデンティティという事実は、不当な国家における政治的諸原理のため、必然的に重要になるとロールズモデルは指摘している。というのもそうしたものは、充分秩序付けられた社会の自由主義的な探求を、潜在的に脅かす不安定な勢力となるからである（Moore, 1995 : 298）。

こうした背景や差異が何であろうとも、政治的領域における市民は、公的自立性のエートスに従わねばならないし、自分の仲間達を、自由で平等な市民として扱わなくてはならない、とロールズが述べているのは、つとに有名である。このことは、自由主義的な政治体における政治的生活や文化にとって、ひとつの重要な意味を含んでいる。自由主義的な政治体の市民は、議論や政治的行為に割り当てるある種の理性という観点から、自制を示す必要があり、また他の市民たちが異論を見つけることになるだろう多くの立憲主義的な主要諸問題をめぐる教義に、依存しないようにしなくてはならない。政治的熟議の内容を示す正義の諸原理のみならず、ロールズは主要な（政治的な）意味合いを持つ事柄について議論する多くの「調査ガイドライン」についても踏み込んで規定している。これらのガイドラインは、実質的な諸原理が特定のケースでも正当に適用されるかどうかを考察する際に、市民が用いるべき政治的推論を統御する諸原理や、様々な証拠のルールから成り立っている（Rawls, 1993 : 162, 225-6）。こうした議論を支えているのは、公共理性の単一論理が適合する政治的・制度的領域と、異なった種類の合理性や感受性が許容されねばならない非政治領域とを、ロールズが区別しているという事実である。ロールズの批判者たちは、その見解に見られる信じ難いほどの道徳的心理と、多様な社会におけるそれらの政治的帰結という双方の観点から、こうした見方の有用性には疑問を抱いている（Bellamy, 2000 : 111-27）。もし、宗教的信念を、自分を自分たらしめるために不可欠だとみなした場合、彼らはどのようにして政治的領域の中でそうした信念から距離をとることが可能なのであろうか（Callan, 1997 : 31）。さらに、公的領域に自律性という価値をもたらすドミノ効果を考慮することは、道理に反しているように思える。批判家たちが指摘するように、「たとえ私的な個人として、私たちに能力があるとか、そうした能力に価値を持つと考えていなくとも」、自律能力において合理的かつ理にかなった存在として、より高次に調整された利益を有している、とロールズは主張している（Kymlicka, 1995 : 159）。しかし、もしマイノリティ集団出身の子どもが、政治的自律性という価値のもとで教育されたならば、そのような子どもたちは立憲的な諸原理と、家で学ぶ固有の価値との間で引き起こされる深刻な緊張関係に直面するであろう（Levision, 1999）。批判家たちが指摘するように、政治的領域において維持されている諸価値が、それを超えた領域にも及ぶ固有な波及効果を熟慮できないでいることからも分かるように、政治的自由主義はかくもナイーヴで無責任なのである。

しかしながら、政治的自由主義が求める私的な自己から、公的な分類を行うことの難しさについては、誇張されすぎている。ロールズに関しては、個人の信念と、それらの信念がもたらす公共理性とを完全に決裂させようと要求することよりも、市民が政治的領域で自らの議論を正当化するために引き合いに出すアイデンティティや、信念と関係する自制の倫理や、全員に利用可能な道徳的言語の中で、ある人の関心を表明する性質を思い起こさせるようなものとして、ロールズを読む方が妥当であろう。アンソニー・レイデンによると、こういうことになる。

> 政治的熟議の説明において、強い宗教的信仰の結果として、あるいはマイノリティ集団や被差別集団の一員として、生活した経験の結果生じた所与の立場を、人々に支持させまいとする要素は何もない。これは単に、このようなあるひとつの立場を支持する理由を、他の市民に対して提供する場合には、他の市民もまた市民として従うべき理由を提供するように試みなくてはならない、ということである。私たちは市民として相互に根拠を示しあうものとして理解してきたので、公共理性は提供されるにふさわしい理性ということになるのである。（Laden, 2001 : 120）

こうした立場それ自体は、党派的な議論や社会的に知られた議論を除外するものではない。それはまた、あらゆる実質的な道徳的判断の分類を求めているという訳でもない。ロールズが言うには、諸個人が市民という立場に加えて有する、繋がりやアイデンティティの深さや多様性ゆえに、「公共理性」という観念はとりわけ重要なのである（Laden, 2001 : 101 ; Tomasi, 2001）。公共理性という観念は、アイデンティティや論争的な信念の装いを、完全に公的生活の外に排除すべしと要求しているのではない。そうではなく公共理性は、市民が自分達の仲間に対して、重要な立憲的・政治的事案に関する自らの包括的な信念からのみ、他の市民を捉えることのないよう、求めているのである。非正統的な集団やマイノリティをより公正に扱うように求める人たちは、力ある規範的モデルを見出すかもしれない。その規範的モデルとは、自律性や個人性に人間の卓越さを見い出す人たちにとっては当然に了解できないような、一定の抑制を求めるものなのである。

理にかなっていること

理にかなっていることは、ロールズの議論においてひとつの欠くべからざる概念である。この概念は、理性を与えられ、自己のなす決定を正当化する用意があり、他者の理性に耳を傾け、他者の理性に説得されるような心構えを持つ市民を理想としている（Rawls, 1993 : 48–54 ; Waldon, 1993 : 55–6）。理にかなっていることはこのように表されるので、アイデンティティに基づく主張を不合理なものとして除外しているように見える。民主社会では一般的なイデオロギー的・道徳的多様性をあてはめる際に、この理にかなっているということが、ひとつの価値をあまりにも制限し過ぎるのではないかと、批判家たちは懸念している。何人かが指摘するように、本来的に理にかなっていないものとして、反自由主義的な見方を固定化するイデオロギー的動向が、このモデルに見出されるかもしれない（D'Agostino, 1996 ; McCarthy, 1994）。理にかなっていることという排他的な特質によって、ロールズが正しい国家における基本的な政治的諸原理――それがなければ、正しい国家なるものは存在しないことが明らかである――への同意可能性を準備できたことを指摘しながら、ガルストンはもっと微妙な形でこの事を表現している（Galston, 1995）。しかしながらこうした批判は、誇張されすぎている。ロールズの目的が、理にかなった人々の証明として自由主義を表すことにあったのでないことは明らかである。というのも、そうした動向が、正義の基本的諸原理と両立するような、論争的な教義の領域に関して、彼が強調していることとは逆方向だからである（Rawls, 2001）。公共理性というものは、市民が参加する中での熟議の背後にある諸原理と、熟議の限界を特定化するために、ロールズ的関心から提起されたものである。したがって公共理性とは、他の論争や政策論議とは対立するような、根源的な憲法上の問題を強調することである（Rawls, 1993：227–31）。ロールズは公共理性を、市民の上に立つひとつの調整力であるとし、他の市民が究極的に「理にかなっている」と思うであろう見地から出された議論にメリットがあることを想起させるために、役立つと考えている（Laden, 2001：121）。幾人かの批判家たちの想像とは逆に、「この概念には、公共理性という観念によって導かれると思われる論争への介入を、一つ一つチェックするような優先的な抑制規定」が、何ら含まれていないのである（Laden, 2001：124–5）。

何を権威的で拘束力のある公共理性と結びつけるべきかについて、ロールズの観念が批判される時、ロールズの批判者たちはより強い基盤の上に立つことになる。こうした観念のもとには、ロールズ自身の多元主義願望にはそぐわない、ひとつの道徳的合意への隠れた同意が潜んでいる。ここでロールズが位置づける理にかなったことや公平性は、とりわけ問題が多いように思われている。個人が重要と思う自らの視点と関連した、高度に偏った理性を求めつつ、同時に理にかなっているという基準に合致することは、充分可能であるかにみえる（Moore, 1995 :302）。しかしこの議論でロールズが指摘する理にかなっていることのモデルは、公平性概念に大きく依存している。高度な理性が善き理性であるかどうか決定するために、市民はひとつの公的かつ公平な立脚点――それは明らかに単一の非党派的な、「どこからでもない視点」である――を採用せざるを得ないのである。

こうした見方につきまとう問題は、「理にかなった」市民が、たとえ同じ価値を用いたとしても、異なった結論に達することが充分ありうる、ということである。公共理性を共有されるべき、「そして時には同じ方法で共有される」(Ivision, 1997：127) 制度的諸原理と一致するとの解釈によって、ロールズは善に関して理にかなっている概念という多元性へのかかわりを、道徳的全員一致という不明確なアピールで相殺している。しかし、なぜ公共理性は、非公共的な理性よりも、対立を生み出しにくいと想定できるのであろうか。こうした批判は、多元主義者や多文化主義者らの著作で余す所なく繰り広げられている。このような事態は、まさに公共理性という言葉それ自体にまで拡大している様々なアイデンティティと結びついた諸問題をめぐる、道徳的な不一致の深さを示している (Bohman, 1995：255)。多元的な民主諸国にはびこる根深い対立を解決するために求められるような、理にかなった道徳的な妥協をもたらす唯ひとつの公的な視点など、存在しないのである。ロールズの言う「公的正当化という共感的な方法」を用いることは、政治的協力を支えるさまざまな種類の政治的合意に対して、盲目的になっているか、もしくは無関心になっていると主張する思想家もいる (Sunstein, 1995)。それらの批判者たちは、公共理性という自由主義的な説明を見直すために、ひとつの説得力のある事例を提供しているが、それはあくまで厳格ではなく、より多元的なアプローチのメリットを強調している。批判家たちは、道徳的な合意の達成を期待するよりも、共約不可能な視点を持つ市民間で、安定した共同社会という規範的観念に訴えている。

価値の共約不可能性という考え方は、政治生活におけるアイデンティティの主張の急増と関連して、多様な多元主義者によって援用されている。しかしこのことが、多元主義者につきものかどうかは、時折指摘されているほどに明白な帰結というわけではない (Bohman, 1995)。アイデンティティの主張は、公共理性の修正ともいえる形で表されることがある。アイデンティティの主張をする諸々の組織やスポークスマンの多くは、普遍化可能な寛容や平等という自由主義的な規範を引き合いに出している。アイデンティティに基づいた議論が、新たな区分を生み出し、またその支持者を高度に個別主義的な道徳議論へと閉じ込めていることに疑問の余地はないものの、こうした事態は多種多様なアイデンティティの政治という倫理的諸相の一つに過ぎない。

多元的デモクラシー・モデルとしての「生活様式」という考え方を正当化しようとする理論家達によって、共約不可能性という見方が展開されてきている（Ivison, 2000）。こうした見方を想定することは、アイデンティティの主張が政治的領域へと押し入る社会において、価値の競合可能性を克服できず、意見の不一致を「いたるところに作り出」し、論争中の当事者を比較する中立的な地点などないということになる。ロールズ的自由主義者の期待に反して、差異が解消されうる異論のない地点などは存在しない。一定の生活様式を主張する人たちは、共有された政治的諸原理に関する仮想的な議論を否定し、異なった公共理性を持つ諸個人や諸集団によって達成される、抜け目のない政治上の契約という提案をしている（Ivison, 1997）。このことは自身の権利について、複雑で内面的に差異化された立場を作り出している。しかし、ロールズが正義において相互を益するという正義の理論で論じたように（Rawls, 1971：134）、この種の議論はいかなる特殊な利益集団であれ圧力集団であれ、それらが偶然優勢であったとしても、それらを固定化してしまうように見えるという問題に直面している。このバランスを改めるとしても、契約を撤回し言葉を翻すこともできるので、ある集団を妨害するものは何もない。周縁的で歴史的に従属的な社会集団が直面しそうな見通しを懸念する人々にとって、このことはアイデンティティに基づく多元主義者の明白な政治的な副産物であるよりも、むしろ相当に危険な立場を表すことになろう。

政治的なるものの限界

公共理性の規範があてはまる公的・立憲的な関心をめぐる諸問題や、道徳的な議論領域に関連する事柄との間に、境界線を維持する必要があるということは、政治的自由主義や、他の熟議デモクラシーの主導的構想にとっても不可欠である。こうした区別は、アイデンティティに基づく議論の公的な正当性に対して、堅固な障害を築いているかに見える。しかし、この問題に関するロールズの議論で、中核的な意味と解釈的なカリカチュアとは分ける必要がある。政治的なるものと非政治的なるものとの境はロールズの正しい国家概念にとって不可欠である一方、政治を超えた世界が二次的だという見解を提示しているとロールズを解す必要はない。ジョン・トマシが言うように、公共理性に関するロールズ主義者の考えは、市民の持つ非公共的な理性や、民主国家における政治的正当化の精神や論理のために、そうした理性を用意する仕方を考慮した時にしか意味を持たない（Tomasi, 2001：71-9）。ロールズモデルにおける市民は、公共理性への参加を可能にする市民性のスキルを習得する必要がある、とカトリオナ・マッキノンは指摘している。このことは、市民が比較的強くコミットメントや信念を持つことを暗示している（McKinnon, 2000：145）。これら批判家たちによると、公共理性が最もよく理解されるのは、市民の持つ理性に関してや、その理性を他者が受け容れられるかを考える能力に関する、市民間の自己反省性と自己抑制性を促進する規範としてである。つまり、ある個人がこうした努力を真剣になす限り「最終的にその人がどのような理性を是認するかにかかわらず、その人は善き市民として行動している」ということになる（McKinnon, 2000：157）。

それでもやはりロールズは「多くの非公共的な理性が存在するが、公共理性は一つである」ということに固執している（Rawls, 1993：220）。公共理性の規範を通じて表される社会的協同の要請により、道徳的信念に潜む本質的な多様性の受容が、政治的領域の中で調整される必要がある。しかし、もし政治的なるものが、政治的に重要な事柄を市民が議論する空間として機能すべきならば、政治内容や政治目的に関して市民の感覚を伝えるような道徳的・宗教的・文化的伝統から距離をおけるとは到底考えられない。実際、政治的なものの境界に関して議論し、また異議申し立てをすることは、政治目的について熟議する際に避けては通れない部分である。多元社会では、アイデンティティを意識した諸々の主体から出された論争的主張において、包括的な教義や社会的アイデンティティに訴えることに、より蓋然性が高くなる。文化的な衝突、イデオロギー上の不一致、社会的多様性のもとで覆い隠されてきた政治的なるものと非政治的なるものとの間で、恣意的な両者の線引きを蒸し返そうとする動向を、ロールズは適切に自制するよう要請している（Bellamy, 2000：112–13；Gaus, 1999）。政治的だと思われる様々な主張と、そうでない主張との間で、政治的議論に先立つ適切な境界線を固定しようとする試みは、最も重要で必須の要素を政治から奪ってしまうかもしれない（Chowcat, 2000）。同様のことが、社会の背景をなす文化とその公的な政治生活との分離という、ロールズの考えにもあてはまる。この区別は単に、憲法の本質的要素をめぐる衝突や対立がよく起きる文脈や、多様なサブ・カルチャーやマイノリティ集団が平等な、もしくは特別な扱いを主張している文脈で維持されるものではない（Benhabib, 2002：111–12）。アイデンティティの政治を追求しようとする社会的諸勢力の出現は、政治の境界が本質的に論争的であるというひとつの実例でもあり、またその原因でもある。こうした文脈で、政治的な熟議という範囲を越えて政治的理性を持ち出そうとする政治的自由主義の試みは、実現困難となっている。

このように概観してみると、ロールズ主義者のモデルは、アイデンティティ政治の論理を充分斟酌できておらず、ゆえに自由主義者からもっと批判的にみなされるべきであろう（Benhabib, 2002）。しかし、ロールズの政治的自由主義にも、看過されてきた可能性や見識があると思われる。(3) その鍵は、アイデンティティの政治が一般的に勧めてきた特定枠組みの個別性にある。ロールズは、道徳的不一致およびそれを生み出す集団アイデンティティを、自由な社会の本源的特徴と捉え、道徳的信念に対する文化とアイデンティティの妥当性を、批判的・自覚的に示している。

善の概念は通常多かれ少なかれ最終目標を決定する枠組みからなっている。最終目標とは、私たち自らの目的を実現しようとするもので、他の人々への関与と多様な集団やアソシエーションへの忠誠として現れるものである。こうした関与や忠誠が愛着や献身さを生み出すことになる。それゆえ、これらの感情の対象であ

る個人や集団の繁栄は、善に関する私たちの概念の一部でもあることになる。（Rawls, 1985：233-4）

民主社会の精神的・文化的・社会経済的構造に、不正義が深く根ざしていると認識することで生まれる、多様なディレンマを真剣に捉えようとする自由主義者たちにとって、政治的自由主義は重要な思考の糧をいくつか提供している。ロールズの特定モデルが、こうしたいくつかの問題に適切な答えを出しているかどうかということは、とりわけロールズの持ち出す政治的境界の概念とは関係なく、さらに論争的な問題となっている。しかし、ロールズの立場は、差異やアイデンティティの文脈において、自由主義的な伝統を根本的に変革しようとする人々に、少なくともひとつの点で非常に有力な返答を提示している。共有された政治的諸原理の確立は、自由主義的な国家の正当性にとって不可欠のみならず、民主的規範をある程度内面化し、自由で平等な市民としての熟議が可能な行為主体をも含んでいるということを、ロールズは論証している。ロールズ的な考えは、多様性の深さや特徴に伴う相互の要求バランスを探るデモクラシーにとって、いくつかの重要な案内を提供している。アイデンティティの政治から引き起こされるある種の不一致が、これら諸要素の間で緊張の度合いを深めるかもしれない一方で、宗教的・民族的・文化的な差異の多くの根源が、そのまま自由主義的な外観を持っていなくても、デモクラシーの求める社会資本[4]や政治的同意に資するであろう社会的善や諸価値を生み出すことを、いみじくもロールズは指摘しているのである。

「友愛」――国民性と福祉

公共理性は、アイデンティティの政治と民主的シティズンシップとの関係における、唯一可能な足がかりというわけではない。デモクラシー理論に関する別の違った問題が、シティズンシップ実践の背後に隠された動機とも関係している（Tomasi, 2001 ; Tully, 2000b）。投票や裁判への寄与、納税といった、もしも市民の道徳的エネルギーが包括的集団への献身へと過度に向けられたならば、市民がシティズンシップの諸コストを支える準備は危険に晒されるのだろうか（Philip, 2000）。また、シティズンシップが含むような社会的連帯は、特定集団の急進的な牽引力と両立するのだろうか。アイデンティティの政治がこうした基盤の上に立つシティズンシップとは両立できないとする見方は、民主社会における連帯の文化的・制度的連帯条件に関する、既存の観念の上に構築されている。昨今の自由主義的な理論家たちは、こうした相互関係に基づく基本的な文化的源泉が国民性の感覚であり、それによって導かれる制度的発現が福祉国家だとしている。アイデンティティの政治は社会的連帯の敵である、というよくある考えの源泉が見出されるのは、国民性と福祉についての論争を通じてであり、また特に集団への忠誠によってそれらが危機に瀕しているという主張に依拠している。

国民性に関しては、国籍と結びついた道徳的善と、国家より下位の手段への加入という、求心的だが不和の種になる効果との間の鋭い対比を、これまで多くの論者たちが示してきた（Miller, 1995a ; 1995b）。国民性は、共有された文化的背景から、道徳的な目的に関する一つの共通感覚を要請するものとして、広く考えられている。共有された文化的背景は諸集団や諸個人が持つ個別的な差異や利益を、共通善のために相殺するよう促している。そしてアイデンティティの政治は、存続可能で自由主義的なナショナリズムの構造と、必然的に相殺しあうことになるのである（Tamir, 1993）。

こうした見方が示唆するように、国民的な忠誠心は、他の集団の加入に際して必然的に緊張をもたらすのだろうか（Miller, 1995a）。個人が諸々の共同体から得る多様な道徳的善を考える時、現代社会における個人が他の種類への共同体への加入に比して、どうして国民的共同体に優先順位がつくのであろうか（Mason, 2000）。確かに国民的なアイデンティティや文化に関する共有された感覚が、シティズンシップにとっての重要な前提であったことを示唆する歴史的事実があるのかもしれない。しかし、多民族国家の存在は、これに対する重要な反対例ということになる。いずれにせよ、こうした歴史的な適合性を概観することは、例えば個人が自ら属するエスニック集団に帰属意識を持つことから得られる価値観及び意味の感覚とは対立するものとして、国民主義的な自己同一化の道徳的な優越性と単一性の事例を確証することとは、別の事柄である（Kymlicka, 1998；Mason, 2000：115–47）。

ナショナリズムの倫理的性格についての論争で、深い対立の種となるのは、国境線が自分の仲間たちと充分な相互共感を得るための必須条件であるか否か、ということである（Hutchings and Dannreuther, 1999）。さらに論争的な問題点は、正当性のある政治境界線が確定される、その空間的な規模に関するものである。正当性のある政治的境界線は、国家レベルと同様に、地方《ローカル》レベル、地域《リージョナル》レベル、グローバル・レベルでもありうることなのであろうか（Mason, 2000）。コスモポリタンな自由主義者たちは、国民の倫理的単一性という事例に疑問を呈している。こうした時に論者が観察しているのは、諸個人が自分達とは国籍を共有しない人々に対して抱く、多くの共感や連帯の事例であり、そして国民的な共同体の構成メンバーが作る「契約」の人為性や偶発性が強調されることである。（Held, 1995）。英米の政治哲学において、こうした論争的立場は昨今、国際的な正義原理の可能性とその内容に関する、重要な論争に関わっている（Caney, 2001；Pogge, 2002）。その一方で自由主義的な多元主義者たちは、多様な民族的背景を典型的に抱えた単一な民族的文化のモデルに、疑いを抱いている。自由主義的なナショナリストが意図するほど容易に、ナショナリズムとシティズンシップとが結びつくのか、という一つの大問題が、この批判的な視点から提起されている（Vincent, 2002）。これは国民性の理念とシティズンシップ理念との自由主義的な思想において、積年の課題だといえる。つまり国民性の理念は、しばしば個別主義的にイメージされるのに対して、シティズンシップの方は、主として普遍的な道徳的徳性をもつものとして表わされているのである。さまざまな理由から、自由主義哲学者の中には、国民を倫理的な生活のための構成的条件と見るよりも、むしろ偶然考えられたに過ぎない歴史的にも一時的なものとして捉えるよう述べる者もいる。

自由主義者たちの間では、シティズンシップは共同体の異なった諸レベルで実施されうるという考えが、国家主権の時代を通してずっと続いている（Linklater, 1998 ; Held, 1995）。地域的で、局地的、また脱国家的な統治形態がここ二〇年で現れ、またそれらの次元で異なった道徳的・社会的連帯が現れてくるにつれて、このような考えは制度的な表現形式を与えられるようになってきた。フェミニズムのように、与えられたアイデンティティや自分で選択できないアイデンティティに基づく運動や集団化、また環境主義のように、脱国家的な選択的アイデンティティをめぐって生じてきた考え方は、国民の脱中心化を動機付け、例証する上で、一つの重要な役割を担ってきている。こうしたアイデンティティの政治と結びついた共同体や運動のうちには、政治生活の他のあらゆるレベルの上に国民国家を据えるような、政治的な伝統という正当性が衰退したがゆえの産物もある。倫理性に基づく生活が共同体の様々な種類と規模で生まれている、という見解を、これらの集団は強調している。ゆえに、国家と倫理的生活との双方を結びつけることには反対しながらも、それがアイデンティティの政治が生じる条件であり原因であるような場合に、アイデンティティの政治を、国民主義的な基盤に拠って立つ民主的なシティズンシップと相反するものとして描くことは、奇妙と言わざるを得ない。

社会連帯がシティズンシップにとって重要だという議論には、社会全員のために備えるという原理を制度的に実体化した福祉国家が援用されることも多い。昨今の社会運動や文化的マイノリティを強く主張したり、「差異」を理詰めで強調するといった、集合的アイデンティティの政治は、この普遍的な社会における備蓄原理の正当性を侵害してきたとして非難されている。市民は徐々に、他の同じ国民と資源を分けあうことには消極的となり、こうした展開を文化的特殊性や民族的多様性の高揚と関連付けていると、アラン・ウルフやイット・クラウゼンは指摘している（Wolfe and Klausen, 1992）。もしもアイデンティティについて語ることが余りに影響力を持つようになるのであれば、権利や義務に関して信頼できるどのような理論も依拠するような共通利益について、一般的な理解が得られなくなるという、真の危機が迫っていることを彼らは示している。つまり、「福祉国家を存続させるために、シティズンシップに関する厚みのある構想が必要とされていた。そこでの個人は、それぞれ他人の運命が自分自身のものであるかのような義務的感覚を持っていた」（Wolfe and Klausen, 1992 : 241）のである。この記述から読み取れるように、社会的連帯の要請と、集団アイデンティティに基づいて政治的主張を基礎付けるという見解とは、全く正反対のものなのである。

しかし他方で、こうした様々な価値の関係を理解するのに妥当な別の方法も想起されうるであろう。そのための可能性として、マーシャルやトニーといった社会的シティズンシップの理論家によって考えられた「巨大共同体」という構想がある。これは、ニューカマーの参入によって実際に刷新され、強固になるだろうと想定されているものである（Wolfe and Klausen, 1992 : 241-2）。その他の可能性には、集団の個別性を強調することで、ある国家における「共通文化」の健全な再交渉がもたらされるだろうという考え方もある。この文脈で、自由主義者たちにとっての一つの重要な規範的区別となるものは、一方では他者と平等な権利を割り当てる社会的な解決に、ニューカマー、つまり新たなアイデンティティをもたらすものとを統合しようという願望と、他方では慣れ親しんだ文化的な規範にニューカマー達を同化してしまうような計画を持つことである（Kymlicka, 1998 : 184 ; Laden, 2001 : 189）。統合は確かにニューカマーに対して、言語や習慣、共有された社会認識に様々な側面で適応するように求めるかもしれない。しかし統合は必ずしもニューカマー自身の遺産を放棄するよう求めるわけではなく、自治や集合的な自立性を考慮する余地を残しているかもしれないのである。

シティズンシップと社会的アイデンティティの再考

統合と同化は、社会の総体性と集団の個別性との関係を理解する上で、さまざまに異なった方法を表している。それはヨーロッパとアメリカにおける自由主義の歴史にとって、不可欠のテーマである。ヘーゲルの人倫と政治の理論化とは、広く自由主義的な構想のうちの一つであり、こうした自由主義観は、現代の理論家たちに好んで用いられている統合と同化という関係を二元的に捉える見方をしている。ヘーゲル的思想においては、市民の倫理的生活が、社会のさまざまに異なる次元で定立された、道徳的・社会的諸関係によって生じるとされる（Avineri, 1972）。この考え方は『法の哲学』（Hegel, 1967）における、家族・市民社会・国家というヘーゲルの三区分がモデルとなっている。法や政治といった公的領域では、シティズンシップの属性は、さまざまな法的・市民的権利を持つ「市民」の立場を凌いでいる。しかし、市民の倫理的性格が、その他の社会的役割によって準備されるものである。市民という存在は、自らが市民として生活するために、多様な文化的・道徳的な愛着を発展させ、深化させるための社会的空間や、一定の自由を必要とするものである。ゆえに文化的・道徳的多様性が、シティズンシップに適切な政治統一性と対立するものではない。実際に、どのような種類の政治的協同が、健全な社会的・文化的多様性と両立するのかを、ヘーゲルは示唆している。ヘーゲルの思想や、ヘーゲルが影響を及ぼした思想家たちに立ち戻ることで[5]、民主的な自由主義に合致した友愛や多様性を把握する多種多様な方法があるという、重要な点を想起することができる。社会的連帯が、他のあまり重要ではない差異に取って代わるという見解や、個別性が政治的統一性よりも優先しかつ現実的であるという、前者とは対立する主張は、市民と彼らの他のアイデンティティ及びそれへの加入との関係を把握するための枠組みを制限している。誰もがこうした選択肢のうちから何かしらのアイデンティティを選ばなくてはならないとする誤った考え方は、統一的な市民に対しても、その他の個別的なアイデンティティに対しても、興味深く且つ適切な自由主義的択一を否定することとなっている。

英語圏の政治理論でなされる最近の議論では、シティズンシップのこうした概念をさらに深めようとの模索が続いており、シティズンシップの特性と実践についての普遍的な議論と、個別主義的な議論とを織り交ぜようとする試みがある。例えばマイケル・ウォルツァー（Walzer, 1995）は、シティズンシップの地位と実践とは、普遍主義的理性のレンズを通してのみ捉えるべきではないし、また差異化されたシティズンシップの擁護者が主張するような、純粋な個別性という枠組みによってのみ把握するべきでもない、と断じている（Hutchings, 1999）。市民というものは、特定の政治的共同体の性質に応じて形成されるもので、次いで一般的かつ柔軟性のある、共有された道徳的見地に依拠し、またその見地を生み出すものである。自由主義的な国家は、それが支持する権利や保護のパターンによって特徴付けられるものなので、シティズンシップの意味や要求は、それが含意する能力や動機、質を考慮に入れた、異なる国家の中で達成される暫定的な含意に従って変化するものなのである（Smith, 1997；Shkler, 1995）。

シティズンシップの属性が習得され、さまざまな社会的背景が「異なる共同体や利益集団と連帯と、シティズンシップの慣行が本質的に自己決定の慣行であるようなラディカル・デモクラシーの一元性」の重要性について、説得力ある主張をウォルツァーは行っている（Walzer, 1995：116）。こうした見方は、共同体が民主的な共同体内で社会的・道徳的な差異の態度から敷衍されたとの議論が前提とされている。ウォルツァーの例でいうと、市民が濃密で個人的・道徳的・イデオロギー的属性を持っているということになる。市民は自身の国家の立憲的な規範を支持し、それを取り決めることには強い利害関係を持っている。ウォルツァーが示唆する所の民主的シティズンシップは、それを強化し可能にするような文化の多様性や、アソシエーション的な生活抜きにしては、語りえないものである。しかし民主的なシティズンシップはまた、市民のアイデンティティのこうした部分を、他の愛着や忠誠と比肩しうるような特別なものとしてみなす必要性を強調する、擬似共和主義者の主張も斟酌すべきということになる。

むすび

民主的なシティズンシップとアイデンティティの政治を、本来的に相対的なものとして概念付けることは、後の方で引き合いに出した普遍的規範に対する度合いを軽視し、シティズンシップが前提としているものに基づく社会的個別性を控えめに述べることによってのみ、道理にかなうことになる。アイデンティティの主張をもって、政治的諸価値の克服できない共約不可能性の徴候だとして理解する者は、民主的シティズンシップと結びつく市民の統合性と共同性を、集団の個別的な諸利益を隠匿したり促したりするゆがんだ神話として捉えようとする傾向がある。しかし、アイデンティティの政治が持つ道徳的含意は、これまで論じてきたように、もっと異なった方法で理解され得る。この道徳的含意を明らかにすることで、いったいどの程度に共通なシティズンシップの内容が諸個人のアイデンティティを侵害したのか、そしてシティズンシップを支える共通の文化のためにひとつのより包括的な基盤が生み出され得るかどうか、という重要な問いが投げかけられた。受け入れがたいほどに強力な普遍主義的、もしくは個別主義的な哲学枠組みを通じて理解された時にのみ、こうした諸集団や諸勢力が、原則に基づいた自由主義的な政治体の計画とは本来的に対立するものとしてみなされることが分かる。アイデンティティ集団の構成員は、あらゆる「理にかなった」市民が、公共領域の文化的・道徳的パターンの形成に加わるのを可能にするような、そうした民主的共同体を作り上げ、支えることに相当な関心を持っている。

アイデンティティに基づく政治的議論と自由主義的な要請との間に、間違いなくいくつかの不安要素も残りはする。しかしそうしたことは、民主社会における価値多元主義の深化を示すものとして読み取るよりも、更なる相互調整のために、本質的に生産的で伝道力のあるものとみなされるかもしれない（Galston, 1999b）。集団的アイデンティティに基づく運動やアソシエーションは、善き市民であるための方法がひとつでないことを明らかにすることに寄与してきたし、自由主義者達にとっては異論があるかもしれないが、公共理性それ自体が複数形であるかもしれないことを示すのに役立ってきた。アイデンティティの政治の結果として生まれた善き市民は、法に従い、公共領域で自らの忠誠心を鍛え上げ、社会資本や社会的信頼の共有された備蓄に貢献するという意志によって特徴付けられるだけではない。善き市民はまた、自分達の仲間である市民への関わり合いと、民主的な政治共同体の傘下で保護してもらえるような多様なアイデンティティへの開放性との間で、ある種のバランスを取ることのできるような人間像としても描かれているのである。

（1）この主張に対する重要な挑戦が、以下の議論から提起されている。Williams（2000），Quong（2002）.

（2）公共理性に関するロールズ概念の内面的議論には、特に以下を参照。Gutmann（1995），Laden（2001），MacKinnon（2000），Moon（1993：98-120），Macedo（1995）.

（3）この立場は、最近の一評論者によると、「コミュニタリアニズムにおける最初の自由主義的適応」を表している（Kymlicka, 2002：228）。

（4）社会資本とは、その主張者ロバート・パットナムによると、「数々のネットワーク及び諸規範や、多元的利益のために調整や協同を促すような社会的信頼といった社会組織の特色を持つもの」（Putnam, 1995：65）として定義される。

（5）同様の議論が、一九世紀の終わりから二〇世紀の初頭にかけての、社会的自由主義を唱導する論者たちによって展開されていた。例えば以下を参照。Simhoney and Weinstein（2001）.

第4章 市民社会とアソシエーションの道徳性

はじめに

民主的な徳という点で、政治理論家たちが強い興味を示していることは、市民文化に焦点を当てた前章の議論と非常に密接に結びついている。こうしたトピックにかかわる自由主義的な思想家たちには、二つの特有な問題がある。ひとつは、一体どこにシティズンシップや公的生活復活の兆しが見出されるのか、という問である。そしてもうひとつは、国家が市民的徳性を培うために、一体何をなしうるのか、ということである。市民社会が民主性の復活という問題と関連した、一つの活きた領域だということには、自由主義的な哲学者たちの幅広い合意がある（Gutmann, 1998a）。しかし以下に見るように、これら思想家たちが、ある種特定のアソシエーションを、道徳的利益に役立つと正確に示そうとする時、見過ごすことのできない不一致が生じてくる。社会的アイデンティティに基づく集団が、市民文化にとって有害であると確信する民主主義理論家がいる一方で、私たちはそうした集団への理解や、アソシエーションの民主的な道徳に適合する過程や集団への理解を広げなくてはならない、と示唆する見方も、主流ではないが存在している。後者の議論こそ、自由主義者が現在の社会的・政治的ディレンマに取り組むにあたり、なかなか期待の持てるものだということを示そうと思う。

民主的な思想の中で、市民社会と結びついた道徳的善が不当に軽視されてきたという感覚のうちに、自由主義政治思想において市民社会が再び登場してきた主たる理由がある。このことは典型的に、ある一つの社会的言説によって、その枠組みが規定されている。すなわちその社会的言説とは、政治的徳性の根源としてある市民社会の統一性や役割が、現代における発展、これはアイデンティティ政治の高まりを含むシティズンシップなのだが、この発展によって危険に晒されていることを示すものである。ゆえにシティズンシップの再生が、濃密でかつ多元主義的な共同社会的文化の再生にかかっていることを示したい。さらに、民主国家における集団生活を支配するさまざまな原理は、民族性、文化、ジェンダー、セクシュアリティに基づくアソシエーションの増加について、共同体の増加によって脅威にさらされると見られている（Kymlicka, 1998）。本章で私はこうした主張に含まれる利点を考察し、民主的シティズンシップと市民社会との関連が、これら諸議論でなされているほどに、すっきりしたものなのかを問うてみたい。また、ここでいわれる相違というものが、市民社会における自由主義的理解に妥当し、多様なアイデンティティに基づくさまざまなアソシエーションでみられる道徳的影響の間でも、揺らぐことなく確固として維持されうる相違なのかについても、考察を加えてみたい[1]。

シティズンシップ的土壌の掘り起こし

市民教育[2]

ここ二〇年というもの、公共道徳の様態と市民文化への展望が、自由主義思想家の中心課題となっている。公共の社会的習律《モーレス》が衰退したことへの後悔、消費文化内でのみ評価される強烈な個人主義、家族生活の衰退、公的生活を省みなくなったことなど全てが、昨今の保守的な議論における中心課題であった。過去一五年間で、社会形態の著しい転換が英語圏の政治世界において起きている。いまや自由主義的な論者は、徐々にそうした傾向に支配されるようになり、グローバルな経済力の時代に直面する様々な脅威や集団アイデンティティへの転換に、リベラル・デモクラシーが対処しうるのかを問う声が挙げられるようになった。

これまで見てきたように自由主義的な政治理論は、シティズンシップに相応しい徳性や動機を新たな利益に求める中で、こうした関心を映し出してきた。このテーマは、市民的徳性を育む様々な「土壌」に対する、長年の関心を呼び起こすこととなった（Glendon and Blankenhorn, 1995）。ウィリアム・ガルストンは、自由主義的な課題が持つトピックによって表面化した、異なる自由主義的立場の相違を示している。彼は以下の三つの立場を区別して考えているのだが、それはすなわち、自由主義的な社会や文化の特徴をシティズンシップにとって有害とみなす人たちと、自由主義的な国家であれば市民性の衰退を矯正できる偶然の問題として捉えている人たちと、またそうしたあらゆる問題に全く気づこうとしない思想家たち、という三者である（Galston, 1991 ; Kahane, 1998）。この三つのアプローチのうち、一つ目と二つ目のアプローチを支持する人たちの間では、次世代市民の教育者として国家を把握する見方が強調されてきた。そこでは学校教育の場や、自由主義的思想に見られる市民教育に付随する可能性には、特別な注意が払われている（Callan, 1997 ; Wingrove, 1998 ; Kymlicka, 2002 : 307-8）。この視点は、学校というものが民衆一般に適切な特質を教えるという、一つの独自な機会の提示を前提にしている。教育者が言うには、社会的責任と市民としての自覚とは、人生のより早い時期であれば、より容易に陶冶することができ、そうしたことが、将来の市民を社会化するために不可欠な一部分であるという（Crick, 2000）。学校というものが、その地域内で出生したほとんどすべての市民に手の届く、数少ない公共の場の一つとしてあり続けているということに、正式な市民教育が一般的に強調されるゆえんがある。

しかし学校が市民教育を担う、唯一の、あるいは主要な責任主体として適しているかどうかについては、一考に付さねばならないであろう。イギリス、アメリカの両国とも、教師から子供たちへと伝えていく共通のシティズンシップという夢がある一方で、教育対策の特徴と質とに影をおとす不平等が、看過できない障害となっている。同様に、シティズンシップ教育を良しとする人たちは、シティズンシップが暗に含んでいる実質的な道徳的コミットメント、それは学校に来る子供たちの文化的背景や、宗教的信条、道徳目的への中立的立場を、シティズンシップが広く含んでいる、という意味であるが、このバランスをいかに取るかという課題によって、深刻な問題に直面している。多くのアメリカ公立学校のカリキュラムで、公民科を強調するやり方は、その制度にばかり目を向けて、道徳に対する「薄っぺらな」アプローチしか取らないがゆえに、批判に晒されることもしばしばである。しかし、もしシティズンシップ教育が、陶冶され責任ある一般市民を育成することへと踏み入った場合、リバタリアン的な批判家たちはすぐさま、徳性を国家主導で行うような、権威主義に陥る可能性を指摘するであろう。シティズンシップを、支配的な法的地位の問題として憲法上理解することから、イギリスではさらに難しい問題が生じている（Crick, 2000）。このことが意味するのは、市民が主権の主体であり、議会から法によって認められた権利を持つ資格があるということである。シティズンシップが、いわば「上から」与えられた一連の権能付与に等しい、という考えは、ここ二〇年以上にわたり、多くの知識人たちが乗り越えようとしてきた見解である。しかし、民主的なシティズンシップ文化の促進を模索しようとする人々にとっては、依然として沢山の強力な障害が残されていることも事実である（Charter '88, 1991）。市民的徳性の「骨太な」理解と、信条の自由とにまたがる緊張関係は、必ずしも乗り越え不可能というわけではないが、民主的社会で市民的徳性を促進するただ一つの特別な手段として学校を捉えることには、妥当な理由があるといえる。「私たちは市民教育――市民形成計画――手段について、いつもより相当広い観点から考えるべきであろう。市民としてのあるべき姿へと推し進める手段として、正当な学校教育には、余りに多くのウェイトが置かれ過ぎてきた」（Macedo, 1990 : 277）ということである。

市民社会

シティズンシップのあり方を陶冶するのに適切な、より広い社会的な場を指摘する論者たちもいる。そうすることでこれら論者たちは、断片的かつ多元的な社会での、豊かで濃密なアソシエーション的生活が持つ倫理的な恩恵に関して、長期にわたる自由主義的な思考を描き出している（Benhabib, 2002 : 169 ; Young, 2000）。シティズンシップと同様に、市民社会という概念は昨今復活してきており、今や英米系の政治哲学を語る上で、絶対不可欠な言葉となっている。市民社会が現代の複雑なデモクラシーにおいて、善き市民の必要とする特性や気質、技能の生きた源であると言う考えは、自由主義には昔からある見解である（Seligman, 1995）。一九八〇年代に多くの政治理論家たちから喚起された自由主義者対共同体主義者の議論の結果、市民社会における優れた社会形態と、また自由主義・共同体主義の双方に関わる徳性についての、二つの異なる議論が広く認められるようになった。一つは自発的に構成されるアソシエーションを強調する考え方であり、もう一つは、個人の道徳的な目的と社会統合の重要な手段との双方を含むものとして、コミュニティを引き合いに出す考え方である。この分岐点が、自由主義的思想において、市民社会とシティズンシップに関する議論に、活気を与え続けている。一方で市民社会は、法の支配の下、個人が自由に様々な共同体や事業、参加を望むままに取捨選択できる領域として考えられている。アソシエーションは従来から、その高度に自発的な性格のうちに特徴付けられており、家族のような非自発的社会形態とは対照をなしている。反対に共同体主義者らは、共同体によって個々人の道徳感覚が形成され、伝統が伝えられ、シティズンシップに役立つ習慣が学習される領域として、市民社会を捉えている。

こうした自由主義者と共同体主義者との双方に見られる捉え方の矛盾は、現代の社会関係を把握する枠組みとしては、徐々に不適切なものとなってきている。チャールズ・テイラーは昨今の議論との関連で、市民社会の倫理性に期待をしつつ、民主主義的思想にみられる、もっと根深く重大な分裂を指摘している。テイラーが正確に指摘するこの二重性は、アイデンティティに基づいたアソシエーションについて期待や懸念を形成するうえで、一つの重要な役割を果たしている（Taylor, 1995a）。彼はまず、市民社会とシティズンシップとは共生関係にあるという、繰り返し登場する信念を見出している。そうした認識は、例えばアダム・スミスの議論にあるように、過去にも見られたものである。スミスにおいては、地理的には多様な国家の中で、市民はアソシエーションへの参加を通じて、かつてアテネの広場で形成されたような道徳的資質と習慣とを学ぶ、といった例が考えられる。しかしそれとは対立する形を持つ伝統においては、市民社会と民主政治とが敵対的なものとして提示されている、とテイラーは指摘している。この見方によると、社会を構成する共同体の自発的・有機的性格は、退廃的かつ官僚的な政治世界に対して、正当性のある政治的選択の起点ということになる。

こうした規範的な見方はどちらも、現代の論争の中で現れてきており、国家でも市場でもない市民社会こそが、多様で複雑な民主主義を維持するに相応しい公共的徳性の「場」であるという期待を根拠付けたり、形成したりしている。シティズンシップと市民社会との間の潜在的な相互補完性という考え方は、自由主義的思想の中で顕著に現れている。とはいえ、アソシエーションのレベルで生じた性質を、その政治形態に見合う関係へと転換させるようなメカニズムは何なのかについては、議論する者が殆どいなかったにも拘らず、である。シティズンシップと市民社会とにおける相互補完性の考え方は、民主国家における文化的背景と政治システムとをつなぐ倫理的架け橋として表される、市民性といった価値を重要視することになる。こうした見方を強調することや、これと関連する資質、つまり理にかなっていることや妥協できる気質、公共精神に満ちていることなどは、多くの自由主義者が考えるように、市民社会を次のようなものとして捉えている。つまり「私的利益の追求を制約し、個人や集合的行為主体に対して市民性という習慣を高めようとの動機を提示するような、ひとつの社会構造を有する」ものとして考えられているのである（Bauböck, 2000 : 98）。

市民社会とシティズンシップとの、両者を二重の視点で捉える第二の見方は、市民社会で形成されてきた多様性の深さや範囲を強調する説明を取り込んでいる。これに関して、「古典的な」英米の自由主義的遺産を復活させた論者もいる。そうした議論に与する人たちは、アソシエーションの自由が、自由な社会にとって本質的に価値ある状態であり、立憲国家に保護されて独立した市民社会の存在によって、アソシエーションの自由が保障されると指摘している（Tamir, 1998）。

さまざまな相違はさておき、多くの自由主義的政治理論家たちは、市民社会へいたるアプローチにおいて、一つの重要な点で一致している。それは、市民社会領域と市場とは、対立項として仮定することで見出される、という点である。競争と選択が表面的には増えているがゆえに、規制されていない市場は、文化的差異の均質化に手を貸し、共有された価値の喪失に責任があるものと、徐々に考えられるようになった。それとは対照的に、市民社会は典型的に、有機的な社会の多様性に関わる領域として、また市民文化が求める「心ある習慣」を学ぶ貴重な場として表現されている（Bellah, 1996）。共通した計画に参加することで得られた諸々の経験は、それが比較的限られた非政治的な目標と関連しているとしても、道徳的発展や成熟の出発点となる可能性を秘めている（Glendon, 1995 ; Walzer, 1998）。このことは市民社会の中でこそ「シティズンシップに向けた人間の性格、能力、可能性が形成される」ことを示しているのである（Walzer, 1991 : 109）。

市民社会は衰退しているか

以上のような市民社会に対する紛れもない野望には、その現代的な展望に関するいくつかの主要な説明に影響を及ぼしてきた。シティズンシップと市民社会との相互補完性を哲学的に主張する人たちは、経験的な支持を求めて、アメリカにおけるアソシエーション的な生活の性格がこの二〇年で根本的に改まったという、政治学者ロバート・パットナムの説明に、かなり依存してきた（Putnam, 1993）。パットナムと同様、そうした人たちは、エスニック・アイデンティティのような諸要因に基づいたクラブや集団を形成する市民社会の傾向に、深刻な社会的病理の兆候を捉えている。それは「過去三〇年の間、多かれ少なかれさまざまな形で、数百万のアメリカ人が次々と市民社会から離脱してきている」というものである（Blankenhorn, 1995：274）。私たちの周囲のすべてのものが、市民における市民性や連帯に関して、元に戻りようのないほど衰退してしまったように思われる。パットナムの報告によると、アメリカでは、街や学校の行事に関する公的なミーティングに参加したと述べた人の数は、一九七三年から僅か三分の一以下に低下している。投票行動率は一九六〇年代初頭と比べると二五％の落ち込みである（Putnam, 1995）。ＰＴＡに参加する者は、一九六四年の一二〇〇万人から、一九九三年には七〇〇万人にまで下落している。「実際、主要な友愛団体、女性団体、サーヴィス団体――例えば赤十字からボーイスカウト、青年商工会議所の会員、女性投票者同盟など――は、会員やボランティアが確実に減少している」（Blankenhorn, 1995：274）。パットナムは、長い間デモクラシーの理論家たちが市民的徳性の源泉としてきた、こうしたアソシエーションへの参加が低下している点を強調している。それには特に教会、シナゴーグ、労働組合、市民グループ、ＰＴＡ、そして中でも最も有名なものとしてボーリング・リーグなどが、市民的徳性の潜在的な根源として挙げられる（Putnam, 1995；1993）。パットナムは、こうした現象と同時に、自助集団やラディカルな宗教派閥が、社会資本の備蓄を枯渇させてしまう危険が到来する、と語気を強めている。

このような説明は、シティズンシップに関する今日の自由主義的な理論の解釈枠組みに、経験的な要求を多く提示している。自由主義思想家たちにしてみると、政治的メンバーの形式的な要求を汲み上げ、市民の集合的な義務を形成していくことへの関心が、シティズンシップの社会学的側面を考慮外へおいてしまう傾向があった（Benhabib, 2002）。市民性の衰退という疑わしいテーゼを考察することよりも、社会的分析に携わらなくなったことが、パットナムの説明に不相応なほどの権威を与える結果となっている。パットナムとは対立する視点から、彼が調査の結果得た変化や、彼が気にも留めないその他の変化を、むしろさまざまに異なる様相で意味づけようと模索している。他の解釈ではこうした傾向を、政治生活の明白な「個人化」として指摘しており、市民集団が既成の集合的規範や伝統から徐々に無関心になったことの現れとして、「ライフスタイルの政治」が登場したとみなしている（Inglehart, 1979；1997）。多くの市民は、社会的に「上位の者」や既成の道徳規範にあまり配慮せず、共同体でのボランティアにみられる地域に密着した社会参加と同じ程度に、アイデンティティに基づいた自己発見や活動という形での参加を選ぶ、といわれる。市民たちは自らが属する共同体の行事に参加することは多いが、伝統的な政党政治への参加には熱心でない。官僚制的権力や経済的権力が、従来典型的だった政治のあり方を徐々に不要とするにつれ、市民は自らの生活環境やアイデンティティと密接にかかわる問題に関心を寄せるといった反応を示している、と指摘されてきている（Mulgan, 1994）。W・L・ベネットは、パットナムモデルに対抗する、さまざまな経験的発見を総合的に扱っている（Bennett, 1998）。こうした政治に関する伝統的形態からの変化は、「テレビの見過ぎによって社会的、政治的な関心を失った、という説明よりも」はるかにもっと自分の意思で選択した、根本的な事柄だと言えるだろう（Bennett, 1998：745）。アメリカでは従来型の政治集団への加盟率が減少していようとも、数字の上でボランティアの数は増え続けており、新たな形のネットワークの在り様が、市民社会のあらゆる所に散見される。

同様に、市民文化が危機にあると見る論者たちは、こうした傾向に関する結果から原因を探ることには、あまり注意を払ってこなかった。ライフスタイルの政治、もしくはアイデンティティの政治は、ある特定民主諸国の政治文化における、それ自体で独立した原因であるというよりも、むしろ「反政治」が増大した帰結と見ることができるかもしれない。他にも「混合経済」という、足かせの外れた消費資本主義社会において、文化的、道徳的伝統が衰退し、相違がなくなってきたことも、こうした傾向の社会的な説明になるだろう。多くの論者が、経済のグローバリゼーションによって不安定性や不確実性が深まったと、繰り返し述べている（Held, et al., 1999）。ベネットが指摘するように、文化的・経済的・技術的理由の多様さゆえに、市民は徐々に政治的階級による保護やコントロールから自ら離れたものと自認する傾向をもち、社会は全体として「個人化され、点と点とを繋ぐようなコミュニケーション革命によりもたらされた、ネットワークの増加や問題ごとのアソシエーション、ライフスタイルの連携によって特徴付けられる」、そんな時代に現代は入っている（Bennett, 1998：745）。現代の社会構成的パラダイムのどの説明を受け入れるかにより、市民参加や社会活動に見られる傾向は、異なった道徳的特徴を想定することになる。したがって市民活動を総体として衰退したとみなすよりも、むしろそれは市民社会における集団的努力の性格が変わってきたことを自由民主主義諸国が経験したとして、利点と損失とを指摘する論者もいるのである。

パットナムが提示した集団の特異性に基礎を置く一般的趨勢に不一致が生じているということも、教訓的である。アソシエーション的な参加の特徴が変化しているという事態は、女性の間でよりはっきり見られる特徴である。すなわち、女性は集団活動という既存の伝統を維持することによって得られるものが、一般に男性よりも少ないのである。アメリカにおいては、長く続いてきた団体への加入が女性の間で落ち込み、一方で、ボランティアは際立って女性の参加者が増えている昨今である。ここに見出される特徴は、アメリカにおいてフルタイムで雇用される女性の数が増してきたことと関連がある（Bennett, 1998：746–7）。一方で、J・エリック・オリヴァーは（Oliver, 2001）、パットナムのテーゼがアメリカにおける信頼と、ラディカルなアイデンティティとのあいまいな性質を見誤っていると指摘している。J・エリック・オリヴァーの政治参加に関する研究は、さまざまなエスニック共同体を横断するものだが、ここでは市民文化に基づくアイデンティティの多種多様な影響力が強調されている。つまりそれは、「市民参加の在り様によって、人種差別に関するある特定の影響が、市民を一つの結論へと導くものではない（Oliver, 2001：131）」というものである。彼の報告によると、他の共同体から切り離されたエスニック共同体は、ある種の市民活動に関して高いレベルを保っており、それはとりわけアフリカ系アメリカ人に顕著な特徴である。アフリカ系アメリカ人は、彼らを取り巻く白人の存在と影響力に対して、白人の提案とは正反対の政治的活動領域に多く参加する傾向がある。「支配的な白人の中にいて黒人の生活は、権限を付与されているという実感に乏しく、政治的関心も希薄であるといわれる。人種的に同質な場所に住む住民達は、多様性に満ちた地域に住む人々に比べると、より多く自らの共同体へと社会的に参加しているようである」(Oliver, 2001：131)。オリヴァーの指摘する厄介なパラドックスは、パットナムによる社会資本の単純化された概念が、誤っていることを示唆している。つまりそれは、「偏狭な人種差別がアメリカの市民社会に利益をもたらすかもしれない」し、同時にアメリカの民主的統治過程を弱体化させるかもしれない、ということである。

こうした市民社会における社会的な風潮の、道徳的な曖昧さを強調する見方は、脱物質主義のテーゼと一致している。この脱物質主義のパラダイム――ライフスタイルの力学、生活の質、アイデンティティが中心的であるというような政治文化にむけたパラダイムである――から予測される政治の質や内容の変化は、他の分析調査にも反映されている。アイデンティティの政治が、新たな社会政治的形態や、制度上のフィルターを求める政治文化にむけた、変換の役割を担うものとして考えられている、とイングルハートは指摘している(Inglehart, 1997)。パットナムとははっきり異なり、ベネットは以下のように論じている。

人々がかつて、産業民主国家における経済的統合と国家建設という、大いなる政治的プロジェクトにささげた心理的エネルギー(カセクシス)は、いまや断片化しつつある社会での、複雑なアイデンティティを処理し表現するという、個人的なプロジェクトへと、徐々にその方向性を変えている。こうした情緒的な仕事に起因する政治的な態度や行動は、家庭的なものへとより接近しており、政府に焦点を当てた考え方からは遠ざかっているように思われる。(Bennett, 1998：755)

パットナムに対するこうした懐疑的な見方が、リベラル・デモクラシーにおけるシティズンシップの慣行や動機に向けられた挑戦を示唆する余地がある一方で、市民社会の性質転換を悲観的に捉えるパットナムの別解釈が広まっていることも、また事実なのである。

市民社会の解釈

市民社会の観念が持つ魅力に不可欠な要素、そして市民社会観念の解釈上見られる流動性の原因は、市民社会が概して社会的記述や規範的議論と結びつけられるために用いられている点にある。シティズンシップについての特有な規範的議論と結びついた、市民性の衰退という論争の余地あるテーゼの展開は、こうした諸要素の混ぜ合わせからなる一例である。自由主義国家の優位性をもう一度定位し直そうとする人々にとって、自由主義国家がその市民の性格を陶冶することにもっと注意を払うようになるために、市民社会の観念は、社会の相互作用の世界とシティズンシップの要請とを架橋するものとしても魅力的な概念である。ボランティア、慈善事業、責任ある集団の運営に携わることといった諸活動から得られる、道徳的に重要な利益という信念は、民主的なシティズンシップの危機や再生を論じる文献の中心をなしている（Gutmann, 1998a）。この意味で市民社会は、何らかの強いあがないへの思いを負わされていることになる（Keane, 1998）。その可能性は市民の衰退と評される実体と並置されるので、シティズンシップの衰退を防ぎ、リベラル・デモクラシーの正統性や安定性を憂慮する論者にとって、市民社会は何かしら聖域めいた響きを帯びてくることになる。

しかし自由主義を熱望する声は、さまざまな政治概念の交差する市場にあって、市民社会の他の特徴と競合することになる。多くの政治的伝統が、看過することのできない対立的解釈を提示している。こうした対立的な解釈を考察することは、自由主義的観念のもつメリットとデメリットとに分け入って、批判的な洞察を得ることに繋がっている。実際にこれまで、主要なイデオロギー的伝統すべてが、市民社会の徳性について説いてきた。社会主義的な思想家や急進的な活動家の間では、一九八〇年代以降、市民社会に特有な理解が市民権を得てきた

(Keane, 1988a ; 1988b)。このことは、社会学的な相互作用における自発性や力学が、主として社会運動の新しい動向から作り出された、ということを示している。左派の多元主義者から見た市民社会とは、政治システムの支配的な前提や慣習から離れて、従属的な要求や隠蔽された集合的アイデンティティがわき上がる領域であり、また非正統的な諸価値や選択的な政治課題が提示される領域である、と位置づけられる。ニュー・レフトの知識人たち何人かは、イタリアのマルクス主義理論家であるアントニオ・グラムシに（再び）目を向けている。グラムシの概念を使うことで、こうしたニュー・レフト知識人の人々は、サバルタン的な流動性の重要さについて思考を練り上げ、そこに左翼政党が辿った凋落の軌跡に対する、有力なオルターナティヴを見出してきたのである(Bobbio, 1988)。スチュアート・ホールに言わせると、急進的な市民社会の構造は、社会民主主義における政策の失敗から生まれたものであるという。彼は以下のように指摘している。

「市民社会」がこれほどまでに拡大した理由は、男性も女性も活動しうる異なった社会領域での多様性にあると言える。むろん「市民社会」は、純粋な自由という理想的領域などではない。その小さな世界では、権力や闘争に関する問題点が増えていくことも、織り込み済みである。私たちの日常生活はますますそうした権力形態のうちに絡め取られ、そうした権力が交差するただなかに放り込まれることになる。そうしたシステムに対して、無抵抗などではなく、対立しあう新たな問題点をめぐって抵抗という新しい社会運動が組織され、そしてその結果として、従来左翼が非政治的と称してきた領域で「政治」が一般化するのである。(Hall, 1991 : 59)

市民社会は、集団や個人が自分たちのコミュニケーション的潜在能力を発展させる点で、一連の相互に関連した側面を持つものとして、さまざまな知識人から把握されている。こうした位置付けは、特にユルゲン・ハーバーマスの見方と関連したものである。さまざまな社会領域では、政治や経済の秩序のシステム的、道具的論理とは区別された形で、対話的な規範が引き合いに出されている（McCarthy, 1978）。こうした立場が有力に展開される中で、ジーン・コーエンとアンドリュー・アラートは、次の二者を区別して論じた。すなわち、一方では市民社会において、新たに形成された集合的アイデンティティを擁護し、支えていくような勢力と、他方ではそうした動向が、民主社会への参加や解放の可能性を広げ、新たなネットワークや社会参加を生み出すような諸運動という、二側面である（Cohen and Arato, 1992）。社会運動こそが公共圏を拡大する主要な行為主体だとの見方が、多くの批判的理論家たちの見解である。こうした見解は、慣習的な古い方法をはねのけて、何を政治的とみなすかについて自由主義的な規範を作ろうとする運動により、デモクラシーそれ自体の深化・徹底化を期する社会運動の活動家たちや、その支持者達の間で、広く支持されている（Scott, 1990）。さらに最近になると、こうした見方は多文化主義という形へと変化してきている。これは、活動的な市民によって構成される多元主義的デモクラシーのことで、そこでの市民は、自分たちの社会的立場や新たな偶発的形態を取る連帯が増えたことで提起された問題に従事している（Hall, 1991）。多元主義的思想家の多くは、市民社会が良き生活を追究するために好ましいとする点で、意見の一致をみている。一九八〇年代、右翼的な政権によって進められた自由市場政策の結果として、すさまじいまでの秩序の混乱が起きたが、そうした政治的文脈の中で、こうした一般的見解は生まれている。そしてその時代の政治生活は、テクノクラート的な専門技術と、企業の持つ権力という二重の圧力によって、空洞化されてしまったかに見えた。結果として、連帯感《トゥギャザーネス》と結びつき《コネクテドネス》の正しい形が維持される領域として市民社会が促進され、そこを官僚や政治家、資本家といった人達の権力を媒介する領域として推し進めようとする、知的・政治的エネルギーが、相当に注がれたのである。

ラディカルな市民社会を説明することで、一般的な自由主義的アプローチを得ようとするさまざまな洞察や挑戦の中には、経済的・文化的な障害を拡大するというさらに進んだ意味と、市民社会内部でのネットワーク形成を促進する資源とが存在していることがわかる。アソシエーション的な活動は、資本主義社会が生み出す社会諸集団の間で、社会的諸勢力の一般的バランスと、顕著な不均衡とを反映している。こうした議論に際し、自由かつ平等主義的なシティズンシップが自然に生まれる領域として、市民的アソシエーションを自由主義的に理想化することは、富と権力に関する現代的な不平等についての規範的な有効性を欠いているように思われる(Keane, 1998)。市民社会についての自由主義的解釈と、解放のための解釈との特有なあいまいさを強調する批判家もいる。市民社会のそのような解釈は、家族生活や市場を「生活世界」の対立物として措定することで、近代市民社会の主要な理論家たち――特にスミスやヘーゲル、マルクスなど――の洞察を、他の社会生活領域の道徳的特徴に押し込んでいる。市民社会とはもっと論争的でアンビバレントな社会的存在として現れており、現在の自由主義的用法よりもさらに規範的な価値を示している(Fine, 1997)。とりわけ、自由主義政治思想はここ二〇年、市民社会の個人主義的説明とコミュニタリアン的説明との対立図式を強調していたが、社会的・政治的変化はこの選択肢のどちらも乗り越えてしまったのかもしれない。もしこうした思想家たちが、現代社会を発展したものとして位置付けるのであれば、そこには不安と心配との混在が見て取れる。マイケル・ウォルツァーによるヘーゲルの言い換えを借りると、分裂した領域でも、さほど分裂しているようには見えないのである(Walzer, 1995 : 2)。見る人によっては、いかなる倫理的・政治的統一体への展望も、集団的な種族主義のもとで減退しつつあることが分かるであろう。

このような関心は、アメリカに特有なものではない。イギリスでも、それに相当する社会運動が成功裡に進んできた訳でもなければ、それが顕著な訳でもなかったが、それらの運動は一般的な言説に、無視し得ないインパクトを与えてきた。社会運動はまた、集団のリーダーや文化的イニシアティブ、アソシエーションといったものを後世に残したが、これらは今や社会的な眺望を得る上で、欠くべからざる一部分となっている。政治生活における多文化主義的なテーマが浮き彫りになるにつれ、そしてイスラムの地位や性格にに対する不安が公にも広がるにつれ、イギリスの評論家たちもまた、本来あるべき市民社会の展望を、悲嘆し始めるようになってきたのである（Gray, 1995a）。

市民性の衰退模様

こうした不安が深まった結果、市民社会は危機にあり、それを新しく考え直す必要に迫られているという見方が、再び広まってきている（Barber, 1998）。ウォルツァーは、次のように見ている。

政治評論家や説教師たちは、日々の生活の中での協同関係と、市民的友情が着実に希薄化していると警告している。この世界は以前と比べ、全くもって喧騒に満ち、険悪になってしまった。家族の連帯、相互扶助、政治的一体感――こういったものすべてが、以前と比べると、より確定性や実体を失ってしまった。ホッブズ的な社会の説明が、以前にも増して説得力を持ってきた。（Walzer, 1995 : 8）

こうして、民主諸国の求める市民性や、社会的結合力を害する要因と考えられた諸勢力や趨勢に対して、直接注意が向けられるようになった。諸々の党派間で、こうした現在のアイデンティティに基づく共同体の在り様を、非難する声があがっている。そのような共同体は、自由なアソシエーションの原理に背き、公共理性の使用可能性を失効させ、その結果として市民性の資産を蝕んでいくような政治的要求を勢い付かせている、と考えられている（Elshtain, 1995）。アイデンティティ集団は、その成員に政治的論理を伝えすぎたがゆえに非難されてもいる。クリストファー・ヒッチンスが「ポリティカル・コレクトネス」の言説に対して行った批判は、この種の不安を見事に言い当てている。つまり、「ポリティカル・コレクトネスが真に意図していることは、人類の奇跡的とも言える多様性に敬意を払うよう教化することではない。それは、それぞれの集団をさらに下位集団へと引き下げ、しまいにはアトム的個人へと分けてしまおうとしているに過ぎない。そして万人の万人に対する闘争状態になるのだ」という（Hitchens, 1993 : 562）。アイデンティティの政治は、社会生活を多元的にパターン化しないようにし、そこにおけるメンバーが、文化を確信したり実験したりする役割を演じながら生きる意欲や機会を制限している。「人々が横断的に重なり合う役割を演じながら生きる社会では、他者に対して理解し、感情移入できるような基礎があるものと考えられやすい」（Rosenblum, 1998a : 16）。人種や階級、ジェンダーやセクシュアリティといった分裂を乗り越えるというよりも、それらを反映してグループ分けされた政治文化は、一見して根深い相違を過度に際立たせてしまっている。

このような懸念は、決して絵空事などではない。それらは、ナショナリズムという文化政治と、少なくとも通俗的な形で結びついた包括的なアイデンティティに、初期自由主義者たちが懸念を示す中で予測されていたし、労働運動といった新しい強力な社会運動の出現によって、また宗教組織がその成員に対してなす要求によっても予測された懸念である。市民社会の中核で、この種の共同体が現れてきたこととその持続性に関して、自由主義的な個人主義者らは、アソシエーションのメリットを強調する傾向があった。ここで言うアソシエーションとは、他の仲間との分離と偶発的な愛着という、複雑で変わりやすいダイナミクスを映し出している。この種の議論は、自由主義的な政治的伝統の、極めて限定的な側面を示すことによってしばしば論じられうるものであり、そこで市民が属する共同体の社会的・倫理的価値を強調するような理論家や学派は、この視点から除外されている。

コミュニタリアン的な自由主義者らは実際に、民主社会における市民文化の統合という新たな脅威にも関心を持つようになり、同時にまたこうした基盤の上に立つアイデンティティの政治に対して、非常に強烈な批判を投げかけてもいる。アラン・ウルフは、アイデンティティの政治が、市民社会の環境にとって、本質的に有害だと見ている（Wolfe, 1991 : 257）。現代の政治体は、市民に根深い道徳的ディレンマを作り出している。他方でこうした政治のあり方は、道徳的・宗教的信条に関して、ある程度認知された根源の力を掘り崩している。しかしそうしたあり方は同時に、個人主義的な人々に対して徐々に、共通に受容可能な道徳行為のルールを打ちたて、また異質な人々に対する義務の遵守を求めたりしている。それゆえに市民社会に関する歴史的・道徳的な達成度合いは、市民社会の同胞市民を認識することによって拡大しもすれば、全く同じ同胞に疑念を抱くことで低下しもする。集合的アイデンティティに基づく政治的主張は、多元的社会で達成された環境バランスを脅かし、市民の自然的かつ道徳的な発展を崩壊させることになる。あるグループのメンバーになれるかどうかは運命の問題だとする見方に与するような、共通の政治メンバーの言説をはねつけることで、自分たちに向けられた非選択的な指示を共有する人々に対して、主に義務を負うものだということを、こうした社会的諸力は、集団の参加者に知らせているのである（Wolfe and Klausen, 2000）。

ジーン・エルシュテインは、こうした一連の流れに沿って、もっと痛烈な批判を加えている（Elshtain, 1995）。アメリカの公共圏に、アイデンティティの政治が侵入したことへのエルシュテインの激しい論述は、いまや減退したソ連の脅威と同時に、政治体の内部に芽生えた新しい敵の出現との間で、感情的なアナロジーをもって展開されている。アメリカ人が自らを、文化的に分断された飛地の住民であると考える傾向が徐々に増し、そして集団アイデンティティという「檻」の中から、外の世界へ飛び出していこうとしているという多くの知識人が抱く不安を、エルシュテインは見事に言い当てている。この手の議論が市民の心へと徐々に浸透するにつれ、ひとつの大きな国民的社会のメンバーには、伝統的に考えられていたほどの共通性がないのではないか、という疑念が持ち上がってくる。アイデンティティの政治は、新たな「対立的言語」に、怒気に満ちた要求や絶対的正義という固有語、そして「つらつらと流れる声明」に対して、はけ口を与えている。（Elshtain, 1995：xii）。エルシュテインいわく、市民社会の徳性を回復することが、こうした脅威に立ち向かう最善の策であり、デモクラシーの未来が拠って立つ何よりの希望となる。健全な形態の市民的《シヴィック・》行動主義《アクティヴィティ》とは、他者との開かれた出会いを含み、民主的社会の骨格となる意見交換や相互理解を可能にする。デモクラシーを破綻させないために必要なスキル、とりわけ相互抑制的な雰囲気の中で、道徳的・政治的な差異をいかに解決し、折り合いをつけていくのかということや、民主主義の前進に必要なスキルを学ぶことや、共通の目的を目指して他者とともに協働するという精神を身につけることなどは、市民の相互作用のうちに見出されるものである、ということになる（Elshtain, 1995 : 2）。

同様に、市民社会を提唱するニュー・レフトの論者たちも、市民社会に対して思考停止していると批判されてはいるが、アイデンティティの政治にまつわる欠陥と危険性とに警告を発している（Rajchman, 1995）。集合的アイデンティティに関して、もっと文化的に保守的な位置付けをする見方と、現代的な社会アイデンティティの典型として見られている流動性と、自己省察性との間には、相当広範囲な対照が存在している。そして保守的な知識人らは、市民社会の危機とアイデンティティの高揚とが、互いに関連しあっているものという見方を依然として持っている。アメリカにおける新保守主義的な著述家たちは、こうした女性運動のような諸勢力を、非慣習的なライフスタイルと価値とを許容するものとして、非難している（Bellah, 1996）。それらが、一貫した国民的文化を維持するいくつかの伝統を、衰退に導く重要な要因だと指摘するのである。

ほとんどイデオロギー的なまでに、アイデンティティの政治と市民的な機能不全とは結びつく、という見解で一致していることが、アイデンティティの政治を現代的な社会病理の主要要因として位置付ける見方に、一役買ってきた（Slawner, 1998）。この社会病理には、信用や相互互恵、公共精神、市民的行動主義、政治や公的生活の尊重といった、活きた道徳的善の衰退と目される事柄も含まれている。アイデンティティの政治は、圧倒的な国家や過度に力を持った市場の双方がのさばることで、社会生活が植民地化された兆候やその結果と表現されることが良くある。クリストファー・ラッシュは、アイデンティティに根ざした政治的議論というさまざまな形態が生まれたことを主な標的として、痛烈な社会批判を繰り広げている（Lasch, 1979）。これらが、アメリカ魂を悩ます強烈なナルシシズムという、本質的に異なる意見表明を形作っている。社会生活の市場化と、集団における個人に、すぐさま満足を図るような政治形態の出現との間に、重大な類似を描く論者もいる（Worpole, 2001）。ある種集合的な利己主義を促すような構造が、自己中心的な消費者という強烈な理念型と同じ機能を果たしている、と見ることは可能である。

同じ自由主義的な前提にもとづいていたとしても、独自の社会的アイデンティティを受け入れるよう求めることが、社会的保守主義という新たな形態の根拠となる、と指摘する反論がある。例えばシェルドン・ウォーリンは、集団の承認という政治の中核において、ある重要なパラドックスを看破している（Wolin, 1993）。承認の政治における非妥協的な言語と、その言語が表す苦痛の感覚は、ひとつの根本的な前提、つまり承認を求める集団と、求められて承認される主体との政治的会話は対等ではない、という根本的な前提に現れている。承認されたいという要求は、求められる救援や支援を講じるために、社会生活の中へと介入することのできる、慈善的な国家的権威が存在することを前提としている。アイデンティティの政治は、同胞と利益を分けあい、発展に関わっていく重要性を、市民の目から逸らしている。その代わりに、いとも気前の良い国家の可能性へと人々の目を向けさせている。そしてオイディプス的な親のように、求めるものを国家が提供してくれない時には、再び怒り出すという有様なのである。

民主諸国では、政治的理論にみられる不一致が、ひとつの品質証明だとされた今、社会学者から政治哲学者に至るまで、またニュー・レフトから新保守主義に至るまで拡大されたこの種のコンセンサスが確立されるならば、このことはなおさら当を得ることになろう。市民社会が衰退にあるというこの種の議論は、試行錯誤や弁護を要するかもしれない主張というよりも、学識ある論文やアカデミックな本において、そこから議論を始める前提的な基礎として、取り上げられることが多いのである。

市民性の衰退を越えて――調和にみるディレンマ

　市民文化の衰退というテーゼが持つアピールを理解するために、アレクシス・ド・トクヴィルにおける思想の継続した影響を見ておくことには意味があろう（Kohn, 2002）。トクヴィルは社会的協同と自由の精神を生み出す自発的団体《ヴォランタリー・アソシエーション》の役割――トクヴィルはこれをアメリカに特有の現象と見ていた――を強調したが、現代においても市民社会の説明がこの線に沿ってなされている（Warren, 2001）。トーマス・コーラーは、いかにしてこうした見方が、文化的な自己理解を流布させているかを検討している。こうした特徴付けは、アメリカ人は好んで、トクヴィルがアメリカを参加者《ジョイナー》と捉えたことを引き合いに出している。「アメリカ人が独立独歩の意欲的な人々であり、民主的な自己ルールを学ぶためには、世界が注目に値する人間である、という自己イメージと合致する」（Kohler, 1995：143-3）。しかし、トクヴィルが後のデモクラシー思想に与えたインパクトは、集団の形成というアメリカ的傾向を強調したから、という理由だけでは全く無く、市民的行動主義が自然と有徳なシティズンシップへと波及する、と想定したことにもあることは明白である。共同体やアソシエーションといったものが、道徳教育の重要な根拠となる、とトクヴィルは確信していた（Macedo, 1990：39）。

　市民社会の民主的可能性についてなされる現代の自由主義的哲学議論の多くは、トクヴィルのパラダイムにおいて行われている。この種の文献のほとんどで想定されている黄金時代は一九世紀半ばであり、それは「社交団体《クラブ》が急激に発達した」（その大部分は教会、組合、集会所《ロッジ》であった）時代であった（Rosenblum, 1998a：100）。しかし多くの歴史家が示してきた通り、このことはアメリカ国家や社会の発展段階における、非常に特殊な契機を表している。ナンシー・ローゼンブラムはいみじくも、これより早い時期の時代やその後に、アソシエーションに付随する動機と社会的ダイナミクスの多様性とを気付かせてくれている（Rosenblum, 1998a：100）。

現代の理論家たちは（トクヴィルとは異なり）、この特定の黄金時代を熱狂的なまでに理想化することから、目を背ける傾向がある。現代の理論家たちはとりわけ、望ましくない他者から自己を切り離したり、排除したりする欲望を反映させたものとして、また俗物根性や地位保全の衝動を反映したものとして、アソシエーションを概観している。デモクラシーの理論家たちがアイデンティティの政治に関して最も懸念している特性の内には、実際に長期間にわたる自発的集団への参加が挙げられる。このような属性が次第に認識されるようになると、アソシエーションやデモクラシーに関する文献の中で、何かしらのパラドックスを生み出すことになる。しばしば排他的で階層的な構造をとる集団であっても、リベラル・デモクラシー政体の本質的な構成要素とみなされているのである（Kohn, 2002 : 290）。

市民行動主義が政治生活へと波及するというトクヴィルの指摘が妥当であり続けるものなのかどうかは、現代の自由主義政治思想にとって一つの重要問題である。実際のところ、アソシエーション的な活動が市民文化に役立つ価値について自信を持って語ることは、自由主義的な遺産の一部分を反映しているに過ぎない。ローゼンブラムが示すように、トクヴィル的なこの考えは、自由主義者が示してきたリベラル・デモクラシー政体の存在よって提起された、いくつかの喫緊な規範的問題に対して、さまざまな応答の一形態を表している（Rosenblum, 1998b）。自由主義的な政治秩序や法秩序は、市民に対して日常生活の中で、一体どの程度に公的な価値を忠実に反映する役割を求めているのだろうか（Galston, 1999a : 869–72）。そして、生活における公的領域と私的領域との間では、どのような形での調和が、自由主義的な政体の繁栄のために必要なのだろうか。国家と社会との関係を理論化するという第二の選択的な伝統は、必然的に現代自由主義において前面へと押し出されなくてはならない。ここでは、「不調和」がより広い意味で重んじられている。この見方が示しているのは、社会領域内に存在する諸自由に対して、公的な保護を与えるのが国家の役割だということであり、平和の維持や紛争の仲裁、公共善の提供といった、国家の中核的な道徳目的を越えて、国家は市民生活へ勝手に介入すべきではない、ということである。創意に富んだパラドックスが、自由主義のこのようなビジョンに不可欠である。そこにおいて個人は、法の制限内で望むまま自由に生きられると考えられ、しばしば自由主義的な秩序の精神に反する目的を追求したり、またそうした信条を持つ存在としてみなされているのである。

こうした選択的な自由主義の視点は、言論・良心・活動の自由といった不可侵の権利から提起された、重要な二次的自由として協力し合う自由を表している。このような自由主義者たちは、ある特定の集団やアソシエーション的な活動を民主主義的な国家が促進することによって、その市民の性格を形成するというところまで果たして至るのだろうか、と疑問視している。そうした自由主義者らが懸念しているのは、「私的な関係や相互行為において、これまで以上に立憲的かつ民主的になるよう法的に強いられた時、それでも立憲的なデモクラシーが悪化してしまう」ということである（Kateb, 1998：61）。

この二つの視点の緊張関係は、英米系の自由主義内で広く見られ、また歴史的にも長く続いてきた。多くの市民が、非自由主義的な形態のアソシエーションを好む現在の状況は、その緊張関係を政治思想の表面的な議論へと退化させている。規範的に自由主義者は、自身が市民社会に何を望み、市民社会から何を期待しているのかを、注意深く考察する必要がある。国家と市民社会とが内部でさらに複雑化し、混交を極めた文脈でしか捉えられないならば、トクヴィル的発想は誤読されることになろう。トクヴィル的発想は、ローゼンブラム言うところの「市民社会への参加が必然的に民主的であると示唆されるように、市民社会と民主的シティズンシップとの関係における、漠然として理論化されていない構想」を支えるのに役立ってきた（Rosenblum, 1998a：88）。これとは対照的に、第二の「古典的な」自由主義的主張は、二つの理由から、現代的状況との関連で再考するメリットを強調している。その理由とはまず第一に、特に自由主義的なデモクラシーの主たる目的の一つが、互いに全く異なる人々の間でもさまざまなやり方で、平和裡な共存を可能にしていると自由主義者らに想起させている、という点である。この見方によると、平等で民主的な市民を「作ろう」とすることは、自由主義的な国家に特有な中心的倫理のひとつと反することになる。そして第二に、リベラル・デモクラシー政体は、ある程度その市民の道徳的立場と関わらなければならないのに、その道徳的立場は通常、共和主義に影響された自由主義の指摘よりも、もっと多元主義的なアプローチが行われているということである。例えば市民の道徳気質に関して言えば、幅広く自由主義的目標や、内部において民主的なアソシエーション（市民社会内のマイノリティに見られる組織など）と両立するだけでなく、さまざまなスキルや特性を育み、倫理的な生活を発展させるような、非自由主義的アソシエーションや集団の領域とも、矛盾しないことになるだろう。この種の探求を展開させているのは、マーク・ウォーレンによる、異なる種類のアソシエーションが持つ「公共圏効果」の説明である（Warren, 2001）。ウォーレンは「同質性を維持できる自発的集団が、確かな民主的効果を生み出すのにもっとも適している」と指摘している。このような自発的集団は「支配的権力に対抗し、差異を表明し、有効感を作り出す」ことが出来るのである（Kohn, 2002 : 291）。

自由主義理論家の注目のうちいくつかは、異なる種類の集団や共同体の道徳的特徴により関与していくことへと向けられている。ここで言う異種のグループや共同体とは、自発的なアソシエーションが必然的に民主主義に利益をもたらすという考え方の限界を認識することで起こったものである。このシフトは、アイデンティティに基づくアソシエーションの倫理的性格の再考を可能にしている。自由主義者の想定よりも、広範なアソシエーションが民主的な効果を生み出す、というローゼンブラムの主張が正しいとすれば、アイデンティティ集団やアイデンティティに基づく運動を、こうしたアソシエーションから排除することが適切なのであろうか。そしてもし非自由主義的な集団が、何人かの参加者に対して民主的な成果をもたらすことができるとすれば、民主的国家はこのような非自由主義的集団と、いかにして関わりあうべきなのだろうか。

こうした問題の数々は、この領域での立法者や憲法解釈者が直面する、困難な事例《ハード・ケース》の中心にある。こうした問題は例えば、アメリカ諸州で宗教団体の集会に社会サービスを提供するべきかという、国家による宗教団体への援助如何の論争になって現れているし、イギリスでは、国家の教育分野にいわゆる「宗教学校」を含めるか否かの議論となっている。こうした問題は、最高裁判所における決定の指標となる主題でもあり続けてきた。概して最高裁判所は、アソシエーション的な自律秩序の強要を求めない傾向にあるが、ある集団が、そのメンバーや、時には非メンバーの市民権を侵したような場合には、強力な公共の利益を承認してきた（Gutmann, 1998b）。最高裁判所の決定に関わる一つの試金石となった事件が、ミネソタのジェイシー事件であった。この問題は、ミネソタの青年商工会議所（通称ジェイシー）の正式会員から女性が除外されるという慣行から起こったものである。この組織の人権課は、セントポール支部とミネアポリス支部の決定を採択し、従来の慣習を破棄して女性を会員に入れるように規定した（Rosenblum, 1998b ; Tamir, 1998）。最高裁判所は、ミネアポリス支部に有利な判決を下し、広く引用されているブレナン最高裁判事の弁明をもって、本質的に私的な目的を持つアソシエーションと、理論的根拠や目的において公的であり、それ故に広く政治的な規範に従うようなアソシエーションとを、道徳的に区別する重要性を指摘した（Gutmann, 1998b）。多くの判決に影響した更に重要な道徳的区別は、差別を説くことと実際に差別することとの間に見られる。例えば、女性の平等には反対だと宣言するようなアソシエーションが、その目的を公然かつ穏当に明示することは許されている。しかし、もし職業組織のように、社会的・経済的機会への入り口となる組織が全員男性で構成されて、制度的に性差別を行うのであれば、国家は合法的にそれまでの秩序を変更し、平等主義的な規範の遵守を求めることになろう(3)。

この判決については、国家による市民社会への介入を正当化する基盤となると抗弁する自由主義理論家もおり、「強要されたアソシエーション」の押し付けだとローゼンブラムは捉えている（Rosenblum, 1998b）。しかしこれまで見てきたように、国家と社会との調和という理想に、盲目的に依拠しているのではないかと危惧する理論家たちもいる。ガルストンは「市民アソシエーションの成員が、制度的な秩序を維持しているならば、このアソシエーションがそうした秩序を反映している」ということが、本当に必要とされるのかどうか、という問題を提起している（Galston, 1998a：869）。広範な道徳的善は、自由主義的な自明を追求していないアソシエーション——そこには諸個人の自由の行使や、個人的・集合的アイデンティティを追求する価値も含まれているのだが——によって作られるものである。同様に、さまざまな種類の共同体が、異なる人々を一つの社会秩序の中に組み込むことも可能である。ガルストンが抱いた基本的な関心は、教会や宗教組織に関するもので、世俗的な公共規範の受容が、論争的・党派的な道徳的立場だと認識できない自由主義理論家から受けてきた、不当な扱いについてである。自由主義的寛容の枠を飛び出たと通常考えられている宗教団体が、自由主義的政体のために、道徳的な支柱となる源として参加することは、充分に考えられるであろう（Galston, 1991）。同じく、ガブリエル・アーモンドとシドニー・ヴァーバは、多くの民主国家の政治文化について広く影響を及ぼした著作の中で、宗教集団に関わることが、どのようにして市民的徳性をめざした成員の能力を高めたかを強調している（Almond and Verba, 1963）。とりわけ、寛容や平等といった中核的な規範との係わり合いを放棄することなく、現代の哲学者の要求よりも、宗教団体や他の集団への非検閲的なアプローチを受け入れることで、自由主義者たちは正当化されている。ここでは、前章で強調した平等の能力と自己尊重という原理に立脚して、宗教を真剣に考慮すべき十分な論拠が存在している（Nussbaum, 1999；2000b）。個人は誰であっても、自分が確信する道徳的な信念を真剣に受け止めてもらうために、そして自己の信念を追求すべく動機付けてもらうために、一定程度の自己尊重を必要としている。宗教的な伝統が、明晰かつ多用されている道徳的な視点の根源として重要であるならば、自由主義者たちは、宗教的議論を政治的領域から除外しようとする欲求を抑制せねばならないのである。

リベラル・デモクラシーにおける宗教的信条という厄介な問題の場からは、ある一つの指摘がなされている。それは、カント的な影響を受けた哲学の流れから提示されたもので、宗教的信念を、社会慣行の形態を取る道徳的に価値ある公共領域——これをロールズに換言させると理性的包括的信念となる——から除外する、というものである。こうした主張を行う理論家たちは、民主的なシティズンシップを支える諸原理を、偶発的な形態や社会的愛着や帰属から区別されるもの、かつそれに優先するものとして概念化している。これとは対照的に、マーサ・ヌスバウムとガルストンは、いくつかの宗教団体や女性団体がもつ市民的行動主義と自由主義的秩序とは、何らかの形で重複しあうというような観点を提唱している。しかしこの両者は正当にも、国家と市民社会との「最大限に実行可能な受容」という方法に対しては、警告を発している（Galston, 1999a : 875）。このことは、自由主義社会において、その立憲的な規範を支持する人ならば、自分にとってひどく攻撃的だと思われる行為や価値に対しても寛容に扱う態度を必ず身につけなくてはならない、ということを意味している。公共的文化とアソシエーション的な生活との調和が、自由主義社会にとって必然的な目標ではないという点、そしてこのことが他者の基本的自由や機会を妨げない限りで、例えば教会や共済組合、地域のクラブといった、排他的政策の受け入れを意味するであろうという点に、ローゼンブラムは同意している（Rosenblum, 1998a : 16 ; 1994a）。

このような相違にもかかわらず、アソシエーション的生活に関して異なった意見を持つ理論家たちが、民主的シティズンシップの規範について、最終的には異論なく説明を下せるような国家と社会の理想的関係を、一定の原理に基づいて理解するというカント的な目標を共有していることは、明らかである。しかし必ずしもそのようなアプローチが、もっとも適切な自由主義的立場を表すわけではなかろう。政治的熟議と判断に伴う偶然性を乗り越えて、国家と市民社会との関係を決定する道徳的諸原理の確立は、それらの評釈者たちが、論争的で受け入れがたいような、様々な包括的道徳理論に依拠していることを意味している（de Marneffe, 1998）。例えばローゼンブラムは、国家が集団を扱うに際しての重要な基準として、社会的・政治的安定性を考慮しなくてはならないとしている（Rosenblum, 1994a ; 1998a）。ローゼンブラムは、国家が市民社会に行う介入は抑制すべきだと論じる一方で、体制の安定を脅かす非自由主義的な集団に対して、自由主義的な政府がそれらを規制したり、禁止するような介入をする必要性も、充分にあり得ると主張している。しかし既に指摘されているように、安定性とあっても、それが分かりやすく疑う余地の無い状態などではないのである（Gutmann, 1998b : 19）。既存の社会秩序を破壊しようとするような活動や文化ならば、全くもって無頼の徒という他はないことが明らかである。しかし、自由主義体制を間接的に脅かすかもしれないものはどうであろうか。例えば、イギリスの過激なイスラム主義者が西洋社会に対する根深い敵意を表明することは、どのように考えられるであろうか。そして安定性が正義の原理と衝突するような場合、さまざまな事例をいかにして扱うというのだろうか。例えば、現行の政治体制から除外されるかもしれない時に、その集団が抑圧された経験を思い出すよう求めるような場合は、どのように捉えられるであろうか。また、所与の国家における植民地的・抑圧的な行為について生徒に教えるよう、多文化主義的なシラバスが求める場合はどうだろうか。このことが、現行の政体に対するどうしようもない程の幻滅へとつながるのであろうか。これらは当然難しい問題であり、その解決にはそれらの問題が起きている特定の状況と議論の文脈に関わる必要があるかもしれない。多くの場合、既存社会の安定性を保証するのは何なのか、どのようにしてその社会の法が危険性や脅威を測定するのか、といったことは未解決である。アソシエーション的自立性に関して市民が持つ権利と、国家の干渉という義務との間でバランスを取ることは、自由主義的な制度と公的権威とが直面する、避けることの出来ない課題なのである。そしてこのことは、言論の自由と政治体の安定性という対立した価値に、トレードオフの性質があることを必然的に想起させる、最も分かりやすい例の一つである。たとえ安定性という価値でさえ、はっきりと差異化された社会の中で、集団に関する決定が議論の余地なくなされうるような、公平な立場を表しているというよりも、むしろ党派的な論争の対象であり続けるのである。

アイデンティティの政治が持つ市民的効果

これまで述べてきたように、アイデンティティの政治を、自由主義的な社会秩序にとって異質で脅威とする見解が流布した原因は、市民社会についての影響力あるいくつかの規範的な説明の中にある。昨今この種の議論が、断続的に攻撃の的となっているが、それは、民主社会を性格付ける多様性を解釈し直す、という大義名分のもとで行われている。ローゼンブラム（Rosenblum, 1998a）とウォーレン（Warren, 2001）からは、アソシエーションの民主的潜在力を評価するという見地から、理論的な見直しを重要視する声が挙げられている。他にも、一体誰が市民社会における共和主義的な理論や自由主義的な個人主義の理論双方のメリットを問うのかという、多元主義者による議論も展開されている。このように批判の声を挙げることで、こうした見直し論者たちは、民主社会に向けた非自発的なアソシエーションが重要であることを指摘しているのである。

多元主義的な立場からなる批判は、ウォルツァーが素描した、影響力のある「市民社会の議論」の中で打ち出されている（Walzer, 1995）。ここ二〇年、市民社会のメリットに固執したことが、落胆や幻滅につながる一つの政治的・知的な応答であったとウォルツァーは考えている。ここで見られる失望や幻滅とは、社会主義、共和主義、ネオ・リベラリズム、ナショナリズムなどさまざまな「近代主義者」の政治課題が、民主的な政治生活の中に定着し損ねたために生まれたものである。こうしたさまざまなイデオロギーは、「善き生活」のために、時には労働階級の連帯という形で、時には一般意思の行使という形で、そしてまた時には市場や国家権力に対する勝利といったさまざまな装いで、独特の立場や行為能力を築こうとしてきた。しかしこうした課題への不信と共に、善が存在する場所として市民社会を捉える見方に徐々に興味が集まり、より多元的に道徳を見ることが正当化されるようになってきた。市民社会というものは、「何もかもが含まれて、何一つすら選ばれていない」のである（Walzer, 1995 : 164）。活気に満ちた濃密な市民生活は、階級、シティズンシップ、市場や国民性をめぐって展開された野心的な計画に対して、いわば防波堤の役割を担っている。市民社会の内部で作られたアイデンティティ――パートタイムの組合事務員、社会運動の活動家、政党の党員、消費者運動家、福祉ボランティア、教会のメンバー、家長などがそれに相当する（Walzer, 1995 : 164）――は、自由主義的哲学が考えるような徳性を大切にする共和国の外側にあったが、一般の市民は部分的に有徳な生活を生きるように学び、市民としての道徳的義務と、アソシエーション的活動から得られる利益や気質とのバランスを取ろうとしている。市民社会とは、全市民が望むような一定の徳性を詳述しようとする合理主義的想定とは対極をなすもので、市民社会を作り上げる市民的徳性が、多元主義的な概念であるとウォルツァーは指摘している。通常の市民であれば、市民的な活動を通じてさまざまな種類の道徳的訓練を受け取るものと想定せねばならない。それゆえウォルツァーは、国家と社会とをまるきり対極とみなす考えを、そして、市民社会は民主的規範を尊重すべきとする考えを、急進的な不調和の概念として否定している。市民社会が十分に民主的なのは、ウォルツァーによると、こういうことである。

もし、少なくともある部分において、自分達を権威と責任ある参加者の一部として捉えることが出来るのであれば、市民社会はそうした市民を生み出す可能性という意味で真価が問われている。その市民とは、少なくとも時には、自分やその仲間が抱える以上の問題に関心を持ち、アソシエーション的ネットワークを保護・育成するような政治共同体を育む市民のことである。(Walzer, 1995 : 171)

ウォルツァーは自由主義批判者としてもっぱら捉えられているが、この問題に関しては、自由主義者にもっと信頼を置く立場に至る道を表明しており、それは特に、市民的行動主義が必然的に有徳なシティズンシップを形成するにいたるという観念を、彼が否定的に捉えていることに理由がある。国家と社会との間には一定の関係が存在すべきだし、また実際存在しているにも拘らず、市民社会と関連した国家は、何よりも市民的徳性の要請を受けて、諸個人の自由のための土台が蝕まれる危機に瀕している。アソシエーション的生活の中で形成され、また取り決められていく諸々の要求や利益、アイデンティティなどの複合体では、現代社会におけるいくつかの集団に属している市民に、多様な忠誠や提携を管理する能力が(潜在的には)あるとの視点を支持している、ということにウォルツァーは力点を置いている。こうしたウォルツァーの構想は、国家と社会とを相互のアンチテーゼの下で固定化された「古典的な」自由主義とは、通常対照をなすと考えられ、また、人間の目的を作りだすさまざまな提携や忠誠の内に見られる共和主義者の理念は、シティズンシップの高圧的な要求に対して、副次的に過ぎないように思われる。

この種の議論は、社会アイデンティティから生まれた運動や主張の政治的倫理を熟議しようとする者にとって、有望なものである。ウォルツァーは、初期の社会的自由主義者の洞察を、個人性の形成を行ったり阻害したりするような多様な集団への愛着に当てはめている。ゆえにジョン・ステュアート・ミルは、個人が同胞たる市民に忠誠を持つのと同じく、共同体に対して深くて強い愛着を持つことに、論理矛盾はないと考えている。またトマス・ヒル・グリーンにとって社会的行為とは、共同体と集団とが作り出す特定の倫理的善との関連で、意味を持つこととなる。ガルストン（Galston, 1991）やジョセフ・ラズ（Raz, 1986）といった現代の思想家たちはこの議論を刷新し、道徳的価値をもつ多種多様な文化やライフスタイルを作り上げるような、異質性を持った公的領域を主張している。ガルストンの場合、公的な規範や法が、人間の善に関する最小の概念を反映し、かつ保護すべきことになるが、しかし公的領域は、この意味で基本線を越えて合理的な態度を取る形式に対しても、開かれていなくてはならないのである（Galston, 1999a：892–5）。

近年の政治理論においては、アソシエーション的活動がデモクラシーを導き、市民的行動主義は政治的徳性をもたらすといった主張に対して、異なった視点からの挑戦が試みられている。アソシエーション的な参加と民主的生活とは、目的に対して開かれた、多義的なものとしてみなされるべきだという見方が、実証的な調査に基づいて強調されている。概して自由主義的目標を支持する集団の多くで、それがデモクラシーの学校として機能しているものはほとんど存在しない。それは少なからず空間的な隔たりと技術上の影響ばかりではなく、効率性を求める要請がしばしば反生産的となることを、民主的な内部関係が示しているからである（Tamir, 1998）。

自己尊重

果たして自由主義者が言うような、民主的シティズンシップの必要性という土台の上で育成すべき、一般的な市民的徳性などが存在するのであろうか。ネオ共和主義者が育もうとしている「濃い」徳性と、古典的自由主義に含まれていた市民性への無関心との双方に対立するものとして、ここではシティズンシップへのアプローチが、市民生活における二つの典型的な価値の育成を示唆している。その二つとは、自己尊重と市民性である。この二つの原理はいずれも、政治的アイデンティティと関連したいくつかの集団や運動を具体化できるほど、充分に柔軟性を持っている。自己に価値を見出すという問題は、ロールズの影響があった議論「自己尊重という社会的基礎」の文脈で、政治理論家たちがすでに充分論じてきたところである。市民の道徳的発展段階に関するロールズモデルの中で、彼はアソシエーションにおいて習得される道徳性を非常に強調している（Rawls, 1993：163）。ロールズによると、同朋意識や信頼といった結びつきが、多様な社会的役割への参加を通じて形成、強化されるという。またその結びつきは、一定の社会事業において、他者が公平な役割を果たしていると学ぶことによっても達成されるものだと言う。道徳的な発展如何は、さまざまな集合的事業において、重なり合う複合的なメンバーシップの複数性が存在するかどうかにかかっている。こうしたメンバーシップによって、個人は異なった道徳的理念を持ち、忠誠心とエネルギーから競合的な要求をなす個人となる。そうした諸集団における私たちの役割は、比較的複雑になってきているので、私たちの経験する利益や社会的協同の性質が深まっている。それゆえ、社会的な次元で協同の価値を正しく認識するための個人の資質には、アソシエーションというるつぼが決定的に重要なのである（Rosenblum, 1998b：97–8）。協同という経験を積み重ねるにつれ、自分自身の特定心情に関する個人の確信も深まってくる。アソシエーションにおける経験の重要な一部分は、他者から認められるような自分の才能と貢献とを見出すことである。このような経験から、自分を信頼し、自分に価値を置く感覚が芽生えてくる。幾分論争的な言い方をすると、アソシエーションという積極的利益と、社会的次元における社会的・政治的協同のために骨を折ろうという個人の自発性とが結びつくことを、ロールズは示したのである。

必ずしも民主主義者が皆、アソシエーションにおける道徳の中心に自己尊重を据えているわけではない。人間すべての要求として自己尊重を概念化することは、人間における要求の多様さと、個人それぞれの心理的視点との不均衡を示すことになる。しかしながらロールズが説明する自己尊重は、こうした異議に対してさまざまな反論を試みている。人間性の中にあるこの多様性を認識することで、「私たちが決定した善の概念が、実行に値するという強い確信と、私たち自身の価値の確定的な意味」を求める必要性の議論に依拠しながら、ロールズは自己尊重に適した社会形態の最小概念を提示している。「自己尊重なしには何事もなす価値がないであろうし、もし私たちにとって価値ある何かがあるならば、それを追い求める意志に欠けているということになる」(Rawls, 1993: 92)。この点で自己尊重は、私たちの追い求める目標が何かしら価値のある感覚であり、またそのために努力をすることにはおそらく価値があるだろうという、基本的な感覚に見合うことになる。このように最小限で捉えた用法において、自己尊重の観念はさまざまに異なった文化的条件や集団的背景から生まれてくるだろうと考えられるのである。

ロールズをはじめとするその他の自由主義者たちが言うように、もし自己尊重の能力が人間の主要な善に数えられるのであれば、民主的な国家は、こうした価値を育成しもすれば阻害することもある社会状況に、注意を払う必要がある(Rawls, 1993: 82, 106)。個人の自己尊重が良き市民を作るよう求めるのではないけれども、自己重視という健全な感覚抜きに、道徳的目標を達成するのは困難だとするロールズの議論は妥当であろう。私たちが自らを権利や義務の主体として位置付けることが自己尊重の重要な条件の一つなのだが、私たちは同時に、目的に適った主体として行動するための、内面的な信頼もある程度求めていることになる、とロールズは言っている。(4)「個人は誰もが、自分の価値や見解を支持し、自分たちの貢献を認めてくれる場所を必要としており、そこでは失敗の可能性が減り、隠れた自己不信に対して援護をしてくれるものである」(Rosenblum, 1998a : 97)。ローゼンブラムが自己尊重を育てる条件として参加の重要性を強調するのに対して、ロールズの説明は、余り多くの要求をしないような基準、つまり自分がその重要な一部分である集団に気付く過程が、何らかの承認を与えてくれるような基準を指摘している。社会的な集団化とアソシエーションの多様性は、参加者や支持者の自己重視に寄与する条件を満たすことができる。この見解は、ヌスバウムが力を込めて何度も言及しているところである(Nussbaum, 2000b)。ヌスバウムの主張によると、自由主義者たちは、リベラル・デモクラシーにおける市民の問題という、より多様で大きな共同体や道徳的視点に加わろうとし、帰属的アイデンティティに関連する組織や集団の倫理的考察を行わないカント的風潮に対して、重要な反論を展開している。道徳的な平等に関する自由主義的原理は、より広い合理性に適う限り、道徳的・精神的・文化的目標を追求する時に、一定の尊重が与えられるような個人を含意している。部分的に個人のアイデンティティ感覚や道徳目標を形成する集団から、こうした目標の多くが提示されたならば、社会アイデンティティの資源や説明を整序する社会的な主体となる人間は尊重されるべきだろうことを、ヌスバウムの議論は示唆している。

市民性

市民社会の自由主義的評価に不可欠で、特にアイデンティティに基づく動員に適した、二番目に重要な自由主義的価値、それが市民性である。このテーマは自由主義の重要な遺産を担っており、モンテスキューやスミス、ヒュームといった人たちによって展開されてきた市民社会の説明のうち、中心的な部分をなしている。現代の議論で市民性は、アイデンティティ集団を追い払い、イデオロギーと非難を浴びた一九九〇年代の文化戦争で、もっとも酷い犠牲を被ったものの一つとして提示されている（Gitlin, 1995）。こうした見方はさまざまに異なり、更に微妙なニュアンスをもって、市民性とアイデンティティに基づく動員という民主的諸規範の関係を説明することで、乗り越えられようとしている（Kingwell, 1995）。

市民性に価値を見出す民主的文化の重要な成果は、価値や信念の異なる人々と並んで公的領域に住み、人々は道徳的に対等だという前提で他者を扱おうとする意志にある。仕事の場で女性を対等に扱うよう求めるフェミニストの議論は典型的に、さまざまな不正慣行に対して差別をしないよう求める原理を引き合いに出している。しかしフェミニストらは「市民性」という規範もまた含意している。「市民性」の規範とは、女性が確固とした尊敬をもたれ、そして文化的背景や仕事を行う毎日の相互行為における意味で、対等の価値があるという前提の下で扱われるべきことを示している（Nussbaum, 2000b）。ここに見られる市民性の見解は、大衆デモクラシー諸国や、市民的な交友関係を生み出す土壌となる信頼や自己重視の意識が、第二次的アソシエーションでのかかわりから習得されるという観念と、非常に密接な関係を持っている。私たちの価値観は、ある部分他者との相互行為に左右されている。より成功裡に、またより相互的に認識がなされるほど、自分たちとは違う他者の価値の扱い方をもっと良く学ぶことになるし、自分たちも市民性を持つ存在として扱われることになる。ロールズにとって自己尊敬には、獲得と行使という市民性に適した二つの鍵が暗示されている。すなわち、差異を認識する可能性と、他者と感情を共有する能力のことである（McKinnon, 2000）。

繰り返すが、ロールズの説明に見られるこの価値を確実に理解するためには、協調を必要とする。市民性の規範それ自体は、市民がとりわけ徳性を持った立場でいることや、より大きな善のために自分の利益や信念を保留することを求めてはいない。敬意を持って他者を扱う理性的で合理的な心構えをすることから、市民性の規範は生まれている。こうした見方からすると、市民性も社会の多様性や文化的な差異および文化的な目的と見事に一致する価値であることがわかる。例えばフェミニストの平等への要求に見られる市民性とは、非差別性と相似をなすとともに、これに従うための規範的な条件でもある（Benfield, 1992b : xii）。「それというのも、人々が真に平等な機会を持っているかどうかということは、政府の行為に依存するのみならず、市民社会の内部における制度的な行為――例えば協同組合、学校、商店、家主、などなど――の行為にも左右されているからである」（Kymlicka, 1998 : 188）。ここ三〇年の間、除外され抑圧されたアイデンティティに基づいて展開されてきた社会運動のうちには、非市民的に重要な性質やその結果――黒人や女性、ゲイや身体障害者への非市民性が、例えば挙げられよう――を明らかにすることによって、強い影響力を行使してきたものもある。こうして社会運動が持つ教育的な要素は、職場、私的なクラブ、公共の場などにおいて、非市民的な態度や文化とみなされているコードの形式や公的規範の展開に、重要な意味を持ち続けている。国家と社会との双方に関わる制度や機構を越えたこうした見方が普及したことは、おそらく、集合的アイデンティティの動向が広がったという、最も重要な影響を表すことになる。こうした影響には、まだ考慮すべき政治的議論の主題が確実に残っている。この規範が社会領域を越えて広まるにつれ、法的・官僚的な外観をまとった国家は、例えばベッドルームにおけるような極めて私的な事柄や、組合やクラブなどの、国家の射程範囲を超えて伝統的に理解される範囲で、姿を現すようになってきた。民主的な市民性の慣行は、市民が「他人に偏見を抱くであろう人に対しても、同等の基礎に基づいて日々の相互行為を学ばねばならないと教えられた市民として」（Kymlicka, 1998 : 189）、多くの民主政体の中で、公的権威と社会との大幅な境界線の変更を支持してきた。同様にして、ここ四〇年は黒人やネイティブ・アメリカン、ゲイに対して、市民的対応を拡大するために、どれほど多くの時間と痛みの伴う戦いであったかということを、リチャード・ローティが強調したことは、そうした人たちにかつて向けられた根深い文化サディズムや偏狭な行為への流れを止めるのに、僅かながらでも功績があったと言える（Rorty, 1998）。根深い隔壁により敏感な社会では、民主的な市民性の概念を正当に拡大するために、アイデンティティに基づいた社会運動がひとつの重要な役割を演じてきた。民主的な市民性を施行することが、国家をはじめとするその他さまざまに責任ある権威の義務だという考え方が広まるにつれ、こうした見解は左右両方のリベラリズムからの強烈な抵抗に直面し、そして、民主主義的な国家にむけた新たな法的・道徳的ディレンマが作り出されてきたのである。

むすび

民主的なシティズンシップを刷新するのに適した多様な土壌の探求には、複合的な視点を受容する必要がある。それには、民主的な社会の政治文化や、その制度的規範、学校のカリキュラム内容や、そのアソシエーション的文化の特質、そしてシティズンシップを育成しもすれば阻害をもする社会的・人的な相互行為などを、組み入れなくてはならない。シティズンシップの源泉が政治世界を超えたところにあるべきだ、という多くの政治理論家たちが行った仮定は、アソシエーションの民主的可能性を過度に感傷的に捉えた構図からは、除外されてきた(Rosenblum, 1998a ; Warren, 2001)。他方で、市民社会の歴史や特質、文化を否定するような市民の権利義務に関する議論は、法的関係と同じ一連の社会慣行としてシティズンシップが成長してきたことに、根深い文化的なルーツがあることを把握できないでいる。シティズンシップに関するこうした形式主義的なアプローチは、市民の社会的従事たる共同作業から得られ、道徳的立場や社会貢献などを否定する義務論的哲学の立場によって、好んで用いられる例である。市民が必要とする能力は、単に学校の教師や親切な国家によってのみ、知らされるわけではないのである。

ここ二〇年、民主的な政治生活を統合するためのさまざまな挑戦の結果として、シティズンシップの性格や内容に関する議論が、新たな緊急課題に挙げられている。この種の議論の中には、言語や特定集団の個性を引き合いに出した動向や、共同体の要求に応じて提起されたものもある。これに応える形で、自由主義哲学は、政治的・法的領域の統合や、特殊性を原理化する説明に依存してきた。特にロールズは、〝過剰な自他区分の視点を政治生活に入れるべきではないし、特にその基礎的な制度理念や法理念が問題になっている場合には、なおさらそれに干渉すべきではない〃という見方について、ひとつの重要な正当化を行った。しかし、このような争点を非政治化するという野望は、第三章で述べたように、自己防衛に過ぎない。私たちがこうした判断形成に退くことができるような、全く論争の余地がない道徳理念など、存在しないのである。

ある意味広くリベラルな立場を取るデモクラシーは全て、法的な遵守を強いる権利や自由という理念に依拠しているようである。そしてそれゆえに、非自由主義的なマイノリティの文化習慣という性格上派生した議論だとみなされるような、何らかの道徳的かつ法的な原理に頼らなくてはならないようである。しかし、もしこうした問題が民主的シティズンシップの利点から発生したのであれば、単に道徳的・法的な原理という努力でもって充分とすべきではないだろう。自由民主社会というものは、市民性と自己尊重という価値を十分に斟酌することを必要としているし、そうした価値はかなりの部分が、市民的アソシエーションや集団生活の中で育成されている。シティズンシップに関して多様な動機となる根拠や、シティズンシップの妨害となるものを考慮することは、社会習慣と道徳的義務の双方のまとめとして把握されており、シティズンシップが習得され具体化されるような社会の文脈を考慮するのと同じように、個々の民主主義が持つ政治文化という傾向や性質に与することを求めることとなる。諸集団が作り出す多様で民主的な効果や機能不全について、包括的に一般化することの限界をローゼンブラムとウォーレンが描いたことで、この研究が可能となった。彼らの議論に見られるひとつの重要な規範的含意は、市民が忠誠心に基づいてさまざまな力のバランスを学ぶような、複雑かつミクロなレベルに、政治理論家たちが耳を傾けるべきだということにある。私たちは、集団のかかわり合いや、アソシエーション的な条件、ロールズ言うところの道徳の習得を可能にするものは何なのかについて、かなり多くのことを知っているのである。

対等な意義を持った共同体と、地域性や社会的分裂を無視した連帯とをいかに形成するかという問題は、現代シティズンシップにおける政治理論にとって、まさに活きた問題の一つと言える。共和主義的・自由主義的批判家たちの双方が論じてきたように、排他的イデオロギーという好戦的なレトリックを用いる公共圏の影響がダメージを受けることも、充分にありうるだろう。しかしそうした展開は、社会参加を通じて個人が自己発展するための機会が拡大した、社会的・文化的傾向によって相殺されてきたし、公的生活では民主的な市民性が尊重されるべきだとの見方を支持する社会的コンセンサスが、全員一致ではなくとも広範囲にわたって作り出されてきた。民主的に志向された市民社会が、必然的に自由主義的文化の規範を反映する最高のアソシエーションというわけではない。しかし自由主義はおそらく、一般市民——それは討論者や意志決定者など、さまざまな関係でバランスを取る者としての一般市民である——が持つ一連の技能の一つとして、政策決定者やそうした理論家たちからみなされるようになるに違いないし、また注意深く自由主義を養成し、監視してもいく必要があるように思われる。

アイデンティティの政治が民主的社会と相容れないという理念には、不十分さが残るし、自由主義者がこだわる必要のない立場である。アイデンティティに基づいた集団や運動によって生み出された異なる道徳善のうちいくつかが、リベラル・デモクラシーのシティズンシップに資する可能性については、特にこれから更なる考慮に値する事柄である。アイデンティティの政治がシティズンシップの政治に対するアンチテーゼとなるという推定を検証できない中で、自由主義理論家たちは市民的徳性を育む土壌への可能性という視点を見失い、その結果として広範囲にわたる社会変革の帰結を見誤っているのである。

（1） この問題は、ガットマンにおいて中心的に現れている。Gutmann (2003).

（2） 市民社会に関する近年の議論で現れる別の主要な「土壌」には、家族が挙げられる。例えば、以下を参照。Glendon (1995).

(3) 他に最高裁判所の判決で広く引用されているものには、インターナル・レヴューサービス対ボブ・ジョーンズ大学事件がある。最高裁は、同大学の非課税的立場を、同大学が人種差別形態を取ったうえでの非営利法人であるとして否定し、インターナル・レヴューサービスの権利を擁護した。この判決が道徳的・憲法的に意図していることは、ガットマンが論じている。Gutmann (1998b).

(4) 自己尊重というロールズの概念が、異なった政治制度や政策を要求、もしくは含意しているかどうかは、政治哲学におけるマルチカルチュラリズムについての、ひとつの重要な議論として現れている。特に以下を参照。Barry (2001a : 267-9), Tully (1995 : 189-91), Caney (2002 : 94-5).

第5章 アイデンティティの政治の公共面

はじめに

第二章と第三章において、私は、特定の集団がもつ異なった民主的効果に対して鋭敏な自由主義的アプローチのメリットを提示し、また、市民社会についての異なった規範的考えが新種の集団動員に応答している傾向があるということを論じた。本章において私が注目したいのは、たいていの政治理論家、とりわけ自由主義者が、集団活動の道徳的性格を考慮する際に用いがちな解釈的概念である。まず、自発的アソシエーションについて普及している自由主義的理想を探究し、社会的利益を促進する手段としての役割と、道徳教育の源泉としての役割という、二重の役割から生じる緊張について考察したい。こうした概念の展開は、私が見るところでは、選択したわけではないアイデンティティを動員する社会運動や共同体や集団がもつ価値と重要性を減じる傾向にあった。英語圏の政治理論において、そうしたアソシエーションは一般的に、文化的共同体とは対極にあるものとして位置づけられている。このことは、近年の多元主義者の著作において顕著である。これらのアソシエーションと文化的共同体という考え双方の展開にはいくつかの限界があるということを強調することで、私は、自由主義理論家がとりわけ社会運動の思想に関与することによって、現代の市民社会に関する自分たちの解釈の範囲を拡大しようとしていることを、明らかにしようと思う。このことは、第六章においてさらに詳述する。第六章では、何人かの影響力を有している現代の社会理論家による、アイデンティティの政治の解釈の長所と短所を考察する。彼らが提示している社会運動のモデルには、分析上の限界が存在している。だが、そのような社会勢力と結びつく集合的アイデンティティおよび公共圏の効果を探求することは、自由主義者が、他のモデルが行わないような仕方で、政治理論と現代の社会的現実との大きな隔たりをより容易に橋渡しするのに役立つであろう。

アイデンティティの政治・利益集団・第二次アソシエーション

私は、差異の政治と、議会制デモクラシーの歴史を通じてよく知られている通常の利益集団政治とが、いかなる興味ある仕方でも異なっているとは思えない。(Rorty, 1999 : 235)

自由主義者が、集合的アイデンティティとの関係から生じるアソシエーションを特殊な利益集団とみなすことには、意味があるのだろうか。この問いに答えるためには、自由主義思想が利益に基づいたアソシエーションの明白な特徴としてきたものは何か、について考えることが重要である。二つの明白な問題が、そのようなアソシエーションの社会的・倫理的な特徴について自由主義者の説明を悩ませる傾向にある。第一の問題は、アソシエーションが追求する——道徳的・経済的・政治的・文化的な——異なる種類の目的と、そのような異なる目的の企てのなかに共通の道徳的効果が認められるのかどうか、ということに関係している。第二の問題は、アソシエーションが引き起こすさまざまな社会行為の規模——人間の相互行為のもっとも私的な領域から、地方《ローカリティ》・地域《リージョン》・国民国家・国際社会にいたるまで——から生じる。民主的な思想は、例えば友人や家族のような親密な個人的関係や帰属を指し示すアソシエーションの第一次形態と、個人の道徳的、文化的あるいは社会的な目的や利益の表出を認める第二次アソシエーション、そして、非人格的特徴を有し、広範囲の専門的あるいは集合的な利益を反映する第三次アソシエーションとを、区別する傾向にある。だが、エスニシティやジェンダーや性差のような集合的自己主張に基づいた多様な集団や組織は、第二と第三のカテゴリーにまたがっており、そのような分類にはうまく当てはまらない。

私たちが見てきたように、今日のリベラル・デモクラシーの思想においては、第二次アソシエーションの道徳的利点に対して多くの強調がなされている（Bauböck, 2000）。こうした第二次アソシエーションにおいて、個々人の参加者は通常、あらかじめ形成された利益を自覚している存在とみなされている。そして、こうした利益をもつ者は、同胞市民と結びつくための選択を通じて表現され増大しているように見える。このような集団が明確に主張する共有された利益は概して、本質的に部分的かつ偶然的なものであるとみなされる。アダム・スミスのような思想家にならい、自由主義思想家は、参加者の間に生じる相互依存と同情の本質といったものを強調しており、こうしたアソシエーションという集合的行為の形態が関わる倫理的で自己中心的でもある諸次元を区別しようとした。また、何人かの思想家は、アソシエーションの領域が社会全般にとって道徳的利点を持つこと、を強調している。その際、このアソシエーションの領域において、さまざまな集団は、対立が平和裡に解決されることを経験するのである。ヘーゲルは、おそらく近代の自由主義思想家の誰よりも、相互依存、交渉、統制された紛争がもたらし得る道徳的学習のようなものの意義と、エゴイズムの集合的形態との相互関連をめぐる彼の描写において、利益に基づくアソシエーションの二重性をとらえていた（Avineri, 1972；Rosenblum, 1994b：548-51）。同様の考えは、第二次世界大戦後の数十年間にわたって、ロバート・ダールのようなアメリカの政治学者によって推進された、利益多元主義という自由主義的見解の中心であった（Dahl, 1963；1967）。自由で民主的な社会は、利益集団の形成と衰退の健全なサイクルが生じる社会であり、そこにおいてはいかなる集団も特定の争点について独占的な立場を占めることはなかった。

シティズンシップの起源についての自由主義思想の多元性は、第四章で論じたが、自由なアソシエーションの価値と性格をめぐる自由主義思想の提唱者の見解を反映していた（Kymlicka and Norman, 2000）。ある論者にとって、市民としての義務が含意する道徳性が意味しているのは、市民として考え行動しなければならないとき、「一般市民《シヴィリアン》」として存在している共同体によって体現される私的関心事や党派的選好は無視される、ということである（Tamir, 1998）。また他の論者にとって、アソシエーションは市民的徳にとって不可欠な教室であり、ここで市民は、自己中心的な性格を和らげ、妥協、熟議《デリバレーション》、礼儀《シヴィリティ》の技術を学ぶようになる（Lehning, 1998）。

これらの見解のどちらに与しても、アイデンティティの政治を実践している集団の説明としては不十分なように思われる。例えば女性のグループが推進している利益は、通常、部分的なものとか偶然的なものとして理解されてはいない。それらの利益は一般的には、一つの共有されたアイデンティティにとって不可欠なものとしてみなされる。このアイデンティティはむしろ、通常は集団のメンバーの幸福に本質的なものとされている。しかし、ある集団が、なくすことのできない集合的パーソナリティによって形成されている場合には、道徳的発展の厳しい試練として自由主義理論家が指摘するような、交渉による学習と戦術的妥協のような類の機会などほとんどないように思われる。ジェレミー・ウォルドロンによれば、そのような集団が促進している独自の社会的アイデンティティに対して権利があるという観念は、民主的な相互交換の論理には単純に従わない。こうした権利の観念は、所与の集団の生活様式の有効性に関する議論において、あらゆる不一致へとエスカレートする恐れがある（Waldron, 2000）。

アソシエーションをこのように理解するにあたって、これらの集団が引き起こすさらなる困難性は、集団の排他性や非選択的性格に関係している。これらの集団はしばしば、（アイデンティティ集団の不可欠の特徴ではないけれども）万人に開かれているわけではなく、アイデンティティに基づいた集団への参加が自由な選択として提示されることはほとんどない。ある人がレズビアンのゆえに、あるいはエスニシティのために、ある集団に関与することは、それ自体が自由主義者にとって問題なのではない――これらの集団のメンバーであることが、そのような特徴を共有していない他の人々と相互に影響しあう諸集団に参加する動機を減じるのでない限り。また、いくつかの集団が、共有されたアイデンティティへの原理主義的な志向を助長するのでない限り。こうした排他性と非選択性という特徴は共に、水平的な結びつき――自由主義者は、シティズンシップのためにはそれが必要とみなす傾向がある――への期待を掘り崩す（Rosenblum, 1998a ; Kymlicka, 1998）。

自発的アソシエーションという理想は、アイデンティティを志向する集団のディレンマと特徴に対して同情的でないように見える。しかしながら、自発的アソシエーションの理想自体が、増大する批判を甘受してきたのだ。その批判のいくつかが示唆しているのは、自由主義者はその理想の分析的・規範的足掛かりを再考する必要がある、ということである。それらの批判者は、自発的アソシエーションの理想が、自律性に関するありそうにもない構想に基づいている、と考えている。つまり、自律性の構想によって自由主義者は、脱退が比較的容易な限定的な集団を理想化し、メンバーの集団への関与を部分的で変更可能で浅薄なものとして示している、というのである（Sandel, 1984）。アソシエーションの自由主義的概念に対するコミュニタリアンの強力な批判は、一方での、自由主義的理論家の希望がそのような集団から生じる本質的・道徳的な目標と、他方での、社会契約論的なモデルが優勢であるような社会的存在に典型的な、信頼と道徳的深遠さの欠如、という両者の間に横たわる緊張に向けられている。

自由なアソシエーションのモデルによって主張された鍵となる規範的問題は、〝「自発的な」集団はそうでない集団よりも、デモクラシー諸国にとって大きな道徳的価値があるのかどうか〟ということである。どの集団に加わるのかを取捨選択する個人という近代的観念のもとに、「いかなる制約もなしに、結びつき（と断絶）を選択する自律した個人」という自由主義的な個人像が存在する（Walzer, 1995 : 64）。それに対して、マイケル・ウォルツァーは重要な反対の見解を示し、自発的でない帰属と集団に価値があることを想起させる議論をしている（Walzer, 1998）。ウォルツァーによれば、アソシエーション的な自由は、単に契約のメタファーを通じてのみ理解される必要はない。私たちが所属している団体の多くは、意識的な選択の結果ではない。自分の家族を去ることによって、あるいは異なる国家に移住することによって、そのような結びつきを解消することが可能でなければならないが、そのような移動が常に、健全な経験であったり有益な経験であるとは限らない（Walzer, 1998：64）。自由主義者によって主張されている意味において、集団の多くは私たちが自由に加入できないものだという事実は、必ずしもそれらの道徳的価値を下げるわけではない。このような自由に加入できない集団に対して自由なアソシエーションのモデルを適用してしまうと、本質的に同化主義的な熱望を代弁することになる。このことが意味するのは、例えば、簡単に脱退できるようにすることや民主的な内部手続きを採用することによって、そうした集団が自らの独自性や中心的信条を放棄してしまうことである。

自由主義的な言い方で「自由な」これらの選択は、常にそのように最善の理解をされているとは限らない。私たちは、ある特定のアソシエーションへ向けて、導かれたり押しやられたり説得される可能性がある社会生活を営んでいる。そしてそうしたアソシエーションの多くは、そこから抜けるのが困難なのである。ウォルツァーは、アソシエーション的な自由に課せられる四つの異なる種類の制約を明らかにしている。第一の制約は、家族や他者との親密な共同体的愛着、およびより広い意味で社会の一員であることの影響力である。すなわち、「私たちは、国民や階級によって定義された近親集団の一員であり、これらの影響力は、国民や階級以外の残りの生活において私たちが結びついている人々について多くのことを決定する」（Walzer, 1998：65）。服従のいくつかの形態が見かけ上失われ、文化的・政治的生活の移ろいやすさが増大しているにもかかわらず、たいていの市民は組織体に加わる傾向にある。そしてこの組織体への加入は、自らのアイデンティティの感覚に挑戦するというよりも、むしろアイデンティティを強める企てに自ら進んで関与しようとしていることが多い（Walzer, 1998：65）。

これらのメンバーシップの多くは選択したものであろうけれども、選択は、社会的影響や家族の影響や文化的影響を背景にして行われる。第二の制約は、ほとんどの人々が自分たちの属している集団の構造や組織様式に対して影響力を欠いているということである。ウォルツァーによれば、このことは、アソシエーション的な生活においては革新や実験と同じくらいに、模倣され反復される文化的規範の持続が重要であるということを例証している（Walzer, 1998：66）。第三の直接関係する制約は、本質的に政治的である。政治的共同体のメンバーシップは、大部分が非自発的なものであり、ある人の市民としてのアイデンティティの意識の基礎をなしている。何人かの自由主義的な評釈者たちによって理想化された自発的アソシエーションは、彼らが無視する傾向にある強要されたアソシエーション――すなわち国民国家のメンバーシップ――を前提としている。四番目に、ウォルツァーは、道徳的制約の重要性を指摘している。これらの制約は、自由な選択の実践を内面的に抑制するものとして機能し、特定の集団への義務や忠誠心に対する私たちの意識によって引き起こされる。

ウォルツァーなどの社会的自由主義者は、自発的アソシエーションの自由主義的な理想に対して、重要な矯正策を提示している。さまざまな共同体は、多岐にわたるニーズに応えることによって生き残り栄えてきた。ウォルツァーによれば、非自発的アソシエーションなくして、

> 自由の不確実性や困難性に直面して平気でいられる個人はいないであろう。選ぶべき明白で一貫した選択肢はないであろう。自由な選択を阻むものに対するいかなる政治的擁護もあり得ないだろう。自発的アソシエーションを可能にする最小限の信頼さえもあり得ないだろう。（Walzer, 1998：72）

ウォルツァーによって描写された、家族・共同体・伝統が本質的な影響力を維持している社会文化は、彼が拒絶した個人主義的で意志に基づくモデルと同様に、いくつかの点において論争的である。消費的な資本主義と道徳

的信条の多元化という二つの影響力によって、広範囲にわたって蝕まれた共同体や伝統的な実践を内包している社会においては、ウォルツァーのコミュニタリアン的な見解は社会学的には妥当性を欠くものである。彼が観察した制約のいくつかは実際には、個人があるタイプの自発的活動に従事する傾向を増大させているかもしれないのである（Warren, 2001：100）。だが、彼の議論は批判的な価値を有している。彼が示唆しているのは、アソシエーションと共同体の重なり合いについて、それほど二分法的ではない理解が重要であり、自由な選択という理想を通したアソシエーションのモデル化は不適切だ、ということである。

第二次アソシエーションの理想化は、今日の自由主義政治思想に大きなインパクトを与えた。何人かの哲学者は実際、このアソシエーションの理想を、文化的マイノリティへの自由主義国家の関与を導く独立した規範の地位にまで高めた。この立場の一つのあり方は、チャンドラン・クカサス（Kukathas, 1992）によるものである。文化的志向を有したいくつかの集団に対する権利の配分のための議論に応えて、彼は、個人によって選択されたアソシエーションは自由主義的立憲主義体制を構成する特徴であるという考えを擁護している。クカサスにとって、マイノリティの共同体によってなされた承認の要求は、哲学的観点からは、自由主義的中立性という根拠から無視されるべきものである（彼は、政治領域においては無視が不可能なことを認めているけれども）（Kukathas, 1998）。「自由主義とは、ヨーロッパ思想のある特定の運動を指すために当然用いられる用語であるが、それはまた、一つの哲学観をも示している。その哲学観の主な関心は、その用語の下でさまざまな方法が同時に存在できるような、そうした用語を明瞭に表現することである」（Kukathas, 1998：691）。クカサスによれば、自由主義のこうした二番目の哲学的な面は、道徳的・文化的な多様性の挑戦に対してもっともふさわしい応答となっている。

自由主義は、個人が属している集団に対しては無関心である。自由主義的社会における個人が、集団あるいはアソシエーションを形成するのは自由であり、また、個人が加入した集団あるいは個人が生れ落ちた集団との関係を継続することも自由である。自由主義は、人々が有しているかもしれない――文化的・宗教的・エスニック的・言語的などの――利益や愛着には興味を示さない。自由主義は、個人の性格やアイデンティティに関心がないし、人間的な繁栄を促進することにも直接的な関心を持たない。すなわち、自由主義には集団的プロジェクトがなく、集団の選好を表現することもなく、特定の個人を益したり個人的利益を促進することもない。自由主義が唯一関心を示すのは、個人や集団が平和的に活動できる法の枠組みを支持することのみである。(Kukathas, 1998 : 691)

このことが意味するのは、〝自由主義国家は、あらゆる共同体をアソシエーションとして扱うべきであり、脱退する権利が阻まれたり不当に困難にされることがないよう保証するべきである〟ということである。そうした条件が満たされ、また、ある集団の表出する目的が他者に対して不当な損害をもたらすのでないならば、自由主義国家は、集団自らが適切と考える仕方で内部の問題を取り扱うことを認めるべきである。倫理的観点からすれば、自由主義国家が取り扱えるのは個々人だけであり、共有された企図に協力するさまざまな市民たちの決定を表出する社会団体を取り扱うことはできない。文化的共同体は、生まれては消えるものなのであり、自由主義国家が法的・政治的に承認すべき対象としてみなすことはできない。クカサスによれば、文化的共同体とは、

むしろ私的なアソシエーションのようであり、あるいは、少し異なったメタファーを用いると、選ばれたマジョリティなのである。どちらもたくさんの要因の結果なのであって、永続する可能性はあるものの、いずれも特に永続的である必要はない。しかしながら、文化的共同体が永続する可能性があるとしても、それらが表す利益を固く防御することは正当化できない。(Kukathas, 1992 : 115)

そのような共同体は、帰するところ「各人が受容できる共同体的慣行にしたがって生活する自由が根源的に重要な、そうした個人のアソシエーション」ということになる（Kukathas, 1992：116）。クカサスは、例えばアーミッシュのような、定住していて地理的基盤を持つ集団を、一つの自発的アソシエーションとして取り扱うことの困難性に言及している。しかしながら、そのような集団が弱い意味で一つのアソシエーションとして扱われる限りにおいて、リベラル・デモクラシーの必須の条件が満たされる。すなわち、「文化的共同体は、メンバーがアソシエーションという用語とそれを支持する権威とを正当なものとして承認している限りにおいて、自発的アソシエーションとみなされるだろう」（Kukathas, 1992：116）。アソシエーション的な自由のこうした薄められた条件が満たされる限り、そのような文化的共同体には、それぞれのメンバーの取り扱い方において高い自由度が与えられる。

クカサスの議論は、自発的アソシエーションの理想には限界があるという典型的な実例を提示している。第一に、アソシエーションにとって最低限の条件のみを求めることにより、クカサスの議論は、メンバーを非自由主義的に扱おうとする集団に対して、相当な自由を与えてしまうことになる（Barry, 2001a：239-42）。私は、リベラル・デモクラシーの公共的な規範と集団の自律性との間にあるいくらかのズレは自由主義国家において望ましいものである、と主張してきた。しかし、「無関心《インディファレンス》」（クカサス自身の用語［Kukathas, 1998］）の姿勢をとる自由主義に特徴的なこの主張は、それ自体、文化的バルカン化が現実性をおびるに至るまで、民主的シティズンシップの内容には無関心である。また、クカサスのモデルの第二の弱点は――彼自身が率直に意図を明らかにしているにもかかわらず――その倫理的な特異性である。もしも集団が、この自由なアソシエーションの構想と一致したり外れたりする限りにおいてのみ、倫理的観点でアプローチされる場合には、集団が生み出し反映させる道徳的善の多様性は（ウォルツァーが主張しているように）現実には見落とされてしまう。言い換えれば、こうしたアソシエーションの理想を賛美するような類の自由主義的多元主義は、市民社会における集団の特徴や影響や目的となると、十分に多元主義的ではないのである。

市民的徳の学校なのか

自由主義的共和主義の立場を採る理論家は、自発的アソシエーションの市民的含意を次第に強調するにつれて、例えば集合的行為に適した利益についての功利主義的な理論から、離脱するようになっていった。これまで見てきたように、これらの自由主義的共和主義の立場に立つ思想家たちは、市民的徳のための適切な環境としてのアソシエーション、というトクヴィルの思想を繰り返している。こうした理解のもとに、集団は、ダニエル・ベルが述べたように、市民が「自分自身以外のものを見るようになる」であろう「大きなフリー・スクール」としてアプローチされた（Bell, 1998：240）。トクヴィルの構想において、アソシエーションは、市民の道徳的性格にとって有益なだけではなく、ヨーロッパ社会の身分秩序に類似した機能を果たしており、社会的結合力の重要な源でもあった。トクヴィルによれば、世界中で最も民主的な国家は「次のようである。そこにおいて人類は、共通の欲望の共通の対象を追求する技術《アート》を我々の時代に高度に完成させた。そして、この新しい技術をさまざまな目的に利用している国家なのである」（Tocqueville［1835］1969：514）。民主的性質の確立をもっとも重要視するアソシエーションは、本質的に「第二次的」である。アソシエーションは、彼らの親密で直接的な共同体のメンバーではない人々との相互行為を、参加者にもたらした。これらの集団は、民主的な気質を涵養する効果があるとして称揚された。そして、その集団の影響力は、次のような範囲にまで及んでいた。つまり、

謙虚な遵法、喜んで仕事をすること、誇示することを我慢するための自制の必要性から、……寛容、協同の

慣習、そして、たとえ十分に完成された市民的徳でなくとも、少なくとも共通善のための非常に小さい関心に至るまで。(Tamir, 1998 : 218)

こうした理解に基づくと、アソシエーションと社交団体《クラブ》は、特定の利益を社会的に表明するものであると同時に、「デモクラシーの学校」として機能している。この、「デモクラシーの学校」という機能を強調することは、今日の目からすれば驚くべきことかもしれない。なぜなら、トクヴィルが賞賛していた多くの集団――フリーメーソンの支部や秘密結社を含めて――は、排他的で階層的《ハイアラーキカル》だったからである。現代のデモクラシー理論は、民主的効果をあげるためにはある程度の発言力と集団への参加が重要であると強調するが、それは彼がおそらく認識したであろうものとは異なっている。

トクヴィルを今日引き合いに出すことによって生じる歴史的不整合性は、彼の思想の最近までの用いられ方を考える際、心に留めておく価値がある。自由主義の理論家たちの間で市民性に関する関心が再興したのに引き続いて、彼の思想はいくぶん皮肉にも、社会的な組織や集団の内部の出来事に対する国家の非常に多くの干渉主義的アプローチを正当化するのに利用され続けてきた。例えば、スティーヴン・マセドは、適切なアソシエーション的活動を支援するために、国家は、税制上の優遇措置や財政支援のような多様な方法を用いて市民的気質を促進すべきだ、と主張している。このことは、民主的な個人性の価値にコミットするこれらの集団の活動を促進することを意味している。国家と自発的組織との一体的な関係についての同様の見解は、ジョシュア・コーエンとジョエル・ロジャーズによって提起されている(Cohen and Rogers, 1995)。

国家と社会の関係のこうした再解釈は、すでに見てきたように、他の自由主義者たちを悩ませることとなり、現代の政治理論において内部に重要な亀裂を生じさせてきている。ヤエル・タミル(Tamir, 1998)は正当にも、第四章でアウトラインを示した第二の自由主義の視点を引き合いにだし、このような企てに対して警告を発している。他者と結合する自由という原理は、多数者の意見の専制を相殺するためのマディソン的な関心の一部分として、アメリカ合衆国に出現した。もし国家が特定のアソシエーションに好意を示し始めたら、多数者の専制の弊害を相殺するために企図された自由なアソシエーションという問題が必ず再浮上するであろう。アソシエーションが持つ自発的・有機的・独立的な性質にはある種の本質的な価値があるけれども、それらの特性は、もし官僚や政治エリートがアソシエーションに対して異質な道徳目的を課すことを目論んだならば危険にさらされるであろうことを、他の理論家たちは私たちに気づかせてくれる。タミルによれば、国家の介入により危険にさらされるような集団が持つ典型的な属性は、社会におけるテーマやニーズ――それらは政治の領域において認知されないままやり過ごされてしまい、時には国家の将来の安定性を損なうことにもなる――を反映し表明する能力である。もし、自由主義国家が、さらに厄介なことには、特定の政府が、社会生活の政治化をつかさどるよう奨励されるのであれば、自由主義政体のいくつかの中核的な原理は危険にさらされるであろう。イスラエルにおける社会生活と政治生活の結合は、そのような考えの危険性を適切に例証している（Tamir, 1998：224-5）。マディソンが認めたように、デモクラシー体制と選挙された政府は、対抗勢力《カウンター・バランス》となる権力を必要とする。一定程度の市民的自律性と、異議申し立てをし建設的な反対意見を持つ自由だけが、行政府の過剰な権威に対して必要な堡塁を提供する。ジョン・ドライゼクは同様の議論を提起して、個性の氾濫を望み、そしてまた、市民社会のアクターと国家機関の間の、人材の流れとアクセスの開放を望むラディカル・デモクラシー論者を非難している(Dryzek, 1996)。そのような企ては、議論と異議申し立てにとってきわめて重要な独立した源泉を統合してしまい、公権力によってそうした集団が去勢され、国家に編入されてしまう道を開くことになる、というのである。

　何人かの自由主義者たちは、〝一般的な文化の平等主義的エートスを甚だしく侵害するような団体や組織は、時を経るにしたがって、影響力と魅力を失っていくであろう〟というトクヴィルの楽観主義を堅持している。そのような希望は現代においては、リベラル・デモクラシーが世界中でデモクラシーの実践の優勢なモデルとして出現したように見えるために、そしてアメリカ文化が遙か遠くの国にまで輸出されているために、いくつかの根拠を有している。自由主義を唱導する代表的な哲学者たちは、自由主義国家が不可避的に、市民社会における組織や集団の性格に対して影響を及ぼしていることを認めている。キムリッカはさらに一歩進んで、自由主義者が、社会的文化の真っ只中でそれらの自由化を求めることは正当で望ましい、と主張している（Kymlicka, 1995；Macedo, 1990：278–82）。

しかしながら、現存しているデモクラシー諸国についての経験的主張としては、自由化というテーゼは安易に誇張しすぎである。特定の自由主義的規範や立憲主義的原理を敵対的に感じている集団やイデオロギーや社会運動が、あらゆるリベラル・デモクラシー諸国において多く出現している。このことは、共和主義的な自由主義者を大きな不安にかりたてた。彼らは、この現象をエスニック的・道徳的多様性に内在する危険性だと考えた。つまり、自由主義政治理論は、いくつかの伝統的な核心的洞察――そこには、〝私たちは、これらのエスニック的・道徳的な差異を、人間の道徳性と文化の多様性の繁栄として見なす〟という考えが含まれている――を不幸にも踏み外した、というのである。例えば、アイザイア・バーリンの著作において、自由主義政体は、市民の徳によって定義されるのではなく、自由主義体制の安定性と両立するほどの、市民が大切に有している多様な――しばしば共約不可能な――目的に対する寛容を認めるような、そうした制度的・法的調整を考案する自発的意志や叡智によって定義された（Gray, 1995b；Galipeau, 1994）。ジョージ・カテブは同様に、アリストテレス的な観点から自由主義政体のエートスを示し、こうした自由主義政体は、対立する諸価値の存在を進んで受け入れる比類なき政治体制であると示唆している（Kateb, 1998）。カテブの議論では、自由主義体制は、公的権威の行使への制限によって特徴づけられている。

共和主義的自由主義やカント的自由主義に対するバーリンやカテブの反論は、〝市民的結合は、国家と市民社会の間の根本的に新しい和解を必要としている〟という考えに挑戦している。これらの懐疑主義者は、アソシエーション的な自由と差異に対する寛容とを重要視するという、深く根ざした自由主義的信条に訴えている。国家の目的から独立したアソシエーションの自由を改めて擁護しようとすることは、明らかに自由主義的でない目的を追求するような社会集団の道徳的性格を理解しようという作業にとって、きわめて重要である。とりわけ、タミルによれば、自由主義者は再び、集合的行為と共存の作法を高く評価し擁護するようになっている。なぜならば、こうした作法は、善と伝統の真の多様性を生み出し、社会集団が主張する異なったニーズや関心事に留意するように国家主体《ステイト・アクター》を促すからである。

アソシエーション的多元主義

それゆえ、自由主義者が、自由主義国家の憲法規範に反するという理由でアイデンティティの政治を退けることは、不必要で浅はかなことである。しかしながら、健全な市民社会が要求する多様性を妨げるという理由からアイデンティティ政治を拒絶することは、正当なのだろうか。自由主義者はしばしば、民主的生活に伴うアソシエーションを、社会統合的な効果を持つものであり、民主的社会のもっとも固定化し分裂を生じさせる争点のいくつかを覆すものとして見なしている。いかなる単一の集団も、特定領域において独占的地位を享受すべきではなく、また、個人は比較的容易に帰属団体間を移動することができ、同時にさまざまな集団のメンバーになることができるべきである。アダム・スミスと同様に、マーク・ウォーレンは、「人々は、自身が領域横断的で重なり合う役割を果たしている社会においてこそ、他者を理解し感情移入するための基盤をもち得る」と主張している（Warren, 2001：16）。ある人が、絶えず悩みを強いられる文化的マイノリティの一部であるとか、抑圧された社会集団の一部であるというような考えは、そのような自己理解を不可避的に抑制してしまうだろう。そのような集団は、メンバーに対して過度の要求をし、分裂を生じさせる社会的争点を調停するというよりもむしろ強化することで、民主的な市民社会の環境を転覆させるおそれがあるように見える。

アソシエーションに関する多くの自由主義的説明は、そのような多元主義へのコミットメントを前提としている。例えばナンシー・ローゼンブラムは、トクヴィル的な考え方に批判的であるにも関わらず、アソシエーションは共同体よりも自由主義的な政治の目的に役立つと確信している（Rosenblum, 1998a）。アソシエーションが、本来備えている流動性や柔軟性を通じて、新たな社会的挑戦や危機に対応することができるのに対して、共同体は本質的により保守的である。またローゼンブラムによれば、民主的アソシエーションの理想的な組織によって、個々人は自分たちが有している他の信条や確信を考慮せずにいることが可能になり、自分たちは多種多様な異なった利害——それによって各人は多様な集団に結びついている——を共有しているのだということを自覚するようになる。それゆえに、ある人は、自分が暮らしている地元の環境の特徴を変え資産価値を下げてしまうような開発から近隣を守るために、自分が共有している利益が重要であることを認識するようになる。と同時に、その人は、一部の地元市民——公共交通機関に利害関係を有している人たち——と自身が結びついた運動を通じて、特定のバス路線を維持するために運輸会社と戦っているかもしれない。民主的アソシエーションの文化は、多くの自由主義者にとって、階級や共同体や文化の既存の結びつきを必然的に破壊するものである。個人が領域横断的な方法でお互いに結びつけばつくほど、共同体が快適であるか過酷であるかといったことは重要でなくなっていくように思われる（Rosenblum, 1998a：46；Warren, 2001）。

この反論は、負わされたアイデンティティを賞賛する運動や共同体が、民主的な市民社会の貴重で価値あるメンバーでいることとは両立しないとしているように見えるが、二つの異なる理由のために実際はそうではない。第一に、〝非選択的《アスクリプティブリィ》に決定された集団のメンバーでいることから生じる自己理解は、個々人が他の集団に加わることを必然的に阻止する〟という主張は疑わしい。歴史的事実は容易に、これとは反対の主張を裏づけるであろう。すなわち、下位集団にある種の政治的地位が付与され、彼らの不平不満が公的関心事として取り扱われ、さらには、彼らに投入されるいくつかの資源が彼らの方向性に水路づけられる時、集団内の差異やさほど防御的でない集合的文化が出現する可能性は低いどころか高いのである。例えば女性解放運動の分析家は、集合的自己主張の周期的な行動パターンに不可欠なものとして、そのような過程を観察している（Banaszak et al., 2003; Tarrow, 1994）。自由主義者、社会主義者あるいはエスニック・マイノリティの女性と連携した活動の多くの例を含んだ、無数のフェミニストの議論や政治学が隆盛をきわめているということは、アイデンティティの運動がアソシエーション的な多元性を阻害する要因であるとともに、それに貢献するものでもあることを示している。次のように述べることは、規範的観点から、理にかなっているであろう。すなわち、非選択的集団《アスクリプティヴ・グループ》の一員であることがそうした従属の源泉でなくなる時にのみ、個々のメンバーは、自分自身に対する十分な確かさと、他者との仲間意識への確信を持つ。それでこそ、アソシエーション的な多元主義者が想像するような、領域横断的な差異化を追求できるのである。また、ローゼンブラムの議論に対するもう一つの回答も適切である。つまり、傷つけられたアイデンティティの言説に対して一般的な文化がより敏感であればあるほど、ほとんど無限に分裂し得るより小さな諸集団のネットワークが現実に構成されるために、ますます包括的な社会集団が出現するようになるだろう。

アソシエーションの自由に伴う困難

多くの個人が特定の集団や共同体に感じる帰属意識の非自発的側面は、〝自由なアソシエーションの規範は、アイデンティティに基づく集団と結びついた経験には当てはまらないのではないか〟と疑う重要な理由を提供する。そうした懐疑のさらなる理由は、選んだわけではないアイデンティティを背景にして形成される集団において生じる、排除や所属の複雑な力学である。非選択性に基づく不利益を生み出す過程や構造を考慮することは、結合する自由が行使される仕方を制限し確定する社会的偶然性を明らかにする。自由主義哲学者は近年、アソシエーションがもたらす民主的帰結を強調することに熱心になっているが、そのような議論において彼らは、市民社会において社交団体や共同体を形成させるような社会的目的や動機には、より広範な種類があるということを無視してきたのである。

アソシエーションは市民的徳の学校であるという観念に対して加えられるこうした制限は、現在のアソシエーション的な行動様式の道徳的効果が曖昧であることに関する、多様な実証研究に表れている。アメリカにおける居住区共同管理組合（RCAs）の目を見張るような成長に関する分析によると、この組織はアメリカ人の生活におけるアソシエーションの急速に成長している形態の一つであり、約三二〇〇万人の市民で現在組織されている（McKenzie, 1994）。居住区共同管理組合は、政治理論で用いられている自発的あるいは非自発的アソシエーションのどちらのカテゴリーにもうまくあてはまらない。それらは、ある地区において住宅を購入することを（明らかに自発的に）選択した個人で構成されているけれども、その際、居住区共同管理組合において他者との（非自発的な）アソシエーションに入会することが要求されるのである。こうした社会的に孤立した居留地《ソーシャル・エンクレーヴ》は、メンバーがより広範な共同体と関係しているという感覚を減ずるように働いている。いくつかの地区では、そのメンバーは、彼らの利用しているサーヴィスのほとんどが居住区共同管理組合によって提供されていることを理由に、地方税を納付したくないと考えているのである（Bell, 1998）。ダニエル・ベルが皮肉たっぷりに述べているように、これらの団体は確かに、メンバー同士の直接的な交流と高いレヴェルの信頼と相互依存関係とを奨励し、トクヴィルの第二次アソシエーション・モデルに適合しているように見える。しかし、居住区共同管理組合はまた、より大きなコミュニティとは無関係であるとの意識を助長し、社会的分裂に向かわせる傾向を強めてもいる。居住区共同管理組合の成長は、自発的アソシエーションのプロセスが本質的に平等主義的なシティズンシップを深化させるという保証はない、ということを例証している。この事例は、社会資本に対するパットナムの説明と他の同様なアプローチにとって、より一般的に妥当する弱点を示している。すなわち、高いレヴェルの信頼は一般的に、社会的排外主義や社会的離脱の形式と結びついているのである。

現代政治理論における文化的共同体

さらに多くの批判者が、〝民主的社会における信条や慣行やアイデンティティの多様性は深遠であるにもかかわらず、自由主義思想はその深さを十分に認識してこなかった〟と主張するようになった。そのために、政治理論家は次第に、非自由主義的文化が浸透している共同体の重要性に注意を払うようになった。マイノリティの文化的共同体という考えは、いくつかの文献において、多文化主義社会の主要な行為主体《エージェンシー》とされるまでになっており、何人かの思想家によって、アソシエーションの新種のパラダイムであると言われている（Kymlicka, 1995 ; 1989）。文化に基づくこれらの集団の二つの異なる描写が、英語圏政治思想において浸透している。ここでは、文化的共同体のこれらの異なる「理念型」的な理解を明らかにし、双方の規範的含意を批判的に評価したい。

原初的共同体《プリモーディアリスト・コミュニティ》

一九八〇年代に英米系の政治理論において再び注目を浴びるようになったコミュニタリアンの理論化の伝統は、ある種の共同体の社会的・道徳的重要性に注意を払うことにとりわけ影響力をもった。このコミュニタリアンのパラダイムは、西洋の民主国家において、民族的《ナショナル》マイノリティ集団やエスニック・マイノリティ集団や移民集団の政治をめぐる規範的な議論に、引き続き影響力をもっている。コミュニタリアンに影響を受けた理論は、そのような集団の文化的で道徳的な生活が本質的に単一で原初的なものであるとして、アイデンティティを表明する傾向にある。[(1)] それぞれの共有されたアイデンティティは、比較的安定していて通常は固定した共同体の相互関係から生じる、と仮定されている。そしてまた、そのような考えは、政治理論家の間では珍しいことではない。広く一般的な議論において、本質主義的なコミュニタリアンの考えは、例えばイギリスで「黒人社会」について語る場合に明らかである――たとえ黒人社会のメンバーやその解釈者が、「黒人社会」という言葉の下に無数の内部の差異を見ているとしても。集合的アイデンティティについての原初的見解と、共同体の社会学的な静態的概念とが分析的に結びつくことによって、アイデンティティの政治に対応する集団や実際の共同体の多くをめぐる解釈に、一定の制限が加えられることになる（Eisenstadt and Giesen, 1995）。

文化的共同体は中心的または根底的なアイデンティティを有している、という仮定は、〝集団のアイデンティティは、広範な社会的・文化的プロセスから切り離して把握できる〟という誤った考えを助長している。これは、集団のアイデンティティは決定的な点において他者との対話的関係を通じて形成されるという、広く裏づけされた過程を無視している。このことは、一方では自身のアイデンティティを他者と区別しようとし、同時に他方で、アイデンティティの形成は他者の影響を受ける、という逆説的なダイナミクスを生み出す。この原初的なアプローチの第二の落とし穴は、それが、共同体内部に生じる多くの物語《ナラティヴ》についての無知を助長することである。物語は、ある集団が有している共有されたアイデンティティを形成し議論するのに役立つ（Benhabib, 2002）。だが、コミュニタリアンのアプローチでは、共同体内で支配的な集団の自己理解を強化してしまう傾向にある。最後に、原初的アプローチは、〝集団の文化と価値は、受動的な受け手としてのメンバーにそっくりそのまま手渡される〟という考えに陥りやすい。しかし、アイデンティティも文化も、時間や空間を越えて形を変えずに受け継がれるような一貫したものではあり得ない。第一章で述べたように、どちらも、多くの異なる個人の相互行為や意図による、内的に差異化された産物としてみなされる方がよい。

メディアや一般的な議論では広範に、エスニック集団と宗教集団はしばしば原初的観点で考えられており、その結果、特定の共同体は実際以上に一貫して統一されたものとして示されることになる。概念的に言えば、原初主義は、人種・ジェンダー・セクシュアリティの政治に関心のある理論家にとって、魅惑的な罠である。原初主義における、固定性とか共有された利益といった言いまわしは、これらの基礎に依拠して創り出される共同体的な企てに実体性を与えるように見える。だが原初主義は誤って、特定の種類の社会的・文化的動員を、本来はそれらが反対したはずの負わされたアイデンティティへと変えてしまう。そして、例えば、「ゲイ・コミュニティ」とか「アフリカ系アメリカ人の文化」のような、ある一定の厳然たる表現があるかのような印象が誤って与えられてしまう(2)。アイデンティティの政治の規範的解釈をめぐる本当の問題点は、この原初的な枠組みが一般的な言説においてあまりにも広く用いられているために、アイデンティティの政治を持ち出す人々にほとんど意識されないことである。

選択的親和集団《アフィニティ・グループ》

集合的アイデンティティに関する非常に異なった理解は、〝マイノリティ・コミュニティは、ある種の選択的親和集団のようなものとして理解することができる〟という観念を有している（Gianni, 1998; Hoover, 2001; Young, 2000: 155）。このモデルは、個々のメンバーが自分たちの集団あるいはコミュニティのダイナミックな文化に関わり、その形成に役立つ、異なった方法への強いコミットメントを表している。選択的親和集団の理想はまた、参加者が集合的相互行為という形態の中に見つける癒しと意義を強調し、共有されたアイデンティティの構築と賞賛の重要性に訴えかける。

アイリス・ヤングによる選択的親和性モデルの説明では、アイデンティティは　ある抑圧された集団のメンバーによって体験された「集団性」の非自発的意識と、集団内でメンバーが有する相互行為の主観的価値との間から生じる。ヤングは、人々が一緒になって共通の利益を見つけるプロセスに注意を向け、こうしたプロセスが選択的親和集団の核心にあることを示している（Vincent, 2002: 162）。親和性《アフィニティ》とは、メンバーシップの非選択的《アスクリプティヴ》側面と、集団でいるときに生じる情緒的な一体感とを表している。それゆえ、ある選択的親和集団にとって、歴史的過去についての広く共有された意識は、歴史的過去が現れている社会関係についての一定の理解と同様に、本質的特徴である。例えばヤングは、ウォルツァーと比べてコミュニタリアン的な言葉をあまり用いないで、むしろハイデガー的な「被投性」(thrownness)の観念を展開しながら、こうした非自発的な特徴を描き出している(Young, 1989 : 260)。「被投性」は、こうした親和性が形成する際の一つの永続的な特徴である。

親和性という観念は、集団アイデンティティの形成と交渉に対する、社会学的に構成主義的なアプローチと結びついて発展してきた。このアプローチは、集団の内的な文化システムのダイナミズムと多元性に力点を置くものである(Gianni, 1998)。ジャンニによると、「文化的アイデンティティは主に、文化的マジョリティの政治制度や諸価値や慣行との間に、抑圧関係や疎外関係が存在したりそれらの関係が認識されることによって定義される」ゆえに、多文化主義社会においてそうした選択的親和集団は当然重要であると想定されている(Gianni, 1998 : 38)。このようなアプローチは、これらの集団の一対の属性——集団の高いレヴェルでの相互連帯と、複雑な内部の差異化——を強調するよう促している。親和型の集団は、「どのような関係が突出しているのかに従って」自分たちの見解を変化させる(Laden, 2001 : 157)。このようなアプローチは、〝個人は集団の文化の共同プロデューサーである〟という考えによって、文化集団は個人の自己決定という原理を不要にしてしまうのではないかという自由主義の不安を相殺しようとする(Appiah, 1996)。

被抑圧集団や選択的親和集団という考えは、規範的な議論を呼び起こすものである。この考えは、経済的権力に対立するもの、あるいは政治的財へのアクセスのような、文化——経済的権力や、政治的財へのアクセスに、対立するものとしての文化——の軸にそって、集団を解釈するよう促す傾向にある(Smits, 2000 : 23)。結果としてこうした考えは、自由主義思想を差異のパラダイムへ導こうとする理論家にとって特に魅力的なものである(第七章を参照)。これらの解釈者によって強調される集団は、文化的差異化という確信的かつ普及したレトリックを展開するような集団として存在する傾向にある。ヤングが述べた「被投性」を有しているけれどもそのような明白な文化政治を表明しないような集団は、こうした議論においてあまり考慮されていない(3)。

この枠組みは、アイデンティティの政治に働きかけるために持ち出される場合には、次のことを示している。すなわち、親和性に基づいた集団は、価値を剥奪され汚名を着せられたアイデンティティを公表し擁護しようとする「革新的な」文化—政治的イニシアティヴに役立っている、ということである。ゆえにメリッサ・ウィリアムズは、政治理論家に対して、一般的な文化においてしかるべき発言機会を否定された「周辺化された《マージナライズド》」集団の経験に焦点を当てるよう促している(Williams, 1998)。ウィリアムズが周辺的として定義するものは、社会的不平等との関係で位置づけられ、自由に加わったわけではない個人によって形成され、より広範な文化によって否定的な表現を負わされている、そうした集合体である(Williams, 1998 : 16)。彼女の議論によれば、そのような集団が政治的動員をかけるためには、メンバーが経験する不正義に関する共有された感覚と、その集団が周辺化されてきた歴史の共通理解とが、生み出される必要がある(Williams, 1998 : 18)。

こうしたモデルは、過去十年の間に英語圏の政治理論において顕著な進歩を遂げ、〝文化的に多様な社会の中にいる個人にとって、集団のメンバーでいることは非常に重要である〟という議論を正当化するのに役立っている。しかしこのモデルは、集団の相互関係と結びついた社会的多元主義や不公平を解釈するための、唯一の方法でもなければ最善の方法でもない。選択的親和集団を、それが存在している社会の支配的文化システムに対する対抗文化の源とみなす傾向から、一つの解釈的な問題が生じている(Fraser, 1995b : 171-3)。この傾向性は、文化と集団が相互に適切に結びついていると仮定するという、文化主義的な過誤を招いた。この解釈に基づくと、私たちは、ゲイ・コミュニティのメンバーは支配的な規範に対する首尾一貫した対抗文化を手にすることができる、と期待することになろう——実際には、そのコミュニティのメンバーは、多様で雑多な選択肢を含む一連の重複した諸文化の中に存在しているのだが(Berman, 1996)。マイノリティ集団の文化は、他の文化的規範と混ざり合い、そしてそうした規範を糧としている。そして、あらゆる文化がそうであるように、それらのマイノリティ文化は永遠に変化の過程にある。このことは、他者の観点からというよりも一定の慣行や価値の観点から「ゲイ・カルチャー」を固定化しようとする試みを、未然に防ぐ。例えばアフリカ系アメリカ人を、共通の文化を共有する存在として語ることに、何らかの意味があるのかどうか、そうした認識がこの集団以外のどこから生じるのか、実際のところ疑問視されることになる（Appiah, 1996）。文化は、漠然と識別されるだろうが、しかし近代社会においては、決して明確に区別されることはない（Waldron, 1993）。

選択的親和集団モデルはまた、集合的な自己主張のプロセスに関与することから生じる価値に注意を払っている。しかし、例えば、負わされたアイデンティティの含意を払いのけようとしたり、自らの複雑な個人的アイデンティティへの尊重を勝ち取るために努力するよりも、文化共同体における個人の関与を賞賛することは、道徳的に十分なのだろうか。選択的親和性という観念によって重んじられた断定性は、実際のアイデンティティに組み込まれた強制の経験を、緩和するよりむしろ強化するのではないだろうか。このモデルは、集団のメンバーシップの重要性を、過大評価する恐れもあれば、同時に過小評価する恐れもある。このモデルは、「投企された」（thrown）集合体における相互行為の経験を通じて発見された、財としての個人的アイデンティティや幸福を定型化することによって、個人的な行為能力《エージェンシー》の道徳的重要性を過小評価している。個人は、自分でアイデンティティ作り出したわけではないにせよ、自分たちのアイデンティティを発展させ取り扱うことに対してはいくぶんかの責任を負っている。私たちは、多様な文化的資源を利用することにより、アイデンティティの意識を形成し維持する。集合的アイデンティティのある形態の道徳的価値を単に強調することは、この存在論的物語の半分のみを述べているにすぎない。エムッケのように、次のように述べることは議論をより意味あるものにする。

集合的アイデンティティは、結局、誰もうまく処理できないものである。それらは、多様で、動的な社会的存在である。こうした存在は、ちょうど差別を覆して成長するように、伝統や受け継がれてきた確信を超えて発展するのである。それらは、構成された自己＝アイデンティティと共に戦う個人、または、それに抗して戦う個人から成り立つ集団である。(Emcke, 2000：493)

「ルサンチマン」としてのアイデンティティの政治

政治理論家が社会的相互作用を解釈するために用いる枠組みは、集合的行為の今日的形態の文脈において考えた時、有用性が限られている。このことは、アソシエーションや共同体という観念が一九世紀の社会思想から受け継がれたカテゴリーであるということに思いをめぐらせれば、おそらくは驚くにあたらない。この枠組みはいずれも、集合的自己主張の多くの今日的形態によって展開されている社会的・道徳的ダイナミズムをとらえるのには、全く適切でない。アイデンティティの政治に固有の特徴で、アソシエーションも共同体も説明していないものは、このパラダイムと結びついた政治的レトリックの力と性格である。このテーマは、「ルサンチマン」の観念に基づいた論争的で挑戦的な解釈において、この新しい政治の際立った特徴として強調され続けてきた。このことは、アソシエーション的特性、あるいはコミュニタリアン的特性への関心から、これらのアイデンティティ集団が示す政治的言説や公共面へと注意を向けさせた。このような解釈は、フリードリヒ・ニーチェの議論に固有のものである。ニーチェは、彼が奴隷の道徳性あるいは群集の道徳性と名づけたものが大衆の間で優勢であるような政治文化の中心には、ルサンチマンがあるとしている。ルサンチマンには浸透力があるという、ニーチェの断片的だが想像力に富む理解は、現代の何人かの分析家によって利用され続けてきた。つまり現代の理論家たちは、多くの集団の見地に浸透している、妥協への義憤や不本意性の特徴を解釈するために、ニーチェの議論を用いているのである(Connolly, 1991)。

ニーチェが「弱者であることによる弱者の勝利」として提示したルサンチマンは、ウェンディ・ブラウンによって「力なき者の復讐の道徳化」と、現代風に論じられている[4]（Brown, 1995a : 23, 66-7）。ルサンチマンについてのニーチェの理解は、十全なる自由の状態が実現されることなどないので、自由を求め続け永遠回帰する、という考えにもとづいている（Connolly, 1991 : 22-7）。ニーチェの主張によると、このことが、政治文化において道徳主義や自責の念や怨恨の多様な表出を招くフラストレーションを生み出す（Brown, 1995a : 26）。この議論についてブラウンの見解では、ルサンチマンは、現在のデモクラシー諸国を悩ませる二つの浸透したパラドックスの兆候として広まっている。緊張が生じるのは、個人の自由と社会的平等という近代の衝撃が調整不能であると証明されたためであり、さらに、付随する苦悩が、近代性の個人の自由と社会的平等という対をなす約束の果実を否定された下位集団のメンバーのなかで育つからである（Brown, 1995a : 69-70）。ブラウンはまた、近代性の中心にある個別化という急進的理想と、政治的共同体が要求する作為的な文化の同質性との間にある軋轢を指摘している。これらの軋轢から緊張が生じるために、文化と社会的地位との区別の政治的重要性という外皮をまとった反逆が、無力な者のなかから生じる。ブラウンは、これらのダイナミクスと、それらが虹の連合スタイルの政治の現代的な提唱者に対して提起した諸問題についての、挑戦的で実り多い説明を提出している。この解釈は、多元主義者と自由主義者がしばしば見落とすアイデンティティの政治のある特徴に目を向けている。すなわち、アイデンティティの政治を実践する者が、彼らが非難する抑圧的関係に、過度に関わってしまう傾向性のことである。ブラウンは、普通の男性と女性の二重の服従関係の危険性に言及している。彼らは、一方では、敵対的な支配的文化によって抑圧されているかもしれないが、しかし他方では、いくつかのアイデンティティ集団が、例えば黒人、ゲイあるいはキリスト教徒であることが何を意味するのかについて、権威ある説明を与え強化しようとする熱望によって、彼らは重荷を負わされているかもしれない、というのである。

このような見方からすれば、アイデンティティの政治は、考慮すべき道徳的両義性の場であり源泉であると同時に、複雑な社会的・歴史的産物である。ブラウンが強調するのは、増大する社会的不平等と結びついた嫉妬や怒りを明確にするために準備された政治的アクターが、一般的な視野から姿を消してしまうことである。社会的不平等というテーマは、政治的はけ口をほとんど見出せないために、それらと結びついた怒りは、不正義やルサンチマンといった別の主張へと傾いていく（Brown, 1995b)。資本主義システムが道徳に損害を与えるといったことが、政治的な論争の中で語られなくなると共に、「社会的差異の別の指標が、過度の重圧——実際のところ、資本主義によって生み出された苦痛のあらゆる重圧——を負わされることになるであろう」（Brown, 1995b : 207)。嘲られた特殊性と、官僚エリートと法規において体現された抽象的で合理的な普遍主義との間の緊張を、怒りを持って再現することは、アイデンティティを政治化する原因と結果の両方として出現する。この政治的論理に賛成する集団と個人は、権力を握りそれによって世界を作り変えようとする野望よりもむしろ、権力を終生非難する議論の形態を採用した。そのような非難は、「ポリティカル・コレクトネス」の文化というような、より微妙で批判的な評価を繰り返している。急進化した立場と思われるものを採用することは、いかにしてそのような関係と関わり変容させるのかという建設的説明よりもむしろ、男性／白人／異性愛者の抑圧は根深いという高度に凝り固まった循環的な概念への信頼を通じてもたらされる（Berman, 1995 ; Cummings, 2001 ; Dunant, 1994)。

ブラウンは、政治化したアイデンティティの論理を包含する政治的左派の危険性を考察している。というのも、政治化したアイデンティティは、むき出しのルサンチマンに満ちており、「欲求の客体として罵詈を浴びせられた主体を、現実に、また想像上において保持し続けている」のである（Brown, 1995b : 206)。それゆえ、すべてを内包する普遍的な政治共同体の理想に対する、差異の文化政治と結びついた意義申し立ては、全能の白人・異性愛者・男性優位主義の文化の具象化された概念を乗り越えるのではなく、それを永久に嘆くように運命づけられている。すなわち、「自由主義的で規律的な社会から生じた政治化されたアイデンティティは、普遍的な理想からの自分たちの排除を前提としている限り、アイデンティティとしての自分たちの永続性のために、まさにその普遍的な理想――および自身のそこからの排除――を必要としたのである」(Brown, 1995b：211)。

こうした解釈は、アイデンティティの観点で述べられる議論の論理が導き得るいくつかの不条理性と極端な手段を指摘している。それはまた、一九九〇年代におこなわれた、アメリカの大学におけるカリキュラム見直しの要求の際に用いられた、怒りや誇張のような現象を説明するのに役立つ。そしてそれは、多様な政治組織やキャンペーン組織の経験に影響を及ぼしている。これらの諸組織は、アイデンティティについての語りと極端な形態の「ポリティカル・コレクトネス」の支持によって生み出された論戦によって、激しく揺れ動いた。ルサンチマンの政治は、例えば女性の苦境についての正当な怒りを、循環的で自己限定的な種類の政治的議論に変えてしまう病的な転換を、非常によく描写している(Brown, 1995a)。憤りや怒りは、当然にそれ自体が自己目的化する。すなわち、ブラウンが指摘するように、害された感情の確認が、特定の集団の苦境を緩和することを目指して理論化し従事するような目的に、取って代わるようになる。ルサンチマンという形を通じて表現されたアイデンティティは、「それ自体の服従にゆだねられる」ようになる(Brown, 1995b：216)。こうした論理が解放する政治的議論は、きわめて一般的に、応答性のある社会的あるいは文化的な行為主体《エージェンシー》を確認し、具体化された敵に対して報復を加える場を求める。

このような解釈を唱導する人々は、それによってフェミニズムのような視点の拒否を正当化しようとしているのではない。そうではなく、ルサンチマンの危険性は、運動家が自分たち自身の議論の性格を検証し得る規定的な基準を示している。ルサンチマンは、例えば、フェミニストに触発された社会変容のレトリックや道徳性に対する、政治的関与のひとつの異なった様式を表している。ある集団がこのレトリックの誘惑に屈する時、集団が維持しているアイデンティティは、集団自体による排除を前提とし、またそうした排除に結びつくようになる。

他の批判家たちも、ブラウンによる新しい文化政治についての批判を繰り返しており、社会正義の運動家や理論家はアイデンティティの政治によって課される現実のディレンマを認めるべきである、と論じている。バーバラ・エプスティンによれば、傷つけられたアイデンティティのレトリックを根拠とする政治的プロジェクトは、政治的左派が歴史的に克服しようとしてきた社会的アイデンティティの具体化を、変容させるのではなく、かえって強める恐れがある（Epstein, 1991）。ブラウンのように、エプスティンはまた、幅広い社会的文化的プロセスにおいてこの新しい政治のアピールを位置づけている。

多くの学生は、アイデンティティの政治を、資源が縮小している社会において自身の唯一の影響力である、とみなしている。「ポリティカル・コレクトネス」の言葉が強制的であることを見出した大学教員は、よりしばしば、無力感と結びついた特権という居心地の悪さによって、「ポリティカル・コレクトネス」の言葉に引きつけられる。（Epstein, 1991：25）

〝アイデンティティの政治は、社会解放というプロジェクトを支持するよりもむしろ、幅をきかせているルサンチマンの論理に従い、それを深めている〟という非難は、人を動かさずにはおかないものであり、知的に挑戦的である。そのような集団が公共圏において展開する公的なレトリックの諸相を解明し、アイデンティティに基づく要求に内在する危険性を指摘することが、私が考えるところではもっとも有用である。

アイデンティティの政治はルサンチマンの現代版であるという考えは、無視し得ない魅力を持ってはいるものの、アイデンティティの政治の説明としては説得力があまりない。ブラウンは、アイデンティティの政治を、現代という時代の政治様式を明らかにするものであるとしている。すなわち、文化政治は、「歴史的方向づけの欠如と、後期近代の未来像の欠如」を伴い、「……その時代の支配的な政治的表現の要求という構造の中で、同じように再現される」というのである（Brown, 1995b）。このような議論は、豊かな解釈的理念をあまりにも拡大解釈し、アイデンティティの政治が持つ道徳的両義性を、後期資本主義的な不安の一種へと矮小化してしまう。もしこのことがアイデンティティの政治の基礎をなす論理であるならば、アイデンティティの政治は、一連の異なった地理的・社会的位置において、本当に拡散してきたと言えるのだろうか。概念的に言えば、ルサンチマンとしてのアイデンティティの政治は、例えばフェミニストの政治の核心にある、他の道徳的善や社会プロセスを無視している。しかしながら、こうしたルサンチマンとしてのアイデンティティの政治がもたらした期待と不安について、自由主義的個人主義者とコミュニタリアンは性格づけを行っているが、これに対抗する形で考察すると、このようなアプローチは、アイデンティティの政治のこれまで顧みられなかった側面をいくつか明らかにしてくれる。現代的な集団の政治を、自由主義的アソシエーションのイメージで、あるいは、文化的共同体や選択的親和集団《アフィニティ・グループ》の良性の形態として、描写しようとすると、このような集団のいくつかが幅広い政治文化に関わる際には分裂的で怒りを伴った方法をとっているということが、無視されてしまうのである。

むすび

過去一〇年余りの間、政治哲学においては、宗教的な形態のアソシエーションやエスニシティの突出、さらにはフェミニズムの衝撃によって、国家が直面したさまざまなディレンマに対して、かなりの関心が集まった。しかしながら、これらの挑戦がなされる社会形態についての、規範的・分析的な議論という点から見ると、それらの挑戦に関して展開される有効な解釈モデルの不足に愕然とならざるを得ない。より多様性に富んだ解釈の一覧表が現れはじめているものの、しかしいまだに、アソシエーションのモデルと共同体のモデルによって導かれた二元性が、多くの自由主義的な政治的思考を形づくっている。私が本章で論じてきたのは、アソシエーションと共同体の概念が、集団生活の今日的形態の社会的・道徳的複雑性と、とりわけアイデンティティの政治のダイナミクスとを捉えるための、十分な柔軟性と射程を有しているかどうかを、疑ってみなければならないということであった。

アッピアは、多文化主義思想をめぐる彼の批判的議論を、次のように結論づけている。すなわち、自律性を規範的に再主張することと集団多元主義を理想化することの間には、重要な隔たりがあることを、政治理論家は探究すべきである、というのである（Appiah, 1996）。アッピアの議論は、〝諸集団と個々のメンバーとの間の関係を具体化することは、政治的にも道徳的にも危険である〟とする、解放と平等を求める多くの理論家たちが持つ根深い信念を強調している。アイデンティティの政治の文脈において、このことが意味するのは——非選択的《アスクリプティヴ》集団に帰属することが、自分たちは政治的行為主体《ポリティカル・エージェンシー》であるとの意識につながり得るし、それと同時に、そのような帰属を回避したりそれに挑戦したりする決定も可能である、ということを認めることである。アソシエーションと共同体についてのある特定の理解の仕方が、依然として影響力を持ってきたために、政治理論家たちは、この種の問題に自分たちが関与することを妨げられてきた。政治文化や社会変容を研究する学者になじみのカテゴリーが豊富な多様性を有していることと比べてみると、アソシエーションと共同体についての既存の理解の仕方は、概念の精緻化を阻害してきたのである。それゆえに、私は第六章において、いささか異なったカテゴリー、すなわち社会運動を考察することが、政治理論家にとって持つ長所と含意について、述べてみたい。

（1）多文化主義理論における、社会的アイデンティティの原初主義的な概念についての有益な議論のために、以下を参照。Tempelman（1999: 19–23）.

（2）とりわけ、アフリカ系アメリカ人文化に対するそのようなアプローチについてのアッピアの批判を参照。Appiah（1996; 1994）.

（3）そうした集団の事例として、高齢者や失業者が含まれるかもしれない。ヤングは、そのような集団を考察する数少ない差異の理論家の一人であると言うべきであろう。Young（2000）.

（4）ルサンチマンの適用可能性についての批判的評価のために、以下を参照。Bickford（1997）.

第6章 運動におけるアイデンティティ——社会運動の政治倫理

はじめに

アソシエーションの理想に合致しないことを理由にして、倫理的考慮からアイデンティティ集団を不適格とする自由主義哲学者の試みは、アイデンティティの政治が持つ可変的な倫理的含意と社会的重要性を考慮していない。アイデンティティを志向する集団は、非常に多様な道徳的衝動や政治的条件から生じる。これまで述べてきたように、傷つけられたアイデンティティという論理を用いる集団の社会的・道徳的性格は、軽視されている。なぜなら、私たちは今日の集団を、民主的なアソシエーション、社会的文化的集団、あるいは選択的親和集団《アフィニティ・グループ》として見なすように仕向けているモデルを前提にして分析をしていたからである。本章では、この議論をさらに発展させ、もし私たちが今日の社会運動の重要性や性質を考慮すれば、より洗練された解釈が可能かどうかを考察することにしたい[1]。

この目的のために、ここでは、何人かの主流ではない現代政治理論家と、二人の社会理論家の著作を考察する。私は本章で、二つの理由から、政治理論と社会理論の間の知的境界をまたぐことにする。第一の理由は、さまざまな社会思想家が、文化的・道徳的多様性によって提起された挑戦という文脈において、今日の社会運動の政治倫理を理論化し始めたからである。第二の理由は、集団のアイデンティティや個々人の活動の問題に対するこうした理論家たちのアプローチは、たとえその政治的思考が自由主義政治思想の観点からは幾分か不十分だとしても、自由主義哲学者が沈黙してきた分野において経験的で概念的な資源を提供してくれる。今日の学術的生活におけるこれら異なるディシプリンの制度的分立は、知的衰退をもたらしている。それはまた、分析的論理の極端な倹約を重視し、政治的偶発性や経験的複雑性に対する感性を全く重要視しないような、そうした形の自由主義的理論化のヘゲモニーを作り出している。

社会運動の解釈

社会運動とは一体どういうものだろうか。また、社会運動を扱っている経験的で理論的な著作は、どのような洞察をアイデンティティの政治についてもたらしているのだろうか。社会運動の定義は、この現象を扱っている学問的著作にたくさんあり、当然、重要な論争の主題を構成している。(2) 何が運動の明確な特徴としてみなされるかは、どのような解釈的パラダイムが特定の分析家によって展開されているかに左右される。一九七〇年代から最近まで、社会運動に関する学術文献は、資源動員型のアメリカ・モデルと、現代の運動の文化的含意と解釈学的意味を強調するヨーロッパ・モデルとの間の、大きな相違を中心にして系統立てられていた（Tarrow, 1994；McAdam et al., 1998；Kriesi, 1998）。近年、このような区別はかなり不明瞭になってきており、解釈的な理論の幅は集合的行為の個別の事例にまで及んできている（Rucht, 1991；Cohen, 1985；Canel, 1992；Kriesi et al., 1995：xix–xxi；Klandermans and Tarrow, 1988）。

マリオ・ディアーニは、彼が提起する定義づけアプローチにおいて、多くの学者の前提を統合している。つまり、社会運動は「共有された集合的アイデンティティにもとづいた政治的あるいは文化的闘争に関与しており、個々人、諸集団そして／あるいは諸組織の多元性の間にある非公式の相互作用のネットワーク」から成り立っているという（cited in Tilly, 194 :1 ; Diani, 1992 ; Tarrow, 1994 : 3-4）。同様な線で、歴史家のチャールズ・ティリーは、社会運動は集団と異なり「社会的相互作用の複合形態」を表しており、それは「漠然と振りつけられたダンスと論理的に等しい」と述べている（1994 : 1）。運動という考えの中心にあるのは、一時的な動作とその構成要素間のダイナミックな相互作用の意識であり、例えば集団あるいは共同体の概念を、必然的に示唆するわけではないということを意味している。そのようなダイナミズムと内部の流動性というような感覚は、今日の政治理論が社会的相互作用を概念化する方法と相容れない。すなわち、「運動状態にあるということは、重要な政治が評価されるようになる基準の多くと相容れない状態にあるということである。二度と同じ状態になり得ない川の流れのように、社会運動を究明することはできず、適切に権力を維持することも難しい」というわけである（Walker, 1994 : 677）。

理論的で概念的な違いの混在にもかかわらず、社会運動の研究者は、〝運動内のアイデンティティの形成や維持は、一つの多面的で偶発的な過程である〟ということに同意する傾向にある。今日の社会運動に関するもっとも影響力のある理論家の一人、アルベルト・メルッチは、探究されている社会運動の重要性や特徴にはさまざまな分析レヴェルがあることを強調して、運動を単一化された経験的対象として取り扱おうとする考えに異議を唱えた。すなわち、「社会運動は、……登場人物として、言い換えると、歴史の舞台上で役を演じる生きたキャラクターとしてみなされるべきでなく、社会的に構築された集合的実体としてみなされるべきである」というのである（Melucci, 1995 : 110）。メルッチの研究において登場する解釈的アプローチは、とりわけ解釈学的理解に向けられている。この考えは、――個々人の参加者、彼らが共に集う社会的集合体、また全体としての社会秩序にとって――社会運動の諸勢力の文化的・象徴的意味を探る西ヨーロッパの研究に、広く影響している（Buechler, 1995 ; Canel, 1992)。

社会運動理論のさまざまな要素に取り組むことは、新しい集団多元主義を熟考する自由主義政治理論家に対して、一体何を提供するのであろうか。西ヨーロッパにおける社会運動の解釈と結びついた重要な主張の一つは、〝リベラル・デモクラシーにおいて代表制の危機が明らかになるにつれて、多様なアイデンティティ志向の社会動員がますます重要性を増し活発になってきた〟ということである（Offe, 1985 ; 1998)。これは典型的には、政治的・官僚的エリートと、幻滅を感じ多くを要求するようになっている断片化された公衆との間の、根深い緊張の産物であると考えられている。何人かの評釈者の中には、一見して新奇で多様な社会勢力——例えば、女性運動や平和運動、また、社会的関心が政治的領域で表象されるシステムの崩壊の兆候——に注意を向けてきた者もいる（Bickford, 1999 : 90)。また、そうした社会勢力は、新しい種類の社会的関心や政治的争点の出現の兆候だと主張している者もいる。同性愛者の権利や環境問題やフェミニスト政治のような争点を、主要な政党が抱え込んで希薄化してしまうにつれて、新しい関心や争点はゆっくりと政治システム内に組み込まれてきているというのである（Melucci, 1988)。これまで見てきたように、社会運動のこうした解放的・コミュニケーション的な解釈を支持することは、市民社会に特徴的な概念である。つまり、ここでいう市民社会とは、市場と国家の論理に対する、新しい種類の集合的な社会表現と抵抗の場である（Keane, 1988b)。このような考えは、〝市民社会は、女性運動や人種差別反対運動や同性愛者の権利擁護運動のような諸勢力のイメージにおいて、形成し直されてきた〟という観念を支えている。この見方と結びついた政治的希望は衰えてしまったかもしれないが、〝市民社会は、ラディカル・デモクラシー的な発展や刷新の主要な作用《エージェンシー》の基点となるに至った〟という考えは、左派知識人の間で広まっている。

社会運動の研究は典型的に、インフォーマルなネットワークの重要性を強調する記述的な言葉を展開している（Della Porta and Diani, 1999)。これらの諸勢力について社会学的分析がしばしば描き出しているのは、集合的行為を支える相互作用の網の目と、運動が終焉するまでに展開される抗議活動の固有のレパートリーを集めたモザイクのような図式である（Della Porta and Diani, 1999 : 16）。それらの多くは、一九九〇年代まで、選び抜かれた左翼リバタリアン的潮流の分析と理想化に向かって傾斜した。しかし、より最近では、より広範な諸勢力が分析の対象とされるようになった（Jasper, 1997）。

社会運動を扱っている種々の経験的・理論的な文献において、集合的アイデンティティの問題性が注目されている（Melucci, 1989）。集合的アイデンティティは、運動のための道具的可能性という観点から、また、より広範な文化的領域におけるそれ自体の独立した重要性のために、アプローチされている。一つの共有されたアイデンティティ、およびそれが表現される文化的・シンボル的な過程は、〝ある運動は、特定のイニシアティヴやキャンペーンが終了した後でさえ、参加者に対して、集団に所属することの新しい意識、あるいは異なった意識をもたらし得る〟ということを意味する（Della Porta and Diani, 1999 : 20）。以下、私は、こうした文献において、アイデンティティ政治の政治倫理の自由主義的構想に対して特に妥当する三つの主題を取り上げることにする。

アイデンティティの政治の表現的な特徴

現代の社会運動についてのさまざまな批評と理論から生じるテーマの一つは、社会運動の表現的な次元が政治領域にとって持つ重要性に関係している。これらの社会勢力を解釈する興味をそそる方法は、次のような考えを通じてもたらされる。つまり、〝技術官僚的過程と道具的理性が浸透するようになった政治システム内で、社会運動が表現的なテーマを強く志向したために、そうした諸勢力は、解釈学的意味と社会的刺激を獲得するようになった〟という考えである（Habermas, 1971）。

アメリカとイギリスの両国において、このような主張は、次のような不満となって繰り返されている。つまり、〝自由主義的な政治理論家は、感情や情熱や経験に依拠した議論を不適切として退ける合理的な哲学的観点から、民主的国家とその主要な制度をしばしば正当化している〟という不満である。これは、差異の政治の支持者がよく行う規範的な主張である。しかしながら、それは、自由主義思想の単純化された概念を悪用している。カント的な思考は、自由主義政治哲学において影響力をふるっているものの、それは決して自由主義における唯一の声ではない。この半世紀の間に、ハンナ・アーレント、アイザイア・バーリン、ジュディス・シュクラーのような影響力のある論者たちは、公的生活において感情が占める場や、大衆社会における文化的で感情的なニーズが操作される潜在的可能性、また近代社会において残酷さが占める場について論じてきた（Levy, 2000；Shklar, 1985）。〝自由主義的政治は、冷酷な種類の合理性によって著しく正当化されている〟とか、〝感情や文化は、私的なものの領域に追いやられている〟というような主張は、自由主義に対する多くの批判者たちによって永続化させられたカリカチュアに、不可欠な特徴として依然として残っている。しかしながら、現代の民主政治を観察する時、このような主張に全く根拠がないわけではない。政党政治と政策作成のさめた、しばしば技術官僚的な「公式の」言説と、「善きもの」は何かという問いが政治的に傾聴されるべきだと要求する周辺的な人々の叫びとの間に存在するコントラストは、さまざまな民主政体の現実を表している。デモクラシーが、一連のいわゆる非論争的な手続きという点から解釈されることが多くなるにつれて、政治生活への技術官僚的で道具主義的なアプローチがおさめた勝利に対抗して、非常に広範囲におよぶ反乱が起きた。この反乱の第一の波は、一九六〇年代と一九七〇年代のサバルタン運動から出現した、部分的・党派的・道徳主義的な議論によって代表された。トッド・ギトリンが論じるように、政治生活に対する手続き主義的なアプローチとのコントラストは、なぜ一九六〇年代の運動が非常に重要なのかを説明するのに役立つ。すなわちもちろん、「六〇年代」が主題としていまだに興味を引くのには特別な理由が存在する。簡単に言うと、六〇年代が解き放した精神は、いまだに健在で人々の心に根づいており、鼓舞し、落ち着きを失わせ、怒らせ、問題を起こす。公民権運動、反戦運動、対抗文化運動、女性解放運動、さらには当時の運動のすべてが、西洋の文明化にとっての中心的な諸イシュー――価値についての根源的問題、文化の根源的分裂、善き生の本質についての根源的論争――を私たちにつきつけたのである。(Gitlin, 1993 : xiv)

社会的アイデンティティにもとづいた運動と共同体は、批判者たちがすぐに注目するので、外部の人に対して激しく抵抗する防御的で保守的で偏狭な文化的居住地《エンクレーヴ》を構成し得る。しかし、それらの運動と共同体はまた、人生において価値あるものは何かという、論争的で心に深く根ざした感覚によって鼓舞される。これらの感情は、自由主義国家における支配的な政治言説の中では、常に十分に傾聴されてこなかったのであろう。ジェンダーの平等と同性愛者の権利のための運動は、すでに確立している権利を特定の集団に対して拡大するために提起されてきた。また、それらの運動は、日常生活において自由でいることとは何を意味しているのか、私たちが同胞市民から理にかなった形で期待できる倫理的行動とはどのようなものか、そして、例えば男性らしさや女性らしさの概念が議論や交渉の対象となるような社会において、社会的正常さを作り出しているものは何か、といった疑問を生じさせた。情報が広範囲に共有されている民主社会において、私たちは、アイデンティティの政治を、途切れることのない論争的おしゃべり――それは主に社会の周辺的な場から生じる――を続けさせるものとみなすかもしれない(Bickford, 1999)。自由主義哲学は、これらのイシューのうちどれが政治的なものとして正当に構成され得るかを律する、原理やルールを確立させようとしている。その一方で、社会関係と「私的な」事柄を公的に注目されるようにする推進力が近代政治の不可欠の要素である、と主張する論者もいる。アンドリュー・ギャンブルは、「私たちは誰なのか」という疑問とそこから引き出される多様な回答が、政治秩序の中心的特徴を

なしている、と主張している。政治的なるもののこの側面を、彼は次のように性格づけている。つまり、

政治的なるものとは、価値と原理の選択がなされるべき空間であり、人々が自分が誰であるか定義づける空間、人々があるアイデンティティを受け入れ、あるいは承認し、コミットメント・忠誠心・義務・責務の特定のセットを身につける空間である。あるアイデンティティを選択する、あるいは肯定することは、世界をある特定の仕方で理解することを意味し、このようなアイデンティティは必然的に他のアイデンティティとの関係で規定される。ここにおいて政治は、われわれと彼ら、友と敵によって世界を理解することにかかわる。（Gamble, 2000 : 7）

政党と国家制度は、こうした政治の表現的な次元を、コントロールすることもできなければ封鎖することもできない。多様な社会的アクターや文化的諸勢力は、この次元に関係した役割を演じている。この観点から、アイデンティティを政治化したいという欲求は、近代性の条件における民主的生活の不可欠な特徴として、つまり、社会的アイデンティティと形式的な政治との間の関係を秩序づける進行中の試みの一部として、よりよく理解されるだろう。

社会運動それ自体については、メルッチの研究（Melucci, 1989）は、浸透している文化的・道徳的価値について疑問を提起するものとしての、また、それ以外のさまざまな社会経験の源としての、解釈学的機能の重要性を示している。このような理解はまた、何人かの政治理論家の思想を特徴づけている。ユルゲン・ハーバーマス、ジーン・コーエン、アンドリュー・アラートのような論者によると、新しい社会運動は、「非道具的な理性を公的生活にもたらし得るような、主要な手段を表している」（Tucker, 1991 : 75 ; Habermas, 1981 ; Cohen and Arato, 1992）。社会運動の表現的な次元に関する意識は、政治理論家が考察すべき重要なテーマを表している。

政治理論家たちは「アイデンティティの政治（identity politics）」という用語に、次のような二重の意味を含ませて用いている。一つには、集団活動のある特定の一部――例えば、近隣集団と対立するものとしてエスニック・アソシエーションを形成すること――という意味であり、もう一つには、傷つけられたアイデンティティの論理を展開する集団組織の、ある特定のスタイルという意味である。しかし、今日的な社会動員を研究する学者の間では、アイデンティティの政治はしばしば、集団行動の一つの様式として見なされている。これは、（利益集団の場合の）交渉、あるいは（集団が不正義に反対するキャンペーンに関与する）宣伝といった、異なる様式の代わりに展開されることもできれば、それら異なる様式に沿って展開されることもできる。このようなアプローチは、今日の社会変容の民主的発展性の理論化のために、とりわけ想像力に富んだものである。

アラン・トゥレーヌ

これらのテーマのいくつかは、フランスの社会理論家アラン・トゥレーヌが、アイデンティティの政治の社会的衝撃を検討した最近の研究において提起している[3]。トゥレーヌの議論は考察に値する。なぜなら彼は、リベラル・デモクラシー国家が直面している政治的試練に関する論争的で挑戦的な説明と、社会学的洞察とを織り交ぜているが、その仕方が独特だからである。二〇〇〇年の著作『私たちは共に生きられるのか』において、トゥレーヌは、多文化主義国家に影響を及ぼしている道徳的多元主義に関する彼の議論の中心に、社会的アイデンティティを据え、国民的シティズンシップの道徳的・文化的基礎が浸食されていることを強調している。彼は、一方で、新しい不確実性や不安に対して共同体的な文化的居住地《コミューナリスト・エンクレーヴ》に逃げ込もうとすることで反応を示す人々と、他方で、差異に好意的でポスト・ナショナリスト的なコスモポリタンとの間で繰り広げられている、多くのデモクラシー諸国における一つの大規模で進行中の闘争を指摘している（Touraine, 2000：89–106）。市民社会において、セクトやカルトのようなアイデンティティにもとづく集団が興隆していることを観察しつつ、トゥレーヌは次のように主張している。すなわち、それらの集団は、既存の政体や文化を、確立されたエスニック的あるいは政治的な権威に一致させようという、共通の野心を持っている。これらのプロジェクトは、善についての単一の概念を強要し、異質と見なされる見方や党派を排除するための固い境界線を求めるような、そうした類のアイデンティティの政治になる傾向がある、というのである（Touraine, 2000：31-6）。

トゥレーヌが憂慮するのは、政治的左派が、〝政治的ラディカリズムは、マイノリティ集団の特別な権利や特典を、個別主義的に強調する方向を目指すべきである〟との考えを信奉することである。そのような展開は、集団内のコミュニケーションの解放的な原理を軽視している。だがこのことは、「私たちはもはや、他者の自由を妨げることの拒否、および、手段的活動への共通の関与という点を除いて、共通に何かを有していることを承認しないために」衰退の状態にある（Touraine, 2004：4）。多くの他のデモクラシー理論家と同様、トゥレーヌは、深い亀裂の入った社会において共通の価値や社会的連帯の意識を生み出す見通しを案じている。アイデンティティの興隆を、国民国家からの経済活動のラディカルな乖離に付随する不確実性の増加と結びつけて考えることによって、トゥレーヌは拡大する悪循環を強調している。経済の流れは、固定的なアイデンティティの保全と確実性を求める敏感な要求を生じさせる。しかし、新しい政治経済は同時に、流動性と柔軟性の時代において、そのような反応を不適切にする。この循環を断ち切る唯一の方法は、近代社会の秩序に内在している他の諸傾向の一つを増大することである。つまりそれは、自分たちの人生選択に対して道徳的責任をとり、自分たちの政体の自治に貢献する個人、という近代の理念を現実化することである。このことは、トゥレーヌの語法で「主体《サブジェクト》」になることを意味する（Touraine, 2000：52-88）。主体になるために、個人は自分自身を、永続的で制御不可能な変化の世界において、独立した社会的行為主体《エージェント》として、また安定した基準点として、みなさなければならない。トゥレーヌによれば、批判的省察に耐え得るものとして自分自身を承認することは、主体となるための前提条件であり、また逆に、他の人々の道徳的地位の承認を要求する（Touraine, 2000：76-81）。この擬似カント的な見解は、相互主観的なコミュニケーションのメリットへのハーバーマス的な強調と結びつけられる。ある程度健全な主体となっている人々は、自分たち自身と自分たちの周囲の人々の理解を深めるために、他者と対話をするだろう。彼らは、自分たちの個人的権利を保護し、自身の個性の発展を可能にするような制度を求める。

トゥレーヌの見るところでは、進歩的な社会変容のためには、権威に疑問を抱くこともいとわず、他者のニーズに対し敏感な、自律的で成熟した個人の出現を必要とする。社会運動は、彼のヴィジョンに不可欠である。すなわち、社会運動は、今日の政治生活の主な選択——空虚な道徳的コスモポリタニズムあるいは新種の共同体主義《コミューナリズム》を擁護すること——に対して、オルターナティヴな帰属意識と目的を提供できるアクターなのである(Touraine, 2000：98-124)。トゥレーヌの考えでは、社会運動は、本質的に両義的な道徳的役割を果たしている。彼は、カリスマ的な権威にもとづく閉鎖的な共同体を作り出すことになる諸勢力と、政治的対話を深化させ発展させようとする諸勢力との間の、際立った二重性を仮定する。彼によれば、第一の種類の運動は、脅かされたアイデンティティの保持が運動自体の目的になるような、社会的「反対運動」となる傾向を有している。アイデンティティの政治の一面は、近代性の文化に対して共同体《コミューナル》の伝統を守ろうとする形態を採る。もう一方の側面は、主体が自律した人生を生きるための可能性を拡大しようとするキャンペーン・ネットワーク・運動の中に見出されるものである。つまり、新しい生き方を正当化し、既存の伝統を問い直し、参加者が自己尊重の意識を高めるための資源を提供することである。この種の社会運動は、「社会あるいは新しい社会秩序を作り出そうとはせずに、個人的な自由・安全・尊厳を擁護しようとする」(Touraine, 2000：70)。進歩や理性の勝利にもとづく政治的物語が衰退し、従来型の政治が道具的理性によって植民地化されたように思われる状況において、社会運動は、社会秩序を自律的に省察する市民の能力を高めることができる。それらは、もはや政治的ユートピアに奉仕する者でもなければ、エリートによる操作の対象でもない。

トゥレーヌの考察は、イデオロギー的観点からみると、初期の著作と比べてリベラリズムの射程に移動した

（例えば以下を参照のこと。Touraine et al., 1984；Touraine, 1981）。しかし彼は、自己発展と平等という価値への関与を実現する能力が自由主義にないことを嘆く著作を通じて、自由主義的な文化への鋭い批判を維持している（Touraine, 2000：26–31）。これらの価値が実現しない限り、社会的バルカン化や暴力的な文化間紛争が悪化する、と彼は警告している。政治的理論化を促進させようという視点から読むと、〝自由主義的な政体は、普遍的な真実の要求に根ざしている道徳原理にも、差異を哲学的に擁護することにも、いずれにも頼らずに正当化されるべきである〟というトゥレーヌの主張は、彼の立場の顕著な特徴となっている。彼の示している代替案は、一般的には民主的対話を行うことであり、とりわけ共同体の間のコミュニケーションである。政治制度を考案する際には、これらのことを促進するように関心が向けられるべきである。コミュニケーション的理想は、政治的共同体の文化に反映されなければならず、制度的・立憲的なデザインを導く規制原理とならなければならない、というのである（Touraine, 2000：137–44）。

　トゥレーヌは、アイデンティティの政治によって生じるディレンマへの応答として、このように熟議《デリバレーション》に頼っている。彼のこの態度は、英語圏の政治理論において近年熟議デモクラシーの実践への関心が急激に高まっているために、熟議デモクラシーの実践に関するいくつかの中心的見解に同調している、と思われる（Fishkin, 1991）。英語圏の政治理論に比べると、トゥレーヌの著作には、〝こうした対話はいかなる原理に支配されるべきか〟という明確な意識が欠落しているので不安に駆られる。その上、彼は、満足すべき妥協と熟議の成果が期待できると信じているようであるが、それは大衆文化の社会的・道徳的影響についての彼の悲観的な見解と整合性がない（Touraine, 2000：53, 83）。これらの緊張の根底にあるのは、熟議デモクラシーの支持者には周知の二つの包括的な問題である。すなわち、参加者が対話を有意義なものにするための適切な特性や力量を有していることをどのように保証するのか、そして、いかなる根拠に基づいて、〝ある国家をリベラル・デモクラシー国家であると識別できるようにする「基本的な善」は文化間の討論によって守られる〟と確信すべきなのか、という疑問である。これらは、今日の哲学において広範囲にわたって理論化されている問題である。しかし、トゥレーヌの楽観主義は、対話の可能性とその帰結についてもっともらしく解説している。

トゥレーヌを始めとする社会学的な知識を用いた政治変容の説明は、異なる弱点によって悩まされる。トゥレーヌは、他のヨーロッパの社会理論家と共有している西洋の近代性に一般的な継続的社会形態の図式モデルを再現している（Hannigan, 1985）。これは、政治理念や伝統に対する還元主義的なアプローチを促進することになり、産業化時代に適用できると思われる政治思想と、「ポスト産業化」時代の今日に適切な政治思想との間で前提とされているコントラストに、非常に依存している。そのようなアプローチの規範的結果を衰弱させているもののの一つは、自由主義と社会主義の伝統の大部分が過去の遺物と見なされていることである。だが、イデオロギーの発展能力と適応能力についての、よりもっともらしい研究によれば、自由主義や社会主義は、異なる種類の社会的・政治的挑戦との関連で特定のアクターが用いる信条を生み出す体系である（Freeden, 1996；Gaus, 2000）。トゥレーヌの議論で無言のうちに前提とされているのは、〝グローバリゼーションとアイデンティティの二つの勢力によって生じたディレンマは、新しい政治的な思考様式を要求している〟ということである。このような立場は、過去と現在の不連続面を誇張するだけでなく、最近の発展を理解し解釈する多くの知的資源を私たちから奪ってしまう。

このような欠点は、これらの著作が英語圏の政治理論の文脈で読まれる際に誇張される。しかしそれでも、トゥレーヌによる社会理論と政治理論の融合は、自由主義の政治理論にとって、多くの価値と利点を有している。とりわけ、〝現代の社会運動は倫理的軌道を争い合っている〟という彼の意識と、〝集合的アイデンティティにもとづいた動員が、今日の政治生活において土台のようなものである〟という彼の確信は、今日の「多元主義の現実」のさらなる豊かな社会理解に関心を持つ政治理論家に思考の材料を提供している。

集合的アイデンティティの特徴

ヨーロッパを基盤とする反対運動についての研究者の多くは、政治の表出面を強調するとともに、市民社会における特定の集団に共有されたアイデンティティの意識を確立するための戦いには構成的な重要性があることを強調している（Hannigan, 1985；Canel, 1992）。いくつかのこれらの説明と、この説明にもとづいた理論的省察は、アイデンティティの政治の特徴についての議論に関係するので、重要性を有している。

アルベルト・メルッチ

社会運動が導く集合的アイデンティティの理論的論争の多くは、イタリア人研究者アルベルト・メルッチに先導されている。メルッチの広範囲にわたる説明は、「周辺に位置している対抗文化と、集団の表出的連帯の展開という目的をもつ小さな諸セクト」の研究から展開された（Melucci, 1989：49；1984）。一九七〇年代の平和運動、女性解放運動、環境保護運動のような潮流によってもたらされた連帯は、「個人的ニーズは世界を変革し意味のあるオルターナティヴを求める行路である、という認識」を強くしたことから生じた、と彼は論じた（Melucci, 1989：49）。メルッチは、観念的で文化的で政治的なプロセスが混ざり合うことによって形成されるような運動を提示している。彼は、最もよく知られている一九八九年の著作『現在に生きる遊牧民《ノマド》』のなかで、ネットワークや個人的接触や非公式のやりとりの重要性に焦点をあてている。これらは、運動の公共面が依拠している基盤を構成している。一九七〇年代のローマにおける平和活動家についての彼の研究は、これらの覆い隠されたネットワークの重要性を例証している。それらは、運動の直接行動主義が湧き出る原動力として、またさらなる活動のための基盤として、役立ったのである[4]（Melucci, 1989：43, 70；1984：829–30；1985：789–90）。傾倒、加入、結合の基礎をなしているこうした組織は、その組織が作り出す公共スローガンや活動や宣言と同様に、運動において共有されるアイデンティティの形成にとって不可欠なものとされている。

メルッチが論じているように、西ヨーロッパで一九六〇年代に突如世間に広まった社会潮流は、従来型の運動分析の観点では十分には理解しきれなかった。これらの社会勢力は、脱魔術化された世界における「遊牧民」であり、近代社会のサブ・カルチャーにおける極めて深遠な変化の先駆者であり、一九五〇年代から一九六〇年代にかけて広まった社会的アイデンティティの転換の先駆者と見なされるべきである（Melucci, 1989）。社会運動の初期の世代は、宗教、国民あるいは階級の解放の旗印の下に結集した。しかし、これらのプロジェクトがそれぞれ衰退したので、社会的動乱は、――自己、身体、文化に向かって――内部の自己省察へと視点を向けさせることによって、その力と勢いを支えていた（Melucci, 1996a）。メルッチによれば、この移行の中心は、周辺に追いやられ抑圧された主体であり続けてきたアイデンティティのいくつかを再評価したいという要求であった。結果として、新種の内省的《リフレクティヴ・》政治《ポリティクス》が生じることとなった。そこでは、自身の自己定義をコントロールし肯定的な自己主張を構築しようとする要求が、不可欠である（Melucci, 1996b）。

メルッチが主張しているように、これらの潮流を政治的異議申し立てというような従来の形態から区別している特徴の一つは、そうした参加者がアイデンティティの象徴的で文化的な政治という形態を採っていることである（Melucci, 1985; Lustiger-Thaler and Maheu, 1995; Sassoon, 1984）。広く維持されているアイデンティティの一部となること、また、所属のスリルを経験することは、メルッチが述べているように、参加者の経験を不可欠とする。メルッチにとって、運動が展開する共通のアイデンティティは、一般的にもろく、状況に応じて修正され、内的に多元的な構造をしている。集合的行為は、常に、社会的アクターによって「築かれる」。この分析は、参加者個々人が「特定の社会分野あるいは環境での対話、交渉、意味創出、決定」のプロセスに注意を払うことを求めている（Keane and Mier, 1989: 4）。これらのプロセスや経験を通じて、参加者は理論構成の共有された枠組みと集合的自己理解を展開する。これらは、「自己と自分たちの現実の社会についての可変的定義と、自分たちの行為が引き起こす可能性や限度というような社会的領域と、自分たちの行為の目的について、多少加工されたダイナミックな理解」(Melucci, 1989 : 4) を与えてくれる。この理解にもとづくと、集合的アイデンティティは、定着しており、そして、おおよそ首尾一貫した共同体の価値体系と、アソシエーションの行為を統括する公式のルールとの間のどこかに置かれている。それは「集合的行為を提供している機会や制約についての共有された定義にほかならない」(Melucci, 1985 : 793)。集合的アイデンティティは、共有されており、内的に多様でもあるエートスにより近づいている。すなわち、それは、メンバーが同意しないだろう事柄に関して、展開し認める一連の規則により近づいているのである (Melucci, 1985 : 798-9)。運動が請け負う多様な種類の集合的行為は、集団のアイデンティティの性格と同様に個々の行為主体《エージェント》によって為される決定や選択の結合から生じる。それらを、すでに確立された集合的意志の直接的表明と見るのは間違っている (Melucci, 1996a)。さらには、さまざまな重要な他者との関係——競争相手、味方、敵——は、「集合的行為が形成し、それ自体を永続、または変化させる機会や制約の範囲を定義する」(Melucci, 1989 : 4)。

このような洞察を発展させて、ジョン・キーンは、これらの社会的遊牧民についてのメルッチの性格づけを解釈して、次のように述べている。社会的遊牧民は、

> 彼らが望んでいる将来の社会変化を実践する現在に焦点をおいており、それゆえ、彼らの組織的手段はそれ自体が目的として価値づけられる。社会運動は、市民社会の日常生活様式に潜んでいる小集団、組織、自発性、局所的な接触、友情のような目立たないネットワークから通常は成っている。これらの隠れたネットワークは、連帯や個人的ニーズやフルタイムではない運動を強調するために言及されて、新たな経験を見つけだし普及させる実験室を構成している。(Keane, 1998 : 172)

メルッチは、他のアナリストが現在の社会運動に認めている解放可能性の勝利宣言を、自著では避けてきている。しかし彼の解釈枠組みは、いくつかの点から、運動によって解放されるというような読み方をされる。このことは、主として、彼の説明が、今日の社会動員の文化的・象徴的志向性と一九六〇年代以前に普及していた戦略的道具的性格との間の乖離を、前提としているためである（Melucci, 1989：12)。この二分法的アプローチの一つの結果として、メルッチは、運動の文化的自発性と、それらが追求している政治的社会的目標とを分ける傾向にある。

メルッチは、一九九六年に著した『法規範への挑戦』(Melucci, 1996a）で、社会運動の象徴的実践がもつ政治的含意について述べており、民主的社会の道徳性の点から、これらが意味していることを熟考している。この本では社会運動の倫理的性格が明確に描写されている。「遊牧民《ノマド》」としてこれらの社会勢力は、一般に周辺的でいつしか忘れ去られるけれども、彼らは、これまでの習慣に疑問を投げかけ、反体制的個人を魅了しながら、道徳的・性的・文化的な地平を自由に横断する。彼らはまた、政治的未開拓地から叫び声を上げている預言者である。彼らは、そうすることで、数年後に顕著になるだろう争点に注意を促している。メルッチは、これらの勢力が、社会解放や政治改革といった大きなプロジェクトと提携する試みについて、懐疑的であり続ける。彼らの主要な機能は、社会文化内のより深い矛盾を指摘し、時には――さまざまな環境保護運動家のアジテーションの結果として、ヨーロッパの人々に対し、持続可能性という理想を提示したケースのように――可能な解決方法をほのめかすような、社会的道しるべの役割を果すことである（Melucci, 1989：75；1988)。リベラル・デモクラシーの文脈では、これらの動員は、既存の道徳律の消滅のとりわけ重要な兆候であり、それに対する直感的反応である。そのような運動は、自らの拠り所を提供するシステムへの影響範囲を決定する。それらは、現実社会の差異と断片化を増加させ、既存の道徳的な教訓や文化的慣習を非難するという挑戦によって悩まされた人たちから、防衛的あるいは敵対的な反応を頻繁に引き出す。運動が要求する政治的副産物やそれらが招く緊張は、一般化できるものではない、とメルッチは主張する。社会的な動員は、おおよそ首尾一貫した政治的要求や政治的プログラムを描くであろうが、そうするように最初に企図されているわけではない。それらは、――とりわけ、社会に急を要する問題を知らせる警鐘として――社会システム内できわめて重要な役割を果たしている（Plotke, 1996）。

　メルッチは、トゥレーヌのようにマクロ社会の変化について多様な理論を用いてこれらの現象を解釈しており、彼の議論の政治面に同じようにゆがんだ結果を与えている。[5] 彼は、『法規範への挑戦』において、情報社会モデルを採用しサイバネティックスの隠喩を用いている。このために、彼の議論は、今日の運動が対話的で象徴的である側面を強調することに焦点をおいている。そうすることで、彼は、運動を、政治思想とイデオロギー論争の世界からほぼ完全に切り離した。それでも、トゥレーヌの場合のように、若干の貴重な洞察がこの著作から得られる。文化的領域においてアイデンティティがどのように構築されるのか、ということに関するメルッチの見解は、集団や文化的な権利のメリットについての哲学的議論に分析的関連を有している。集合的アイデンティティ――それを通じて集団や運動が生み出される――についての、彼の洗練された行為主体を中心に据える分析は、ひとつの多元的な人格としての集団という考え方の限界を強調している（Melucci, 1989 : 4）。彼の枠組みは、次のことを示している。運動とアイデンティティ志向の集団は、人々が有しているようにはアイデンティティを有しておらず、一貫した価値セットの宝庫であるように期待するのは誤りである、ということ。メルッチの業績が持つ非常に規範的な含意は、〝社会運動は、個人が自身の自己理解を――より大きな団体の自己理解と同様に――交渉し発展させるような、フォーラムおよび相互作用のシステムとして、理解するのがよい〟ということである。

　メルッチは、アイデンティティの論理を自身の見解の中心にすえる運動に関して、例として、過去三〇年間に展開された女性解放運動が依拠した差異と共通性の弁証法を詳述している。運動は、新種の内部分裂や差異化と同じように、関連性や連帯の多様な形態を頻繁に展開している。メルッチの議論のさらなる分析的含意は、以下のことについてである。すなわち、〝社会運動の活動のダイナミズムは、既存の社会集団が一連の背景から個々人をまとめ上げるので、既存の社会集団間の明白で定着した境界線の観念を動揺させる傾向にある〟ということである。トゥレーヌと同様に、メルッチは、アイデンティティの政治を鼓舞しているわけではない。彼は、増大する差異を強く意識する一般市民の公的討論の展望について、非常に憂慮している（Melucci, 1996a : 186）。

「複雑な」社会と名づけている社会的個別化の深さや特徴の描写に対するメルッチの分析的関与は、道徳的個人主義の強い意識と結びついている。集団の倫理的で存在論的な意義について主要な主張をしている人たちとは異なり、社会的契機としての運動への彼の焦点は、「個人を集団や階級や国家のメンバーとしてではなく、個人を個人として」取り扱うという議論によって支えられている（Melucci, 1996b : 288）。最近の著作において、彼は、自分たちの生活を形成している環境をより大きくコントロールすることを探る近代の欲求と、自分たちの存在を支配し規制する国家の増大する能力と命令との間の緊張の核心を指摘した（Melucci, 1996b）。これは、現在、個人の生物学的で遺伝的な性質の操作にまで拡大された衝突である[6]。

近代社会における共有されたアイデンティティを展開させる努力が持つ、暫定的で複合的な性格に焦点をあてることは、社会運動研究のサブ・フィールドでは馴染みのテーマである。メルッチの研究によって注意を促された解釈的転回の重要な成果は、集団行動を公然と行うことを支えている、それに先立つ非公式で隠れた関係への強調であった。アイデンティティの政治に直接関係している社会的ダイナミクスや社会―文化形態へのメルッチの広範囲な関与は、道徳的多様性の源泉と性格を熟慮している理論家にとっていくつかの実り多い洞察を提供している。集合的アイデンティティに直接関係している概念的で経験的な複雑性についての彼の詳細な描写は、英語圏の自由主義政治理論において一般的に主張されているよりも、どのように個人が集団と相互作用しあうのかに関して、微妙に社会的で心理学的な全体像を示せるというメリットを有している。

公共圏とアイデンティティの政治

最後の包括的なテーマは、過去と現在の社会運動の解釈に貢献した広範囲の文献から導き出される。これは、おそらく内容的に最も直接的に「政治的」であり、近代デモクラシー思想のいくつかの中心テーマに関わっている。それは、社会運動が市民社会において確立する手助けをした多様な公共圏の性格と展望、とりわけ以下の考えに関係している。

> 社会運動は、時には国家におよぶ権力の移転に貢献するのと同じように、公共圏——公共の事柄について必然的に熟議が生じるような、統治制度や生産・再生産を扱う組織から分離した、社会的な場——の創造に貢献している。(Tilly, 1994 : 1)

今日の社会運動の説明は、既存の規範への彼らの挑戦の重要性について主張するのと同様に、新しい公共圏の創出への彼らの現実的で潜在的な効果についての主張で満ちている(Scott, 1990)。これらの関心は、従来、政治の世界の外側で生じていた運動の民主的衝撃と見なされている三つの明白な議論に対して生じた。第一に、例えば女性解放運動や環境保護運動のような解放可能性によって刺激された知識人が、もっとも興味をそそられたこれらの社会勢力の特性の一つは、社会運動の観点と議論が広範囲に及んでいることである。このことは、いくつかの説明において、これらの社会勢力がラディカル・デモクラシーに貢献する証拠だと理解された(Scott, 1990)。社会運動の支持者は、既存の文化の周辺で新しい公共圏を打ち立てようとする「徳性」を、社会運動のなかに見た。こうした公共圏においては、新種の社会実験と集合的自尊心の意識が確立した、と考えられてきた(Melucci, 1989)。

第二に、異端的な運動と公共圏との関係に関する、やや異なった規範的説明もまた出現した。この説明は、政治的なるものであるか否かの従来の既存の境界線を崩壊させる、さまざまな社会運動と、マイノリティ集団内で作用している衝撃について関わっている。これは、家庭内暴力あるいは配偶者への強姦のような、従来は私的なことと見なされてきた問題や慣行を公的観点で考えるべき、という要求を招いた。この観点にもとづくと、アイデンティティの政治は、同じ制度や空間を築こうとするというよりもむしろ、政治とは何かということについての既存の思想への挑戦や破壊の願望によって動機づけられる。

第三に、公的空間にとって社会運動が含意している明白な概念は、ハーバーマス(Habermas, 1981; 1971)やコーエン(Cohen, 1985)によって展開された市民社会の説明において提起されている。彼らはこれらの社会勢力を、道具的理性とは対照的に、実践的理性の論理の宝庫として解釈する。解放のための社会運動は、民主的な政治共同体の公的生活におけるコミュニケーション的論理を擁護し促進する(Tucker, 1991: 75)。この議論は、社会運動の文献を通じて繰り返されている(Tilly, 1994)。多くの著述家は、公共圏の出現についてのハーバーマスの(いくつかの点でその歴史的正確さは疑問視されているが)歴史的説明の影響を受け続けてきた。とりわけ、公共圏が「政治的サーモスタットのような」機能を果たしているという考えは、影響を振るってきた(Young, 2000: 177)。アイリス・ヤングは、次のように詳述している。公共圏は、日常経験の範囲から、より広範な人々の意識に問題や未検討のニーズについての情報を伝える手段を提供する。そして、それは、時には国家体制の立法部や官僚機構にまで及ぶというのである。

これらの周辺的な声や反対意見が公共圏の概念化に直接関係があるという考えは、その含意においてはいくぶん可変的ではあるものの、広く行き渡っている。そのような議論に共通していることは、多様な空間と場所がデモクラシーの公共圏と文化に直接関係している、という主張である（Taylor, 1995b）。第一と第三の観点は、次のような考えを支持している。サバルタン集団は、きわめて重要でありながら大抵は無視されている役割を果たしている。また、さまざま声が、一般的文化全般に対して表明され、それとは反対の対抗圏を切り開きつつある。(7) ジェーン・マンスブリッジは、この展開がアイデンティティの政治の勃興に特に直接関係している、と述べている。彼女は、

メンバーが、政体全体にとって善であることのみではなく、それぞれの個人にとっても善であること（アレントの用語では、彼らの私的生活と幸福）、そして彼らの集団にとっても善であることを、彼らの熟議において正当に考慮するような、保護された文化的居留地のさまざまな形態（Mansbridge, 1996：57）

の展開に注意を促している。

このようなアイデンティティが主張される空間の発見と正当化、および、探求されるべきアイデンティティと結びついた多様な見解は、デモクラシーにとって重要である、とマンスブリッジは述べる。「すなわち、『アイデンティティの政治』への支配的な敵意は、比較的同意見の人たちがお互いに容易に協議できる熟議的な文化居留地のデモクラシーに対して、価値を承認していない」（Mansbridge, 1996：57）。ナンシー・フレイザーは、同様に、少なくとも一九世紀初頭以降、「下からの」要求を促進する「サバルタン的な対抗勢力」の民主的政治における役割を指摘している（Fraser, 1999；Young, 2000：172）。これらは、「創案され広められた対抗言説を通じて、さらには、集団が自分たちのアイデンティティや利益や要求の敵対的解釈を明確に述べるのを許すことを通じて」、対立集団あるいはサバルタン集団によって創出された空間である（Mansbridge, 1996：57）。この種の議論は、社会運動の最近の解釈者に受け入れられている。例えば、イギリスにおける異議申し立ての議論に基づい

ているポール・バーンの以下のような観察に見られる。

社会運動の主要な目的の一つは、政治に新たな「空間」を開拓することである――政治的論点として以前は無視されていた争点や考えを持ち込み、また、彼らのメッセージの伝達方法が文化的政治的に受容されることである。(Byrne, 1997 : 27)

〝特定のアイデンティティのメリットを提起している集団は、民主的要求の表明に不可欠なサバルタン的動員の系統であり続けている〟という考えは、印象的なものである。規範的観点から、何人かの理論家は、次のような考えに特に魅了された。それは、〝このような観念が、多文化主義的なデモクラシーが内包している公的対話のさまざまな声や話し方の多くを反映するために、公共圏の多元化という広範な要求に歴史的重みを与えている〟という考えである。このために、共通の一致した政治的会話という共和主義者の理想に反して、結合しているが分離している公共圏という考えが、さまざまな多元主義者によって賛美されてきた。チャールズ・テイラーは、「政治システムを超えた運動によって形成され、公共圏と政治システムの間の導管としての主要な役割を果たしている入れ子になった公共圏」の出現を、歓呼して迎えている(Taylor, 1995b : 279)。この観念は、権威や政治的行為者のいかなる単一の源泉や支配を想定し得ないような、多元化された熟議デモクラシーを熱心に要求する思想家に、とりわけ訴えかける。ますますこのような考えは、ラディカル化された代表制デモクラシーによる統治の前提条件として、またその成果として、表明されている(Keane : 1998)。

「異質性を帯びた公共圏」というこれらの説明は、集合的アイデンティティに関する最近の主張のインパクトを熟慮している分析家の解釈の幅を広げている。しかしながら、彼らは、規範的観点から、多様性が本当に民主的公共圏のための調整規範であり得るのか、あるいはあり得るべきなのか、ということについて問題を提起している。もし公共圏がそれを構成する集団ごとに細分化されるのであれば、あまりにも多くの意見や要求を背負いすぎているように思われる。それはまた、共有された道徳的優先事項とコミットメントの意識をもつ公衆を構成する能力を失うだろう。[8] 多くのデモクラシー理論家が、「一般意思」の問題を再定式化するよりもむしろ回避するように見えるデモクラシーの慣習《プラクシス》、という概念に疑念を抱くのは当然のことである（第四章を参照）。

サバルタン的動員の重要性を提唱するすべての人が、異質性を帯びた公衆の観念に関与しているわけではない。上述された第二の見解は、それとは対照的に、私たちが運動を幅広い政体に対するメッセージの担い手として考えている、ということを示唆している。この役割において、これらの運動は、増加する社会不満や未知の要求を劇的に表現し、潜在的な社会的機能障害を強調している。このような考えは、一九七〇年代から一九八〇年代初頭にかけての社会運動について書かれたハーバーマスの著作において述べられ、非常に影響力を及ぼした（Habermas, 1971 : 1981）。すなわち、「過去一〇年から二〇年の間に、紛争は、分配をめぐり制度化された紛争の福祉国家的パターンから多くの点で逸脱している先進的西洋社会において、展開された」（Habermas, 1981 : 33）。この時代の社会的・政治的危機は、社会的・経済的混乱時における資本主義社会の操縦メカニズムの範囲が拡大したために生じた、と解釈されていた。彼が主張するには、これらの展開が、社会統合の既存のパターンを崩壊させたのである。ハーバーマスは、国家、続いて市場が、従来は商品化されていなかった社会生活の領域へ進出したことに対して、重要な反応を示したのが女性解放運動と学生運動であると見なした（Habermas, 1981 ; 1971）。彼の複雑な著書が展開されるにつれて、このような運動についての彼自身の議論はいくぶんかシフトしてきているものの、この見解は影響力を有し続けている。それゆえ、グラント・ファードは、公式にではなく文化的に公民権を奪われたメンバーで構成されている集団が、声を獲得し、言いたいことを公の場で話すようになることが重要である、と強調している（Farred, 2000）。ファードはまた、周辺化された声がしばしば敵対的で劣悪な社会環境において声を上げる、という見方に異議を唱えて、エスニック集団と人種差別反対主義者による政治の役割を指摘している。さまざまな方法で、「一九六〇年代と一九七〇年代の公民権運動、ブラック・パワー、ストーン・ウォール事件、学生運動、そして女性解放運動が成就したことに対して、アイデンティティの政治は文化的な明確な表現を与えた」というのである（Farred, 2000：631）。

そのような見方においては、アイデンティティの政治は、所与の政治文化において何を「正常」とし何を「逸脱」とするかを支える前提と、闘争的に関らざるを得ないことになる。ファードによれば、アイデンティティの政治のこの側面は、民主的な生活において有効な「当惑《エンバラスメント》の政治」の源泉であると見なされている（Farred, 2000）。文化的マイノリティの公的代弁者は、あらゆる人に普遍的平等を約束する自由主義国家の不誠実性と偽善性を明らかにする、という目的によって突き動かされる。しかし、そうした代弁者は実際には、文化的規範に従わない人たちよりも、より完全にそれに従う人たちを支援することになる。このスタンスは、循環的で自滅的なルサンチマンに落ちていくというよりもむしろ、自由主義政体内の重要な政治的・法的変化の源泉となることができる、とファードは主張する。このような国家は、特定の集団が経験してきた歴史的不正を是正することで、恥をしのびつつ自らの平等主義の約束を果たすべきである。すなわち、「自由主義国家は、基本的にイデオロギー的前提を述べる能力がなく、イデオロギー的前提を拒絶しなければならないことに気づくべきであり、人種差別主義、同性愛嫌悪、女性蔑視、階級にもとづく不公正がもたらす結果に直面すべきである」という（Farred, 2000：644）。この解釈は、公民権連合や女性解放運動のような勢力が、民主国家において多様に区分された人々の期待にもとづいている、という異なったインパクトに注意を促している。

この主張は、（第五章で論じた）後期資本主義的ルサンチマンの形態というアイデンティティの政治の観念と直接に相容れないように見える。しかし、どちらの主張も、部分的には有効であり、分析的結合は可能だろう。このような集団の正当な怒りは、自覚され、そして時には自己権力を拡大する恨みへと病的に変わる傾向がある。しかしながら、次のような可能性もある。それは、集団が促進する不正義についての議論の結果として、シティズンシップの文化的で道徳的で政治的な性格に関する社会の理解を再編する可能性である。このことは、アイデンティティの政治の多様な形態と関係している政治的展望に組み込まれた不確実性を示唆しており、そして、ことによると不安定性を示唆している。文化政治の形態が解放する憤激や鬱積したフラストレーションや不正義の意識は、さまざまな政治的プロジェクトや公的な論理に向けられる。それらは、恨みによる分裂的で非難志向の政治を導くこととなるか、あるいは、デモクラシーにおける社会関係の理解の変容に貢献することができる。

公共圏でのアイデンティティの政治の実践

特定の集団が自分たちを理解する方法と政治的レトリックを用いる方法についての実証研究は、アイデンティティの政治の二面性を示している。ある一つの集団は、これら一般的傾向のどちらの方向にもアイデンティティという言葉を変えることができる。さまざまな同性愛活動家集団の公共言説についてのポール・リヒターマンの研究は、この二重の可能性を例証している（Lichterman, 1999）。彼は、自分が研究した集団における二種類の違った「アイデンティティ・トーク」の明確な区別について考察している。それぞれのレトリックの様式は、聴衆と政治状況に応じて展開されている。参加者は、メンバーが社会的に人目を避けお互いに安全を感じていたときの「より多面的な意義を有し批判的で内省的なアイデンティティ・トーク」と、集団の連帯と要求のためのかなり「限定的で肯定的な」レトリックとの間で切り替えていた（Lichterman, 1999：101-2）。この言説は、他の種類の集団との提携作業において展開された。彼は、この第二様式を「コミュニティ利益」トークと名づけている。この様式では、友人と敵というような、いっそう荒削りで道具主義化されたレトリックが広まっていた。このような発見は、次のような議論に対して支持をもたらした。それは、〝公共圏に関する理論家は、自分たちの社会生活において、集団や運動に対して用いることができる多様な文化枠組みと文化レパートリーに関して、注意を要する正しい認識をすべきだ〟という主張である。リヒターマンの議論は、民主的な国家における市民性の刷新についての進行中の論争に高度に対応している。この分析は、一般的に社会資本の源泉の補強という観点から国家の義務を認めている、というのではない。それはむしろ、自己反省的で提携関係を築く第一様式の公的な語り《パブリック・トーク》にさらに従事するのに、集団が十分に安全であると感じるような、社会的状況と制度的状況を確立することには民主的な利益があることを強調しているのである。

私たちが（第四章で）見てきたように、市民社会に関する何人かの自由主義的唱道者にとって、民主的国家は、可能な限り多様なアソシエーション的生活を促進すべきである。彼らの望みは、アイデンティティにもとづいた動員をひそかに傷つけ社会的に無視することである（Warren, 2001 : 3）。しかしながら、この章で考察した社会理論家の議論は、アイデンティティに基づいた政治への移行が、政治理論家たちがイメージしている以上に、今日の社会発展にとって不可欠な特徴である、ということを示している。これらのさまざまな分析はまた、リベラルな市民社会はアイデンティティの政治のアンチ・テーゼである、という考えと関係している。社会運動は、重要で確実な社会変化を反映している。それらは、社会的バルカン化や分裂の潜在的原因であるとともに、個別の参加者にとっては多様な倫理的善の源泉でもある。マクロ社会学の観点では、それらは、出会うことがないか無視された要求について政治システムにメッセージをもたらす、という重要な役割を果たしている。

むすび

社会運動を扱っているおびただしい数の文献にこのように簡単に触れることで、自由主義政治理論にはっきりとあてはまる経験的で分析的な議論を浮き彫りにすることができる。これらの議論には、そのような社会勢力の特定の時期の偶発性と消滅、内部のダイナミズムと多元性、社会集団間の確立された境界線を取り除いたり強化したりする能力、が含まれている。

議論が豊富で示唆に富んでいるにもかかわらず、そのような理論的説明は、政治思想やデモクラシー理論に関して展開される際に生じたディレンマを不十分にしか取り扱えていない。英語圏の知的活動において、政治理論化を行うコミュニティと社会理論化を行うコミュニティとがこのように制度的に分離している状態は、この点で望ましくないように見える。政治理論家は、社会状況と集合的アイデンティティの複雑な性格に対して極めて敏感であることから、多くのものを得ることができる。他方で、社会理論家は、深く分裂した社会において自由主義政体の正当化を模索している人たちが直面している、認識論的で道徳的で政治的な困難性についての政治哲学者の議論に、うまく耳を傾けることができるかもしれない。このような学問の現在の分類は、自由主義の伝統が歴史的に断絶してしまっていることを表している。自由主義的伝統における主導的な知的解説者は、政治思想と社会思想をより一般的に絡み合わせていたというのに——例えば、二〇世紀初頭のアメリカとイギリスの自由主義者が表明していた社会学的感性と関心がそうである(9)。現在の哲学の従事者は、また、高度な理論と実証的研究を結びつけることに関して、初期の自由主義思想家の傾向から離れてしまっている。ジョン・グレイが述べているように、スミスやミルのような自由主義哲学者は、

自由主義的市民社会の文化的で制度的な前提条件に深く関心を有しており、市民社会の安定性への脅威に心を砕いており、自分たちの時代の主要な政治発展のより深い意義を理解しようと切望していた。この古い伝統の予想外の死は、政治哲学がある一つの学派によって支配されるようになったために、不思議に悲しまれることはなかった。……その学派の知的アジェンダは、自由主義社会の現実のディレンマに一切触れることのないさまざまなリベラリズムによって、形成されている。(Gray, 1995a : 10)

社会運動の思想は、アソシエーションや利益集団や共同体のような、他のよく知られた社会範疇に対する代替物として考えられるべきではない。それは、むしろ、政治理論家の概念のレパートリーを増やせることを示している。実際、一九世紀と二〇世紀の多くの自由主義思想家にとって、現在「新しい社会運動」と名づけられているものは、——例えば、女性参政権運動やナショナリスト運動という形において——非常になじみのある社会的展望の特徴であった（Tucker, 1991；Calhoun, 1995）。集合的行為の活力や倫理的重要性の意識は、自由主義理論の系譜に深く埋め込まれていたはずであるが、最近の理論化においてはどういうわけか忘れられてきている。ある政治体制のための正当な基礎を確立し、自由主義政体に対し貢献したりそれを脅威にさらしたりする社会勢力を理解するには、哲学者の力量と同様に、より繊細な社会理解が必要なのである。

（1）さまざまな現代の政治理論家が、アイデンティティの政治との関連で、社会運動の性格と意義を考察している。とりわけ、以下のものが挙げられる。Young（1990）, Benhabib（2002）, Cohen and Arato（1992）. こうした政治理論家たちの間で、社会運動の社会学的理論に関わろうとする数少ない理論家の一人は、キーンである（Keane, 1988b；Keane and Mier, 1989）。
（2）定義をめぐる多様な議論については、特に以下のものを参照。Tarrow（1994）, Della Porta and Diani（1999）, Diani（1992）
（3）トゥレーヌの思想の展開を説明したものとしては、特に以下を参照。Hannigan（1985）, McDonald（2003）.
（4）社会運動をこうした仕方で解釈しているのは、メルッチだけではない。ミラノの平和運動家たちのミクロ文化についての、以下の研究を参照。Donati（1984）.
（5）とりわけ「日常生活の民主化」という考えに関するメルッチの誇張的な議論を参照せよ（Melucci, 1989：165–79）。
（6）実際、生物学と遺伝学への関心は、メルッチの研究の至る所でなされている。例えば以下を参照。Melucci（1989：45–6）.
（7）また、権力と資源をほとんど有していないアイデンティティに基づく集団は、とりわけ感情剥き出しの非妥協的な方法での要求をしばしば計画しながら、「声」の行使を強調する傾向がある、というウォーレンの観察を参照せよ（Warren, 2001：212）。

（8） これは概して、影響力を有した書『現代政治の基礎――公衆とその諸問題』（Dewey,［1927］1990）においてジョン・デューイが展開した同様の多元主義的議論に対して、展開された事例であった。

（9） この観点については、W・G・ランシマンの『社会科学と政治理論』（Runciman, 1963）によって提起された議論が、目を見張るような現代的影響力を有している。

第7章 自由主義と差異の政治

はじめに

現代の多くの政治理論家は、文化の多様性とアイデンティティの政治とに関心を寄せており、その関心に伴う重要な知的作業とは、現代市民の主体性の理論化を復活させることである（Katznelson, 1996：149）。いく人かの理論家にとっては、社会の多元化は、自己《ザ・セルフ》についての自由主義的諸概念の不充分性をより一層示す徴候であり原因である。したがって、文化的多様性の知的基盤《バックグラウンド》に対抗して自由主義理論を再生しようとするいくつかの主要な試みは、（ポスト）モダン的な自己という別の説明に基づいている。私は、そのような二つの努力を、続く二つの章で考察する。まず、以下で考察するのは、自由主義者と他の急進主義者とを説得しようとする試みであり、公平性の理想が、その正反対——すなわち、差異の存在論が中心的な話題となる政治——に置き換えられるべきとする試みである。アイリス・ヤングの諸思想は、この概念との関係で評価される。というのも、彼女は、そのような議論についての非常に持続的で示唆に富む見解を、示しているからである（Young, 1989；1990；2000）。私はまた、コノリーという理論家が主張する多少違った方法をも考察する。彼は、ポスト構造主義の理論との広範な関与に基づき、差異の原理を取り入れて正当化する（Connolly, 1991）。彼は自由主義的シティズンシップの意義について根本的な再考を行っており、その際、他者性という概念を用いているが、それについてはこの章の後半部分で考察する。第八章では、アイデンティティについての新しい文化の政治から承認の政治を導き出す試みを考察する。自由主義者は、私が思うには、差異と承認の主唱者が示すさまざまな法的・政治的諸改革を警戒している。たとえこうした視点が、いくつかの自由主義の盲点と偏見とに、多少は有益な批判的洞察を提示しようとも、自由主義者は警戒しているのである。

彼らの知的功績はさておき、こうした理論設計への関与が重要である理由の一つは、それらが、さまざまな政治活動家やコミュニティの代弁者・政策立案者によって唱えられるいくつかの主張や自己認識と、部分的に重複することである。差異と承認の哲学理論は、英米系の政治論争の主要思想と、有機的に関連している。特に、文化的多様性の道徳的価値と、民主的諸体制《デモクラシーズ》がより包含的になるべきであるという主張についての議論を通じて、関連している（Young, 2000）。

文化と差異がともに民主的政治理論に必要であるという考えは、分析的自由主義哲学の有力な見解にとって、受け入れ難いものと広くみなされている。この哲学の学派の理論家は、自由な個人が保持する基本的諸権利の説明と正当化とを展開する際に、次第に形而上学的論争への関与を回避してきている。自由主義の立憲体制は、ロールズとドゥオーキンのような思想家によれば、良き生活についての個別的な見解はいかなるものでも、他の見解より上位には置かれない体制である。そうした体制は、権利と自由とを保護するという点で卓越している。というのも、権利と自由とが、諸個人に自身の個人的道徳的目標を追求することを可能にするからである（Rawls, 1971 ; Dworkin, 1978）。一九八〇年代に生じた自由主義的自己に対するコミュニタリアンの批判は、次のような点を強調するのに適していた。すなわち、義務論的哲学が、近代的主体と、そうした主体が追求しようと思う諸目的とを分離させるという、擁護しえない根拠に基づいていた点である（Sandel, 1984）。こうしたコミュニタリアンが喚起した論争を経て、共和主義とフェミニズムとによる自由主義への異議申立てが増大し突出した後、「自作（self-craft）」が再び英語圏政治理論の中心問題になってきている（Digeser, 1995）。

アイリス・ヤングの差異の政治

こうした論争にヤングが貢献した点は、差異化した自由主義思想を具体化するいくつかの試みの一つということである。ヤングの考えは、公平性の理想に関して提起した広範な批評により、そして、この視点を急進的政治綱領に換えようとする挑戦的な試みのために、当然ともいえる顕著な特徴を獲得している（Young, 1990；1986）。彼女の多元主義の基本的前提は、民主的社会における各々の個人的アイデンティティに関連した社会集団の重要性への存在論的関与であり、そして、この現実に直面した自由主義の論理が不充分であることに対する批判であった（Young, 1989；Tebble, 2002）。自由主義の理想は、普遍主義という衣で身を包んでいるが、こうした衣により保護され隠蔽された強力な規範に同化することを、マイノリティ集団に要求する。ヤングは、次のような主張の正体を暴くことに着手している。すなわち、集団の参加資格と結びついた差異は、誰でも皆同じであるかの様に扱うことで、公正に対処され得るという主張である。このことは、彼女が主張するには、社会的アイデンティティの非自発的側面に基礎付けられた――肌の色、エスニシティ、性《セクシュアリティ》差、ジェンダー、階級を基礎とした――集団の文脈においては、とりわけ空々しく聞こえるのである。こうした差異は、個人主義と普遍主義の諸前提に立脚した自由主義の諸議論で行われる政治的道徳的考察からは、隠されてしまうのである。

公平性の理想を自由主義哲学は大切にしているが、この理想はその支持者に批判の道具立てを利用させないのである。その道具立ては、各個人の自己理解と機会との多くを妨げるような構造的・文化的抑圧過程と、連動しているのである（Young, 2001）。諸集団は、事実、構成員にとって資源であり防波堤であって、連帯・慰め・

希望の重要な源泉をもたらしてくれる。自由主義の個人主義は、以下のことを決定的に無視している。つまり、「文化的生活形態のより深遠なところにある実存的な源泉、言い換えれば、文化的諸集団が外在的な属性ではなく、『アイデンティティの感覚』によって、すなわち共有された慣行によって、そして共有された歴史的経験と苦悩によって規定されるという事実」である（Dallmayr, 1996 : 282)。価値感覚と政治活動《ポリティカル・エージェンシー》の感覚を獲得する普通の市民のために、そうした集団は、国民としての資格《ナショナル・メンバーシップ》によってもたらされる、一通りの基本的な諸権利の獲得や承認の感覚以上のものを要求する。そうした集団は、社会全般から自身の個別性について一般の人々の理解を得る、何らかの基準を必要とする（Hoover, 2001 : 205)。このことは、次のように自由主義のシティズンシップが再定式化されるべきことを意味する。すなわち、そうした自由主義のシティズンシップが、現実の市民生活に必要な集団的コミットメントと関心の共有とから、もはや逃れ得ないようにすることである。

集団が個人にもたらす社会財の感覚は、次に述べるヤングの確信を補強するものである。すなわち、解放は、社会的文脈と個別性を超越するものとして、よって、自由主義者や社会主義者がしばしば論じてきたようなものとして、誤解されているという考えである（Young, 1986)。集団の差異が持つ「積極性・特異性」への再関与《リ・エンゲージメント》（Young, 1986 : 535）が、社会的解放と多元主義とを結びつけようとする政治的プロジェクトの必要条件である。集団が自身の構成員に対して有している重要性の把握に失敗した際に、そして、集団が調停する不平等の結果に関与しないことによって、自由主義思想は実際に優越的な諸集団の地位を正当化する。そのようにするのは、手続きの中立性を盲目的に崇拝することによってである。この手続きが、政治生活に組み込まれていた多数派優位主義を生成するように、作用することがしばしばある。そしてまた、西洋のデモクラシー諸国における主要な集団の見解を、普遍化しうる道徳的真実として描くことによっても、正当化はなされるのである。

非常に多くの理由で自由主義の伝統が批判されているにも関わらず、ヤングはその中心的な諸価値にコミットしている。公正さを保つために、自由主義の政体は、諸集団間の格差を矯正する構造的・文化的戦略の展開を必要とする（Young, 1990: 118）。自由主義者は、同様に、彼らの公共圏の理解に染み込んでいる斉一性の理想を、放棄する必要性に迫られてもいる。代わりに彼らは、公的討議《パブリック・デリバレーション》に参加しうる個人が多種多様であることについて、より多面的《ヘテロジーニアス》な評価をするべきである。そのような方向転換の重要な帰結は、ある程度文化的に考えようとする性質《カルチュラル・リフレキシヴィティ》を優越的地位にある諸集団の見解にもたらすであろう。ジェフリー・フーヴァーが論じているように、「優越的な地位にある集団の個別主義的遠近法主義が明らかな場合に限り、一応『差異に目をつむり』・『中立的』であるという伝統的自由主義の性質が備える利害関係を帯びた本性は、適切に理解され得る」のである（Hoover, 2001: 202）。集団に基づいた差異や文化的な差異を捨て去った公共圏を、多くの自由主義理論・共和主義理論は再び夢見ているが、そうした考えは非現実的であり道徳的に容認し得ない（Hoover, 2001: 204）。この見解と規範的に相関する見解とは、政体が文化的周辺人と社会的従属者とに対し、より包含的になればなるほど、不利益の構造的文化的形態を是正する見込みが大きくなることである。

最近の論文の中で、ヤングは、アイデンティティの政治と結びついた、諸集団の存在論的重要性と集団行動の個別的形態との区別を、より明確にしている（Young, 2000: 87–92）。後者は、彼女が論じるところによれば、集団的利益が主張される唯一の様式を構成する。社会的な多元主義は、集団の急増をもたらすが、支持者や批判者によって集団生活全般に適用される「アイデンティティの論理」とは、区別されるべきである。各個人は、単に固定的で安定したアイデンティティをこれらの運命共同体から授かるのではない。アイデンティティは、さまざまな構造的・文化的影響に関連して作り出される。つまり「社会的な関係・制度・構造は、時間的にも存在論的にも個々の主体に先立つ。個人は、権力・資源配分・地位・規範・文化的に異なる慣行が、既に構造化された配置に遭遇する」のである（Young, 2000: 99）。

個人は、道徳的・社会的作用《エージェンシー》の源泉であり場（*loci*）でもある。しかし、物質と資源は、それによって、諸個人は自分自身を理解するようになり、また自らの能力を行使するのだが、結局は所属する集団によって形成される。最近の著作の中で、ヤングは、集団間の不公平が影響を及ぼす際に拠り所となる構造的な軸に、更なる重点を置いている。こうした構造的な軸は、文化的に差異化・相違している特性と同様に重要である。構造的・文化的な両方の次元とも、彼女の主張するところでは、差異の政治に直接関係している。すなわち「彼ら集団の構成員はしばしば、文化的差異に立脚したり文化的差異と交差したりするが、ジェンダー・人種・階級・性差《セクシュアリティ》を構成する社会的な関係と、行為無能力とは、構造的なるものとして、もっともよく理解され得る」（Young, 2000：92）。この理解は多文化主義者の理解とは対置される。というのも、彼ら多文化主義者は、構成員のアイデンティティを決定する静態的でまとまりを持った総体として、集団を誤解しているからである。そのような議論は、次のような考えに依拠している。すなわち、諸集団は実質的な核――信条や利害関係――の観点で定義され得るという考えである。こうした集団へのヤング自身のアプローチは、同種のきわめて類似したものである。彼女は、構成員によって作り出される偶然的な関係と、ある集団と他の集団との境界の流動性とを、強調する。つまり「いかなる集団も、互いに限定的な関係にある個人の集合体である。なぜなら、集団に関係する人々と、集団の外側や周辺にいる人々と、双方の行動と相互作用のためである」（Young, 2000：89）。

　こうした考えに基づいて、ヤングは、自由主義的シティズンシップのエートスと特徴の再定式化を主張する。彼女は、属性・特徴・自己の範囲が公共圏において正当な主体としてみなされるようになるために、市民の理想の複数化を要求する。この議論は、多種多様性《ヘテロジーニアス》を帯びた公共圏の理想を主張する中で、社会正義を具現化する主導的枠組として把握される（Young, 1989：263-5）。彼女は、この概念を都市生活がもつ差異化と匿名性という特徴の観点から形作っている。そして、政治思想が、社会的同質性そして直接向い合って行う熟議という心地よい理想を抱かずに、公共圏を熟慮する必要性を論じている。市民は、都会の人に似ている。なぜなら、彼らは、隣人を誰も知らないのではなく、偶然にも共有された利害関心を促進するために合意を形成する必要があるからである。周辺に位置し抑圧されてきた集団の声が、この都市の理想に基づいた政治的対話の中で明らかにされるように保証するためには、マイノリティや抑圧されてきた集団の構成員が公的言説に参加しようと努力する際、支援を保証するのが公的権威の義務である。そのようなモデルにおいては、「共通善といえるものの理解は、個別性を隠蔽するというよりもむしろ明らかにする公的相互作用の帰結としかいいようがない」（Young, 2000: 119）。

シティズンシップに対するこの種のアプローチは、シティズンシップを正規の地位として決定する規則や権利と、および社会的実践としてのシティズンシップという考えとの、両方に密接な関係がある。ヤングは、リベラル・デモクラシーの秩序における代表制に関する諸規則を再調整することに、賛同を示している。そして、より広範で、より包含的《インクルーシヴ》なアプローチが、個人が市民として互いに携わる個別の知的基盤《バックグラウンド》に採用されることを主張している。この概念は、政治論争における二つの相対する傾向の間の安定的な妥協点として示される。つまり、公平性の立場に訴える自由主義のモデルと、そして多様な被抑圧者《サバルタン》の運動の中にヤングが見出す、厄介な分離主義の衝動である。この後者の動きに対して彼女が抱いている不安は、彼女自身の知的・政治的意図について、多くのことを私たちに教えてくれる。彼女は分離主義の怪しさを、集団が他の集団と深く関連し合う文脈で考察している。また、道徳的観点から、彼女は、ある集団のアイデンティティの一見解を優位的なもしくは正当なものにもし得る戦略の帰結を不安視している。同時に、彼女は、この種の集団行動が市民としてのまとまり《シヴィック・ユニティ》という基準からは、否定的に判断され得ることを認めている。すなわち「もし差異の政治が、明確な境界で繋がるような内部のまとまりを社会集団に要求するなら、そのとき、その批判者が次のように主張することは正しい。すなわち、そのような政治が人々を引き裂きそして分断して、紛争と偏狭性を助長するという主張である」（Young, 2000: 88）。これは彼女の議論においては重要な問題であり、彼女が、共和主義と自由主義への批判と通常関係をもつ規範に、訴えかける契機である。

ヤングは、存在論を政策へ移し変えようとしており、その点でこの分野ではやや珍しい。彼女は、例えば、法的に記載されている権利と義務の既成構造を、後述のような集団の保護にも適用する利点を主張している。すなわち、抑圧されてきており、多くの市民の自己アイデンティティにとって依然として重要な集団の保護である。そのような集団の中で、彼女は「女性、黒人、アメリカ先住民、身体障害者、男性同性愛者、女性同性愛者、スペイン語を話すアメリカ人」を例示している（Young, 1990：206）。こうした集団は、重要な決定が彼らの利益に影響を及ぼしそうなときには、公的財政支援の形態で、そして政策立案者がそれらの集団を考慮するように要求することで、たいてい援助されるであろう。まさしく論争的であるのは、彼女は、立法府内に集団の代表者を包含することに賛成している。そしてこうした代表者に、彼らの支持者に影響を及ぼす政策に対して、ある種の拒否権を付与することにも賛成している。こうした考えは、さまざまな点で興味深い。なぜなら、特に、そうした考えが、さまざまな民主国家で大いに論じられてきている提案と実践とに一致するからである。

ヤングの差異の政治をめぐる評価

「多種多様な公衆（heterogeneous public）」の思想とは、その批判者によれば、民主政治を、競合集団間に不和を生じさせる争いへと変容させるレシピである。このモデルは、こうした集団に、自身の差異を公言し刺激する動機をもたらす（Barry, 2002：211）。同種の批判は、差異化したシティズンシップのモデルが近代のデモクラシー思想の本質的な希望を放棄しているというものである。――すなわち、市民が自らの議論を公共善というより広がりを持つ概念に従って調整するようになるという考えの放棄を批判している。ヤングに好意的な批評者でさえ、次のような共和主義的洞察を否認する帰結を憂慮する。

デモクラシーは、次のような人々の構想をも包含する。自分自身の特殊な利害と関心についての制限を理解するようになり、自分自身の立場と他の人が採る立場との間に潜在的な紛争があることを認識するようになり、私たち全員が結局は属するところである、より広範な共同体を承認する。(Phillips, 1993 : 117)

ヤングは、最近の著作の中で、こうした難問にかなり詳細に取り組んでいる。この中で彼女は、熟議デモクラシーのための集団多元主義の含意に注意を払っている。そして「デモクラシーの条件を創造するのに十分な共通理解を構築する必要性」を強調する(Young, 2000 : 209)。ここで彼女は、初期の著作の中では控えめな存在であった、市民のまとまり《シヴィック・ユニティ》という主題を表に出す。彼女は、共通善の正当な評価を志向する熟議の理想を保持している。しかし、彼女は、相異なる道徳的信念を保持しているさまざまな人々がまとめた政治的合意《ポリティカル・アグリーメント》と、公共理性の自由主義モデルに結びつく満場一致の理想とを区別する。共同体に共通の利益は、政治的なレトリックと議論のさまざまな方法が、正当と認められるような開かれた対話を通じて、発見されるのみである。そうした利益は、政治から独立して樹立される道徳原理の理解から生じるのではない。この文章の彼女の目的は、彼女自身の熟議への偏愛を共有する人々を説得して、合理的に決定した総意という夢を放棄させることである。正当であり公的な議論《パブリック・トーク》とみなす私たちの感覚は、複数化される必要がある。すなわち、

政治的な領域の中で自尊心や自信が欠けている人々——たとえば、さほど教養がなく、もしくは素人の人々——は、政治団体(political constituencies)の中では、合理的で、面と向かって、自説をはっきりと主張する討論を強調した過程によって、不利な立場に置かれるかもしれない。(Young, 2000 : 209)

ヤングの議論によって生じる重要な規範的問題は、彼女の述べるラディカル・デモクラシーの実践と存在論的多元主義との混合物が、安定的な理論か、もしくは不安定な理論のいずれであるか、ということである。彼女はさ

まざまな著作を通じて、シティズンシップに関連する公共善とさまざまな諸原理とが民主的過程の暫定的で偶然の帰結であることを、繰り返し主張している。具体的な熟議による相互作用を、前提や諸条件としてみなすことは、誤りである。この立場に伴う現実の難しさは、公的討議の生成には、公衆が構成される必要があり、また公衆には諸規則についての何らかの感覚が必要となる。その諸規則によって、公衆は規制され、その適切な範囲が確立されるであろう。ヤングはこうした公衆を構成すべき人々、もしくは「憲法制定会議」の権限や特徴であろうことについて、ほとんど何も語っていない。この「憲法制定会議」は、彼女の含意では、共通のシティズンシップについての正当な感覚を規定することが求められるであろう（Meyer, 1998 : 68）。その上、利害関心の共有という対話構成への関与は、彼女のモデルにおいて、集団組織形成に関わる基本的もしくは構成的要求の可能性のための余地が、まったく無いことを意味している。その要求とは、民主的な政体がよく考え、擁護すべきものであり――例えば、平和的共存についての市民の利害関心と、政治共同体それ自体への根強い要求である。ヤングは、公平さを装った自由主義国家の中心的道徳目的を固定させる試みに強く反発するが、その際、価値と規範の共有可能性を誤って断念している。こうした価値と規範は、既存の国家において共存が広く行われることで生み出される社会的偶然性と不確実性とから生じる。

　リベラル・デモクラシーの実践を要求する見地からは、政治生活における、集団に基づいた代表制というヤングの主張もまた、厄介なものである。これらは、不和を生みだす競争的な政治文化の類を引き起こす可能性が高いように思われる。この種の政治文化が、共通の利害関係についてのいかなる議論をも難しくし、そしておそらくは不可能にする。特別代表《エクストラ・レプレゼンテーション》や拒否権を認めるという考えは、実際、集団心《グループ・マインデイドネス》と社会的羨望を悪化させる可能性が高い。政治的交換に競合集団の構成員として従事する公衆においては、具体的・本質主義的集団アイデンティティが発展する可能性が高く、発展可能性が低いわけではない。ひとたび諸集団に、代表者の選択と政策問題への集団的発言権の提供とが要請されると、自らの内面の性格を変更する可能性が高い好機である。指導者が自分自身の地位を確固たるものとし、より統一的な見地を促進しようとする強い動機が、意見の相違と差異とをしっかり管理下に置こうとする動機とともに生じるのである。そのような集団が、政党と同様の圧力の対象となるのはもっともであり、次第に、個別の論争について「知識」を持ち、階層的・官僚的組織原理を重視することが求められる。そのような計画はまた、集団の利害関係を、より処理不可能なものにもするであろう。すなわち、「合意形成の政治的成果の脆弱化」を抱えるかもしれないという展開である（Hoover, 2001 : 208）。

諸集団が公的支援に値するのは、ヤングの主張によれば、それらが、歴史的観点で見たとき、支配と抑圧の両方の犠牲者であったことが論証され得る場合である。(1) この考えにより、彼女は、自由主義者・社会民主主義者・社会主義者の間で非常に広範に共有されている次のような道徳的直観を、組み込もうとしている。すなわち、〝いくつかの民族的・文化的マイノリティ、より一般的には女性が、不平等性の固定的様式を転換するために、もしくは過去の誤りを回復する一形態として、公的支援を受けるに値する〟という直感である。しかし特定集団のための特別な準備《プロヴィジョン》という彼女の提案は、援助に値するとされる集団とそうでない集団とを区別し得るという彼女の確信にも関わらず、厄介なものである（Macedo, 1995 : 468–70）。ヤングの歴史を重視した合理的な取り組みは、本当にもっともらしい判断に至るかもしれない。つまり、回復を必要とする結束力のある社会集団のように思われるものが、より綿密な調査によって、被る抑圧がさまざまである複雑な下位集団のモザイクから成り立っており、そのことが、実際に明らかになる場合があるという判断である。そして、もしそうであるならば、何が、下位集団を形成する集合体《コレクティヴィティーズ》のさらなる差異化を妨げるのであろうか。すなわち、個々に苦境に陥るまで決して論理的結論を持ち得ない過程とは、何であろうか（Tebble, 2002）。ひとたび社会集団の構成員の流動的な性質が明確な形態として現れると、「下位集団の重要性を否定することは困難に思われ、…そしてついには個人の支配と抑圧の重要性を否定することさえも困難に思われる」（Tebble, 2002 : 267）。集団の存在論を理論化する際に行われる、流動性と不確定性に関してのヤングの強調は、奇妙にも、政治と政治制度に関係するときには、より固定的で具体的な理解と入れ替わってしまう（Jagger, 1999）。

集団の功罪の決定要因として支配と抑圧の度合いにヤングは焦点をあてているが、この種の批判を回避するのには有用でない。彼女は支配を、個人の自決権を制度的に規制するものとして定義し、抑圧を自己の能力開発の障害として位置づけている（Tebble, 2002：260）。こうした過程が個人に影響を及ぼす様式を考察することは、社会集団が必然的に後述の適切な水準にあるという思想を害する傾向がある。すなわち、抑圧と支配との双方によって永続した不正を捜し当て、そして是正する水準である。被抑圧集団と被治者集団に関わる彼女の議論においては、アフリカ系アメリカ人のように、多くの構成員が両方の過程にさらされてきた集合体が、考慮されている。しかし彼らは明らかに、同様で同程度の過程を経験しているわけではない。この差異化された経験の一つの理由は、アフリカ系アメリカ人が同時に他の非選択的《アスクリプテイヴ》集団――男性と女性、異性愛者と同性愛者、都市と地方の住民、アメリカの北部と南部の居住者――の構成員であるということである。支配と抑圧の過程を解明するには、さまざまな集団アイデンティティを横断する方法について、かなり洗練された感覚が必要とされる。したがって、黒人の失業者や、より具体的には未だに失業中の黒人女性が、アフリカ系アメリカ人一般より、自由主義的平等主義者へのいっそう道徳的な足掛かりとなる下位集団を構成するのは、もっともである。

これまで被ってきた抑圧の観点から「援助に値する」集団と「値しない」集団との区別を維持しようとする考えは、被害者の境遇にあることを主張する集団の急増によって困難となってもいる。政治生活の中で損なわれたアイデンティティというレトリックが普及することは、どのような要求が正当であるかを決定することの問題点を、かなり曖昧にしている。これは、特定集団のための特別な支援を抑圧に基づいて擁護する人々にとって、注意を要する問題である。さまざまな形態をとる対抗アイデンティティの政治――たとえば、伝統的価値や家族的価値を推進しようとする組織やネットワークの急増、もしくは欧米の「男性解放運動」の近年の増大――は、一九六〇年代の左翼リバタリアンの運動によって国民全体にもたらされたレトリック、すなわち損傷したアイデンティティというレトリックを真似している。そのような展開が説明しているのは、従属関係の承認基準を確立することが必然的に議論のある問題だということである。そして「抑圧の事実」というヤングの確固たる考えは場違いであるということ、すなわち、そのような計画を混乱させるさまざまな集団と下位集団の功罪に関する見解は、正当に複数存在する可能性が高いということである。

　批判者は、道徳的功罪というヤングの概念の不十分さが、彼女の理論的主張全体を拒否する理由の一つだと主張している。しかし、後述の考えは、認められる可能性があり、そして認めることが自由主義者にとっては望ましいものである。すなわち、〝ヤングやその他の論者が主張しているような、特定集団のための特別な救済措置に固執することがなくとも、集団にもとづく不平等性は、重要な問題である〟という考えである。このことの理由の一つには、ヤング自身がそうであるように、抑圧と支配を伴う現実の問題には個人と個性への悪影響があると考えられるならば、そのとき特定集団のための特別な救済措置は、必然的に適切な手段であるかどうか、疑わしいことにある。すなわち、救済措置が、個人が必要とする賠償と公的権限付与とをもたらす適切な手段であるのかという問題である。その上、ヤングが行っている集団類型間の区別には、かなり分析上のメリットがある。彼女は、ある点で構成員のアイデンティティを生成する集団と、「集合体《アグリゲイト》」か「結社《アソシエーション》」のいずれかとして機能する集団とを、倫理的に区別する可能性を主張する（Young, 2000）。集合体によって、彼女は、社会的には必ずしも重要ではない——たとえば、目の色といった——共通属性の観点から、各人を分類するつもりである（Miller, 2002a：178）。この考えと結社の概念との両方とも、次に述べる集団を把握するには不十分である。すなわち、個人がもつ「特有の、歴史・親近さ《アフィニティ》・分離《セパレートネス》していることについての感覚、そして推論・評価・感情表現についての当人だけの様式にさえ」、本質的影響を及ぼす集団についてである（Young, 1990：45）。集団と各人との関係についての彼女の概念は、多少コミュニタリアン的な理論で示される同様の概念に対しては有用な矯正手段である。彼女は、哲学者が無視しがちな集団と、アイデンティティにもとづく共同体の本質的に穴だらけの境界との間には、かなりの部分的重複があると指摘している。つまり、「社会生活の実際の現実感は、集団の差異を排他的抑圧としてみなしたり、そしてその点を強く主張したりする試みを、ものともしない」（引用は以下の通り。Tebble, 2002 : 85)。流動性と堅固な境界の欠如とが強調される集団の概念のみが、彼女が考えるところでは、差異化された民主政体を正当化するのにふさわしい。ヤングは、集団についてのこのような反本質主義的理解を、「構造的《ストラクチュラル》」アプローチと呼んでいる。なぜなら、それは集団間の社会的・文化的関係の重要性を強調しているが、固定的で具体的な文化という思想への過信を回避しているからである（Young, 2000 : 85)。

つい最近の論考である『包含性とデモクラシー』（Young, 2000）の中で、ヤングは、集団自体の特徴から、包含的で公的な対話のために必要な制度的条件へと、焦点を移している。集団についての存在論的説明に影響を与える多少の緊張感が、熟議デモクラシーの原理と実践とを彼女が書き直す際にも、姿を現わしている。ここで彼女は、初期に詳説した集団代表制の主張に回帰している。

その集団の歴史と社会的状況とが、懸案問題に対して個別的な視点を提供する場合はいつでも、代表が任命されるべきである。すなわち、その構成員の利害に特別の影響が及ぶ場合、そして集団の認識や利害が、そうした代表なしでは表明を受け入れそうもない場合である。（Young, 1989 : 266)

熟議《デリバレイティヴ》の文脈《コンテクスト》の中では、彼女は、「集団の認識や利害が、そうした代表なしでは表明を受け入れそうもない場合」、集団が援助に値することを主張している。(2) しかしこの原理は、直接には、支配と抑圧という対をなす基準と一致しない。周辺の見解や問題がある程度認知されるような情報発信源や機会がとてつもなく急増する社会では、集団の要求や懸念を表明することは、それ自体が常に難しいわけではない。単なる表現よりもむしろ、発言の適切な機会を得ることが、抑圧されて従属的な地位にある集団が直面している問題に他ならない。そしてこのことが、他者への信頼・親切心・尊敬といったエートスを、おそらくは要求するであろう。——それらは、ヤングが拒否する自由主義と共和主義の議論の類と一致する諸価値である。彼女が次のように主張するのは確かに正しい。つまり、〝失業者や高齢者といった集団の中には、公的生活においてまったくといっていいほど発言権がないものもおり、そして彼らの代表選出への配慮が、熟議デモクラシーを擁護する人々にとっては重要な問題である〟という主張である。しかし、諸集団に代表選出権が付与されるが、にもかかわらず集団の意見が決して聞き入れられない場合、代表選出権付与のための規範的諸原理を発展させようとするヤングの試みは、集団についての彼女自身の反本質主義的理解と矛盾しているのである。彼女の議論は、困惑させるような循環論になる傾向がある。社会集団は、同一とみなし得る本質を持たない。そうした集団は、関係性を通して構築され、前述の原理と民衆とをあまねく内包している。しかしこのように構成された集団は、一般には、何らかの形でそれ自体を公的に表しており、そしてこの基準に基づいて代表の選出を行う必要があるようにも思われない。

　民主的討論の条件としてヤングが強調する包含性《インクルーシヴネス》は、同時代の理論形成に広範な影響を及ぼしている(Dryzek, 1996)。公的討議の内に集団にもとづく視座を包含することによって、整理された視点と社会的要求とが考慮される。そして広範な利害関心を反映する共通善の感覚が可能となる。よく知られている問題が、包含のこうした強調に絶えず付きまとう。つまり、民主的シティズンシップは、共通目的の合意と感覚との必要性を要求するが、包含とそうした必要性とは両立し得るのだろうか。ヤングにとっては、包含性の道徳的優先事項とは、民主政体が、次の内容を保証する方法を、考案しなければならないことを意味する。すなわち、諸集団が「他集団の個別状況に留意し、そして彼らが置かれた境遇の至る所から生じる紛争と集団の問題とに対して、妥当な解決策をすすんで作り上げるように注意を払う」ということである（Young, 2000 : 7）。そのような包含性の一帰結は、以下についての改良である。

つまり、提案者が自らの地位を、当初の自己中心的な姿勢から、正義に対してより客観的に訴えるような姿勢へと転換するであろう機会についてである。なぜならば、彼らは、応答可能性をも備えた（answerable）、異なる地位の他者の声を聞かなければならないからである。たとえ、結果に不賛成でも、政治的行為者は、それが公的議論の包含的な過程によって到達したかどうかについて、下された決定の正当性を認めなければならない。（Young, 2000 : 52）

言い換えれば、熟議による交換の力学を経験することによって、行為者《エージェント》は、全員の善に関連して個別の議論を呈するようになるであろう。この帰結に都合のよい条件とは、ヤングが示すところによれば、これらの対話の当事者が相互に「応答可能である（answerable）」関係になることである。もし行為者が不賛成のときでも、彼らは決定の正当性を、包含的な対話の過程に沿うことで到達したという理由から、認めなければならない［というのである］。

包含と公共善との関係についてのヤングの理解は、完全には納得のいくものではない。彼女の枠組みの中には、個人が自分と意見を異にする投票と決定とについて正当性を認めるという確信を植え付けるものが、何も存在しない。〃ある程度の「応答可能性（answerability）」が公共の討論への単なる関与によって、市民に不可欠である〃という彼女の確信は、「公共理性」の自由主義的説明に代わるものとして示されている。後者は、デモクラシーにおいて議論を呈する、合法的・非合法的な方法の区別を用いる。こうした区別をヤングは、優位的地位を占める集団好みの表現様式に対して、過度に規定的で偏見のあるものとみなしている。リベラル・デモクラシーの諸体制においては、彼女が述べるところでは、好まれる理想とは、市民に自分自身の文化とアイデンティティから離れることを要求するものである。

そのような条件に代わって、ヤングは次のように論じている。つまり、討議の内に包含された単なる感覚は、そしてその際、敬意をもってその人の信念や価値を説明することが求められれば、やがて合意に至る取り決めを承認するための、基礎をもたらすというのである。しかしこうした条件は、十分厳密なのだろうか。たとえば、当人のアイデンティティを特徴づけるいくつかの形態が、トマス・スプレイジョンズの指摘の通り、「当人の存在に関わる外的な偶然の連続から」(Spragens, 1999 : 88)、現れてくるという彼女の見解を容認するとしよう。その場合、さまざまな道徳的な見解がさまざまな社会的・文化的背景に非常にしっかりと組込まれているとき、相互の共感が議論の包含から生じるであろうと考えるような、なにかしら妥当な根拠があるのだろうか。もし私たちのアイデンティティの重要な側面がこの種の「社会的刷り込み」の産物であるならば(Spragens, 1999 : 88)、そのとき相互理解の可能性は、おそらくほとんどないであろう。包含性の理想に本質的な関連を有するもののうち、ある個別的な視点の保持から別の個別性への共感までの移動を、保証するものはない。「応答可能性」は、まさしく自分自身の文化・歴史・唯一無二の経験のみに基づいた理由に人々を依拠させたり、もしくはこれらを共通善の議論に粉飾したりしかねない。ヤングによる、社会集団の特性の強調は、ここでは自身の立場をも損なっている。なぜなら、社会集団との関係における――近隣・地域・下位集団・道徳的視座・イデオロギー的伝統との関係においてではない――包含性の諸条件に合うように努力しなければならないので、そのような対話の性格が特定集団のための特別な代表選出様式に影響する見込みが高いからである。集団間の競争を増加させ、集団の狭量と守勢とを強化する危険は、高いように思われる。

ヤングの包括性の強調が提起した最後の難問は、次のようなものである。つまり、〝公的議論への「合理的」寄与とみなされるものに関する、支配的な観念を放棄する〟という考えが、実際のところ、従属集団にとっては自滅的であるかどうか、という問題である。ヤングは、個別主義者や多元主義者による集団の理解を、さまざまな方法のコミュニケーションと公的議論とが等しく妥当とされるべきとする主張に利用している。同意と公平性についての有害な神話は、彼女の議論によれば、民主的な言論や討論を生み出す方法の条件にまで及んでいる。

よって、概して非合理的もしくは操作的とされる（弁論術《レトリック》・挨拶・物語《ストーリー・テリング》のような）話し方は、熟議による対話の中では、それ自体本質的に貴重なものとしてみなされるべきである（Young, 2000 : 52–80）。

啓蒙時代の合理主義が、正当であり公的な議論の内容を決定していると、ヤングは考えている。彼女はこの示唆により、〃政治的理性の確立された諸形態は、若干の集団の歴史的支配の露呈であるとみなすべきである〃という自滅的な議論を展開するようになる。力のない集団にとって、そのような立場の実際の危険性とは、もしこの意見に従うならば、彼らが以下のようなコミュニケーションの様式に閉じこもるかもしれないということである。すなわち、公的な推論《パブリック・リーズニング》の形態としては意図されていないために、効果的で正当な議論形態とはみなしえないコミュニケーション様式である。〃社会的差異は、女性やアフリカ系アメリカ人が、女性のための特別な方法やアフリカ系アメリカ人のための特別な方法で論じるしかないことを意味するものである〃と想定することは、ヤング自身が批判するアイデンティティの論理にもとづく表現方法の罠に陥ることになる。同様に、彼女は、民主的社会で広く行われている政治的なレトリックが、実際には、彼女の議論の見込み以上に本質的にはるかに多種多彩で複数的であることを理解し損なっている。民主政治が生み出す概念的な資源および政治的な語彙とは、従属集団の前進を、妨害すると同程度に、可能にしてもきているのである。いくつかの歴史的な記述の中では、公的議論を形成する過程と規則は、エリート集団の保管物として示されるのと同じ様に、扇動と下からの政治運動の産物として、実際示されている。歴史家のエドワード・トンプソンは、たとえば、一八・一九世紀のイングランド急進主義政治の中にある、次の重要性を論証している。すなわち、合理的議論・政治的情熱・義憤の混合——理性と欲求との融合——の重要性であり、闘争が公共圏を創造するように鼓舞したものである（Thompson, 1961 ; Kenny, 1999）。規範的な観点では、集団が自身の現地語の範囲だけで話すように勧めることは、少数民族居住地の政治（the politics of the enclave）に彼らを取り残してしまう恐れがある。

ヤングは、自身の存在論の思想に依拠して集団的差異の政治を主張するが、そうした思想と一致するであろう他の倫理的・政治的結論は考慮に値する。より説得力のある平等主義の立場は、〝集団の関与が、より公正な社会の創造へ至る一進路に過ぎないことを表している〟と考えるはずであろう。時として多文化主義という標題の下に分類されることを通じて、集団についてのヤングの分析的概念は実際には、このパラダイムの中心的な前提と思想とをいくらか損なってしまう。もし支配と抑圧が、個人が最も直面せざるを得ない問題であるならば、その際、例えば、イスラムの文化と信仰を維持し安定化させる政策や、もしくはその信奉者に英国議会における代表権を認めることでは、おそらく不十分であろう。こうした基準は、例えば、労働者階級の女性イスラム教徒が直面している特有の圧力と不平等の組み合わせに対しては、ほとんど対処しないと言ってもよい。

複数化のエートス——ウィリアム・コノリー

ヤングの主張は、社会的複数化によって生み出される諸問題の帰結として、自由主義政治思想の基礎からの方向転換を求める数多くの哲学的発言の一つである。(3) これらは、しばしば共同の知的努力の連合として示されるが、重要な種々の哲学的態度と政治的展望のなかには、自由主義的多元主義を補強するものもある。このことは、もう一人の現代アメリカの理論家である、ウィリアム・コノリーの有力な見解を考察すれば、明らかである(Connolly, 1991; 1995)。ヤングと同様に、コノリーの作業は、それ自体が挑戦的であるが、より広範で影響力がある地位を有している。彼特有のポスト構造主義思想は、彼自身による自由主義の普遍主義に対する批判に独自の性質を与えており、自由主義制度を正当化する場合に一風変わった仕方をもたらしている。彼の著作を批判的に考察することは、英米系の政治哲学の境界線を超えたところにいる理論家たちと伝統に出遭うことにつながる。

コノリーは、そうした文化・社会理論家たちが、差異を単に多元社会の世界の描写としてだけではなく、(ポスト）近代社会における自己形成に不可欠な原動力として把握することにも賛同している（Connolly, 1991 : xiii-xxx）。そのような考えをもっているため、こうした理論家たちは、既成の規範やアイデンティティに挑戦し異議を唱える社会的表明や政治的反対の形態に賛成するようになる。社会運動はしばしば新しい因習打破の担い手《エージェント》としてみなされている。というのも、社会的権威――例えば家父長制的な核家族――の土台を壊し、自由主義的人道主義という普遍主義者の主張に潜む、偶然性や個別性に目を向けさせるからである。こうした強調の双方が、コノリーの著作では絡み合っている（Spragens, 1999 : 96-102）。近代的自己を断片的で不完全な存在として考察しつつ、コノリーは、ニーチェとフーコーを大いに参考にして、次のような主体性の主張をしている。すなわち、担い手《エージェント》が、広範囲に及ぶ意味の複雑な領域の中で行動するときに、持続的に作り直される基盤としての主体性である（Connolly, 1991）。彼はフーコーから、自己《セルフフッド》を生み出すさまざまな遂行的実践の感覚を引き出している。自己は、さまざまな場の中で、そして複合的な伝統と関連して構成される。この理解にもとづくならば、自己《セルフフッド》は暫定的で、結果がどのようになるか分からないものである。そして自己は、自分自身の集団と、「他者」とみなされるその文化や価値との配置関係に、決定的に依拠している。自分が何者であるかという感覚は、自分が何者でないかという感覚の理解によって決定的に媒介されるため、他者性の規則《レギュレーション・オブ・オルターリティ》は自己の重要な属性となる（Connolly, 1995 : 69）。自己と他者は、共生的かつ相互依存的で浸透性のある相互関係において形成され、すなわち心理分析的な著作の中で広範囲に探求される考えにおいて形成される。この自己についての反本質主義的説明は、集団と個人の関係の偶然的・部分的特徴の強調を含意し、そして固定したアイデンティティの反映・表明を主張する政治的な計画と要求とに対しての、あからさまな敵愾心を含意している。社会的な同一化は、どのような形にもなり、偶然的で、無限の複雑さを備えており、結合と復活という永久の動力に余地を残している（Connolly, 1995）。そのような視点から、アイデンティティの政治は、独特の曖昧な地位を享受している。狭量で本質主義的な種類の文化の政治は、こうした理論家が述べている存在の不確定性と偶然性の感覚を、包含するというよりもむしろ、無効にするように思われる。ジュディス・バトラーのような思想家は、いくつかの最も根の深い文化的二元性——「異性愛者」に対しての同性愛者、白人に対立するものとしての黒人、男性《メイル》に対しての女性《フィメイル》——に対する脱構築的アプローチの重要性を、先頭を切って強調している。というのも、この二元性を通して社会秩序が構築されるからである（Butler, 1990）。こうした分類のどれも、不変的ではなく「自然」でもない。各々がその正反対とされる事物と関連して生み出され、取り決められるのである。

倫理的な観点からは、こうした主題は個人主義的規範志向を生起する傾向があり、その際、批判的な強調が、社会集団をほぼ常に抑圧的なものとするような前述の差異と個別性とに向けられる。しかしながら、こうした方向性には、次の点に顕著な懐疑主義を宿している。すなわち、独立的で自律的な自己であり、自分一人の意思を実行に移し、伝統・文化・諸関係から外へ踏み出す能力のある自己という自由主義的モデルについてである。ポストモダニストやポスト構造主義者の理論に影響を受けた知識人は、文化的・倫理的中立性という自由主義の主張の傲慢な特徴を暴露したいという気持ちを、多文化主義者と共有している。ジャンニが指摘しているように、

> 他の種類の制度とちょうど同じ様に、自由主義的な制度は見知らぬ人と敵とを創造した。彼らは、自由主義の分類には納まらない人々によって構成されているのである。そうした諸制度の機能は、標準化の過程に基づいており、それは最後には「他者」を異常者・変質者として否定し排除するに至る。（Gianni, 1998 : 41）

ヤングと同様に、コノリーは自由主義市民がもつ普遍主義者の覆面を引き剥がし、「自分の」規範的な権力からできる限りのものを得るような主体を明らかにしたいと考えている。しかし、彼は、自由主義文化の影響力に関する分析に、懸念と緊急性についての特別な説明を付け加えている。社会的立場や文化的背景が、自分と自由主義的人道主義の価値との不一致を意味するのであれば、そうした立場や背景を持つ人々は次第にその文化的規範

から疎外される。すなわち、彼らは、「公共圏に入る際に、戸口で信念というカバンは置いてくるように言われる」のであり、ところが「ドゥオーキンやその仲間達は、数個のスーツケースをカバンと一緒に持ち込むことが許されている」（Connolly, 1995 : 124）。コノリーは、アイデンティティの政治に対する次のような自由主義の反応には、特に批判的である。つまり、自由主義は、普遍的理性の規範に固執する正当な視点と、前近代的伝統主義やコミュニタリアンの独白主義（monologism）に執着する人々との間に啓蒙主義文化があるとし、それにもとづく区別に訴えるのである（Young, 2002）。政治的領域をこのように分割することは、浅薄な対処法である。国家の中立性に関する自由主義者の祈りと、そして自分の直感と生活様式は他者に左右されないという彼らの根本的な信念とは、移民のコミュニティ・文化的マイノリティ・宗教団体から、疎外・欲求不満・怒りを生み出す。アイデンティティの政治は、不慮の事故でも、歴史的に例外的なことでもなく、自由主義文化の優位に対しての反応である。近年のアメリカの政治生活の中に見受けられることだが、さまざまな原理主義の反自由主義的傾向――たとえば、新保守主義とキリスト教右派――によって生じた襲撃は、部分的には以下のことで説明され得る。つまり、「自由主義の想定と優先事項のために都合よく歪曲された、普遍的理性・権利の自然的主体・中立な国家・想像上の契約の名において、他者に自由主義の信条を課そうとする試み」に対しての深い憤慨によって説明され得るのである（Connolly, 1995 : 123）。

カール・シュミットの代議政体批判を引き合いにし、コノリーは、〝自由主義国家が他のいかなる政治体制ともまったく同じように一連の友敵関係を産み出す〟と主張する。自由主義政治秩序の再生は、標準化のさまざまな過程――たとえば、共通の国民的アイデンティティの構築――に依拠しているが、その過程は結果的には、異常者や変質者として他者を否定し排除するに至る（Gianni, 1998 : 41）。リベラル・デモクラシーの諸体制が寛容と包含の避難所であるという傲慢な考えでは、自由主義者は、自分の意見に反対する人の言い分を真剣に受け取ることができず、彼らを先祖がえり的な伝統主義者として非難してしまう。自由主義的個人主義は、それもまた社会的構成物であるとは評価することができない（Rorty, 1999：237）。したがって、その優位的野心を調整する必要がある。多くのポスト構造主義的な批判の理論は、政治的・イデオロギー的な点で曖昧であるが、コノリーが珍しいのは、自由主義理論を批判しており、しかも自由主義者が一般的に探求してきた道徳的基礎付けに依拠することなく民主政体に新しい根拠を提供しており、双方のポスト構造主義的な洞察を展開している点である。リチャード・ローティと同じ調子で、彼は、自由主義が、その偶然による歴史的・文化的出自を認めなければならないとする。ローティとは異なり、彼は、他の文化を処遇する際、自由主義の傲慢さの放棄と、自由主義の謙虚な姿勢の採用とを含意するような、反原理主義の立場を取る。

しかし、どのような基礎に基づいて自由主義政体は正当化されるべきであるのか。というのも、コノリーが示すところによれば、自己《セルフフッド》の特徴を形成する根本的な不確定性と差異化とが、考慮されなければならないからである。彼の答えは、自由主義がその基本的道徳的諸要求の多くを放棄し、制限のない闘技的民主的秩序を展開する必要がある、というものである（Connolly, 1995）。なぜならば、私たちは次第に、自身のアイデンティティと利害とを、変更可能で多面的意義を有するものとみなすようになるので、厳密な境界線を政治的とみなされる物事の周囲に引くことは、不適切であり、潜在的に有害である。コノリーはしたがって、いかなる争点も先験的な理由で公的考察からは排除されえないような、闘技的《アゴニスティック》な類の政治を推奨する。その政治的な領域は自己の可塑性と可変性とを投影すべきであり、そして自由主義政体はもはや、その市民の何人かにとってのみ意味があり、その人たちにとってのみ魅力的であるような価値に依存するようにはなれない。この闘技《アゴーン》の重要な特徴は、コノリーと他の現代の理論家によれば、闘技が、政治の内容について過度に制限的な境界の固定化を回避しようと努めることである（Connolly, 1995）。政治文化は、交渉の考えと他者に対しての偏った判断を避けるアプローチを支持するような、熟議の枠組みを要求する。なぜなら、ここでは、どんな単独の評価基準も社会制度によっては推進されず、そしてさまざまなアイデンティティが、平和的で制限のない方法で取り決められるからである。

コノリーは、自分のものではない文化や価値に対して、各人は本質的に曖昧であると主張している。私たちは、他者に対して開かれた反応をする能力を持ち、そして他者から逃れ、他者を拒否する能力をも保持している。しかし、寛容についての自由主義の考えは、民主的文化の基礎としては不十分である（Connolly, 1999）。単に寛容程度のものしか要求しない社会は、他者の運命に対して無関心を助長するだけである。欧米双方において移民排斥を主張するポピュリズムが激増するという文脈で、興味深い分析の手掛かりを扱う議論において、彼は次の主張を行う。すなわち、「私たちの」文化は寛容であるが、さまざまな他の文化はそうではないという考えは、自由主義的根拠に基づいて、マイノリティ文化に対する根深い不寛容の反応を生み出すのに役立つ、と主張する。そのような過程は、集団攻撃の本能的形態に関わるコノリーの分析の中で、ひときわ突出している。こうした形態は、集団間の敵愾心と対抗心という発作を、「差異」の文化的価値が低下している多元主義社会において、生じさせる。いかなる民主社会においても、社会的差異化が、象徴的な重要性を抱え込みすぎ、そしてついには最も野蛮な類の人種的もしくは文化的決定論に帰するようになる可能性がある。自由主義の闘技《アゴーン》についての彼の主張は、リベラル・デモクラシーの浅薄な基盤についての、存在論的異説《ヘテロドキシー》と政治的用心との見慣れない混合に依拠している。差異に対して敏感であり偏見がないということが、闘技的デモクラシーの中心価値として現れ、つまり、国家が育成・促進を行う必要がある属性として現れるのである。

徹底的に複数化された自由主義のこうした見解は、ある重要な点で、集団のアイデンティティや承認をめぐる政治を促進する試みとは異なる。コノリーは、個別の政治的もしくは社会的取り決め《アレンジメンツ》を通じて実現化され得る自己には、真《オーセンティック》の中核部分などないと考えている。自己の中におけるアイデンティティ・差異・欲求の相互作用は、そのような計画をすべて破壊する。安定的な民主的秩序を保証するために、国家が承認する究極の自己など、決して存在しない。自由主義理論は、それに代わって、自己《セルフフッド》の考えを「技能を要するなお一層の戦略にそこそこ開かれた偶然の組成物」として甘受することを必要とする（Connolly, 1995：69）。自己は常に制作中の作品であり、その作者は、謙遜・機知・感受性に、自身が宿る状況に応じてその構成要素を修正するよう要求するのである。

この議論に特徴的な規範的含意は、社会的・文化的差異が調整原理であるような世界にふさわしい感受性を、国家が市民の間に、育むべきであるということである。近代的市民は、法・制度・文化的規範がどの程度特定の集団を厚遇し、他の集団を排除するのかを、さらに多く知る必要がある。コノリーも、道徳的選択がもつ避けることのできない悲劇的な特徴については、ニーチェ的感覚を普及させることを主張している。なぜならば、正当な道徳的選択肢の間の違いを判断する合理的な基礎など、決してないからである（Connolly, 1995）。政治的な観点から、コノリーは、なお一層の民主化を、以下のような政治文化の促進のためには最適な手段であるとみなしている。すなわち彼は、控えめな感覚、つまり差異と文化的節度を積極的に受け入れる感覚が定着し得る政治文化を想定している（Spragens, 1999：98）。これらは、とりわけポストモダンの社会に適切な徳である。なぜならば、そうした徳は、例の――処罰・説教・統制という――欲求を弱めるからであり、常に近代主義の計画の中に現れようと苦闘している。控えめな態度は、私たちの他者に開かれた態度が、相互の配慮と尊敬のエートスに辿り着く文化の中に生じ、相互寛容の有意義な形態が成長するようになる文化の中に生じる（Spragens, 1999：99）。コノリーは、自由主義者が展開してきた伝統的な道徳的・認識論的基礎に頼らず、民主的政治秩序の正当化を探求している。そうする際に、彼は、道徳的信条の衝突よりもむしろ、文化的継承性や社会的アイデンティティと結びつく難解な差異を、自由主義理論が直面している中心的問題性として受け取るのである。

コノリーの差異の自由主義をめぐる評価

膨大なコノリーの議論は、認識的・存在論的・倫理的水準に据えられている。政治的な制度や実践に対するそうした含意は、少ししか述べられておらず、そして曖昧に、描かれている。むしろ有効とも思える彼の説明不足とは、一般的な機構や機関を想定した議論が欠如していることである。こうした機構・機関は、彼が主張する差異への相互的な尊敬と感受性とに向けて市民を正当に後押しすることができるかもしれない。なんらかの制度的装置は必要に思われる。なぜならば、それなしでは、以下のような彼の直感的主張があるのみだからである。すなわち、〝ある個人のアイデンティティを、かなり制限がなく、多面的な意義を有し、断片的な問題であるとする認識は、「他者」に対しより開かれた寛容な精神を生み出す可能性が高い〟という主張である。こうした考えは、どうみても楽観的である。不確定性と脆弱性は、「外国人」――たとえば、不法移民や亡命希望者――とみなされる人々をもっと手荒に扱いたいという集団的欲求に、いかにも典型的に現れる。

同様に、差異が個人と集団にとって本質的にとても重要であるとする議論のメリットを、よくよく考えるべきである。その重要性とは、共通性と合意の概念が、本来的に強制的で操作的に見えるようになることである。コノリーの哲学的唯名論はそのようなものであり、後述の問題を一般化するまさにその考えが、規範的な範囲から消え去るのである。すなわち、社会的協力がリベラル・デモクラシーの中に現れるとする政治的観点の一般化であり、もしくは対話によって道徳的信条を共有する世代の一般化についての考えである。代わりに、彼は「差異」を、社会的複数化を解釈するために引き合いに出し、そして平等や正義のような価値を再解釈する基準としても依拠するのである。この概念によって、彼は、社会変化の説明を存在論的主張に被せることができる。つまり、差異がアイデンティティの条件であるという主張に対してである。(4) コノリーはまた、価値の共約不可能性の考えについての有力な見解に賛成する。そして、他の自由主義理論家とともに、この状況についての避けることのできない「悲劇的」意味合いを考察している。すなわち、こうした共約不可能性がもたらす状況は、誰一人として価値のある生活を特徴づけるあらゆる理想に固執することはできない、ということに基づいている。共約不可能性は、相争う価値の衝突と妥協の悲劇的必要とから生じる緊張を、個人がどうにかしなければならないこととんどなすすべがない。

を意味する。彼が主張するところでは、合理主義的自由主義は、このような条件に対する市民の準備についてほとんどなすすべがない。

しかし、コノリーの価値多元主義という命題の主張は、自身のデモクラシーへの強い愛着を弱めてしまう。どのような根拠に基づいて、彼は、「延々と悪化する」道徳的不一致によって特徴づけられる社会にとって、民主政体が最適であると確信しているのだろうか。支配のエリート的形態や啓蒙専制君主の統制は、まさしく次のような条件を実現する能力があるように見える。すなわち、コノリーが、機能するデモクラシーのいずれにも直接関係あるものとみなす社会的条件――社会的平和と多様性が反映する空間――を実現する能力があるように見える。彼の考えは、ラディカル・デモクラシーが多様性と複数化の価値と実践に最も資するというものだが、こうした考えは、次に述べる希望にひどく依拠している。すなわち、民主的交換と参加を通して、相互の理解と信頼を深化させるという希望である。そして、こうした理解と信頼が、みのり豊かな諸条件を、彼が賞賛するような「他者」への開放性にもたらすという希望である。闘技的政体においては、皮肉な控えめな態度という姿勢は、自由主義の傲慢さに取って代わる。しかしながら、これらがおそらくは民主的交換の帰結であるという考えは、楽観的な性質に基礎づけられているようにみえ、ほとんどそれ以外には思われない。コノリーは、彼が賞賛する生活の多様性について、畏敬の感覚を理解するには、民主的制度がふさわしいと考えているが、なぜ私たちはこうした彼の信条を共有すべきなのであろうか。そして、私たちはいかなる根拠に基づいて、闘技的な政治的枠組みがその市民の忠誠心を把握し得ると考えるべきなのか。コノリーのモデルの中でのデモクラシーは、ただ偶然によってのみ正当化され得る。そしておそらくは、ちょうど同じように、偶然に廃棄もされ得る。共同事業に参加し、他の人との交渉術を習うことは、皮肉的で控えめな市民文化の育成のための、潜在的源泉として示される。しかしながら、こうした価値は、相互依存・社会資本・信頼といった、民主的社会においてはすべて不足していると思われる財があたかもあらかじめ確立しているかのような前提に、おそらくは依存している。そのような文脈において、差異化について柔軟性のない言語は、そして、デモクラシーの諸体制は共有された道徳的地平を要求するという考えを放棄してしまうことは、代議制デモクラシーの民主化を向上させるというよりも、損なう可能性があるように思われる。

コノリー（および他の論者たち）が、複数化と差異化とを、民主化の条件および目標であるとして強調することは、リベラル・デモクラシー論者を不安にさせる（Spragens, 1999）。例えば、差異化がさまざまな新種の共有された利益と新種の結びつきの形態を生み出してきた、ということを示唆する理由は確かに存在する。しかしこうした現象は、当の理論家たちが好む個別主義的な見解によって見落とされている。地方や地域への新しい帰属意識、自由主義文化においていくつかの「差異」への寛容を目指すゆっくりだが確かな足取り、そして多くの宗教的・文化的主導集団が民主的社会において「判断の負担（burdens of judgement）」を容認しようとする意欲の増大。これはすべて、差異と共約不可能性の表面的な強調によって、現代の社会的・政治的難題についての私たちの理解が歪曲されていることを示している。

むすび

闘技的政体に関するコノリーの説明は、ヤング以上に差異について急進的な姿勢から生じる。彼の説明は、多文化主義の論争の中では一風変わった異端の主張であるが、彼は差異の存在論を擁護する一連の文化的・社会的理論に関連させて、まさに話しているのである。彼が論じているのは、顕著な社会的・道徳的差異の文脈の中では、自由主義者は自身の普遍主義的主張を放棄すべきであり、他者に開かれた態度の感覚の育成と、他者との相互作用の感覚の育成とを主張すべきということである。しかし、リベラル・デモクラシーの隠された不寛容に対するコノリーの攻撃は、そのような全体的な特徴をもっているため、彼は、代議制デモクラシーの組織原理としてシティズンシップを説明する議論の余地を、まったく残していない（Gianni, 1998：43）。

他方、ヤングは、公共圏が市民社会内の数多くの多様な集団に一層敏感になることを主張し、抑圧された主体のための公共の介入に賛成の主張を唱えている。彼女は、他の多くの自由主義者にとって大切な諸価値——社会正義と平等——は、たとえ公平性と全員一致に基づく熟議という神話が失われようとも、依然として適切なものであると信じている。彼女のモデルでは、差異は、集団の存在論的説明から生じる。そしてこのことは、多種多様に構成される公共圏という考えと、より包含的で複数的な政治対話という考えを正当化するために展開されるのである。

両者の立場は多くの点で異なっているものの、いずれも、現在の自由主義の理論化に及ぶ、異端的な存在論的・認識論的な思想の影響が増大していることを示している。全体として、合理主義的な哲学者は、自由主義思想の知的構築物へのこうした攻撃によって主張された問題を、無視したり簡単に片づけたりする傾向がある。しかし、政治的なるものについての、こうした［コノリーやヤングのような］著作家の概念を悩ます多少の脆弱さにも関わらず、彼らの議論は、熟慮し批判的に取り組むのに値する議論である。こうした立場は、自由主義理論の傲慢な要素は緩和される必要があるとする考えから、推進力とひらめきを引き出す。同様に、差異化されたシティズンシップの考えは、民主的設定の範囲内にあるさまざまな社会的・政治的勢力の見解と一致するものである。そしてより一般的には、リベラル・デモラシーが「文化的に深く分裂した社会におけるよりよい政治統合に辿り着くために、実際的な実験を」行う、という考えと一致する（Gianni, 1998：43）。

こうしたプロジェクトへの批判的な取り組みを通じて、政治理論家たちは、いくつかの重要な現代の社会制度と多元主義者の要求とに、直面するようになる。しかしこうした理論家たちの双方の議論の中心にあるのは、リベラル・デモクラシーの根拠への懐疑主義である。彼らが主張する政治的提案は、彼らが採用する強力な個別主義の倫理的アプローチによって阻害され、それによって彼らは、社会協力と政治的合意の問題を十分に理論化できずにいるのである。社会協力と政治的合意がなければ、民主的なシティズンシップは不可能である。民主的秩序の制度的・道徳的・政治的必要条件が、いつ正当に社会的アイデンティティを侵害することができるかという問題について、いずれの側も適切な返答をしていない。そして両者とも、道徳的・文化的に多様な社会においては、〝私たちが市民として保持する義務〟と、〝私たちが属しているサブ・ナショナルな集団に対して感じる忠誠心や義務〟との間を差異化することの方が、より重要になってきているかもしれないということを、考慮していないのである。

（1）抑圧と被抑圧者というヤングの概念に対して、重要な批判的評価が、以下の論者によってなされている。Spinner-Halev (2000), Macedo (1995).
（2）集団代表制の主唱者が直面する難題・難局に関しての洞察に満ちた説明は、以下を参照のこと。Phillips (1996).
（3）現代自由主義は、さまざまな種類の多元主義の挑戦に直面しているが、これに関する綿密な論考は、以下を参照のこと。Bellamy (1999).
（4）種々の点について、コノリーの議論は、アメリカの理論家ボニー・ホーニッグによって論じられている議論と部分的に重複する（Honig, 1993）。

第8章　自由主義と承認の政治

はじめに

承認という考えは、差異・多様性・アイデンティティのような用語と同様に、英米系の政治理論家の概念語彙の中で、再び周知の存在になった。広く主張されているのは、他でもない、アイデンティティの政治が、その本質的な政治表現を、さまざまな社会集団によってなされ、増大している承認の要求において表すことである（Tully, 2000a）。承認の規範的説明には種々の基本的衝動があり、その一つは、市民の文化・言語・価値に国家が中立的であり得る、もしくはあるべきだという考えに対しての懐疑主義である（Bader, 1997：784；Bennett, 1999）。したがって、承認は、文化的中立性を唱える自由主義思想へのアンチテーゼとして一般的に提案されている。また、さまざまな集団文化と密接に関係した多様な価値に対して敏感な自由主義の基礎としても主張されている。

チャールズ・テイラーは、公的中立性の自由主義思想が、文化的に多様な社会には応用できないと主張する主要な理論家の一人である。彼はまた、この中立性という考えが諸文化の平等な価値という原理によって置き換えられるべきであるとも主張している（Taylor, 1994 : 62 ; Baumeister, 2000 : 134）。彼が再三再四退けてしまうのは、中立の根拠が「あらゆる文化的背景をもつ人々が出会い、共存する」ところに存在するという考えである（Nicholson, 1996 : 7）。彼は、特に、手続き主義的自由主義の議論を拒絶する。なぜなら、この議論は、一連の制度や手続きが人生の目的についての緒論からは独立して決定され得ると主張するからである。そのような主張は、北米自由主義の価値と一致した見解と実践とを正規のものとするのに役立つ。中立性の魅力は、自由主義国家がさまざまな国民形成《ネイション・ビルディング》の努力を装って追求する文化闘争（*Kulturkampf*）についての批判を、上手にかわしていることである。そして、こうした自由主義国家は、マイノリティ文化に対する同化政策の衝動を生み出したのだが、中立性の魅力はこれについての批判をも上手にかわしていることである（Kymlicka, 1998）。

しかしながら、承認と中立性の概念は、思うに、反対者である自由主義者によって形成される必要はない。幾分異なる自由主義アプローチは、公平さを含意する中立性を利用する。というのも、公平さは、テイラーによって提示された文化主義の諸要求に配慮することなく、ある種の公的承認に適応し得るからである（Carens, 2000）。この立場は、諸集団のなかでも特に、負荷を負ったアイデンティティと関連した経験から生じる集団間に横たわる、地位と権力のさまざまな非対称性の考慮から、ヒントを得ている。また、この立場は、こうした集団が配慮と尊重の平等という自由主義の原理に、いかに影響を及ぼしているかということについて、考慮している（Patten, 2000 : 200-1）。それはナンシー・フレイザーの研究を考察することで明らかになる。彼女や他の論者は、集団の差異の多くが、承認の次元に従って理解し得るだけでなく、配分と平等という、よりなじみのある座標軸に関連していることも示している（Fraser, 1995a ; 1995b ; 1997 ; 1998）。こうした理論家達は、一方では、承認をめぐって文化的な政治を主張する立場を回避し、そして他方では、集団の構成員への無関心を含意する中立性の見解を回避しつつ、承認の問題性を自由主義の正義論の枠組み内に有効に組み込むことができると主張する。この考えは、一部の自由主義知識人が有する文化主義の文化的偏見を超えて、承認をめぐる政治の再定式化の可能性を示している。正義の側面としての承認の概念は、次に述べる考えに依拠している。すなわち、この承認の価値が、その希望者には一種の通貨のように配分されるものとして考慮され得るという考えである。そしてそれゆえ承認の価値が、資源や権力のような他の財と類似するものとして、諸個人間におおむね公正に配分されるべき問題としてみなされ得る、という考えである（Emcke, 2000：484）。これは、集団の権利要求や文化の公的承認の要求とは区別される承認へのアプローチである。このように昨今主張されている基準は、従属集団の個々の構成員にとっては、部分的に有益であるに過ぎないであろう。なぜなら、承認をめぐる文化的な政治は、損なわれた自尊心への対応や、複雑な社会的不平等の関係が生み出す能力の欠如への対応には、不十分であるかもしれないからである。より一般的には、文化の承認の強調は、単一の文化体系へ深く没頭することを通してよりもむしろ、さまざまな文化的素材とともに作用し、またそれに反応することで個人が自己の感覚を創り出す程度については、この上なく控えめに扱うかもしれない。

　承認をめぐるさらなる理解の一つは、最近顕著にもなっている。これもまた、自由主義と承認とは相対すると考えるのではなく、自由主義と承認との部分的重複と相互作用とを探求しようとする人々に、いくつかの有望な考察を提供する。この議論は、承認が光を当てる主要な政治的価値として、正義よりもむしろデモクラシーを仮定している。すなわち、特にカナダの理論家であるジェームズ・タリーによって詳述される立場である。彼は、十分に承認された個人や集団を究極の状態として考えることを拒否して、真に民主的な対話の条件の一つとして承認をみなすことを主張する。というのも、民主的な対話によって、市民はさらによく相互理解するようになり得るからである。そしてまた、民主的な対話により、市民がさまざまな種類の「承認の資本《レコグニション・キャピタル》」を生み出すことを、可能とするようになるからである（Tully, 2000a：470；2000b：215-17, 229）。

承認をめぐる多様な政治

理論家による承認の概念の展開方法は、その承認の要求を満たすために必要な条件についての概念を形成する傾向がある。三種類の異なる研究プロジェクトが、本章で考察されるこの価値の解釈と結びつき得る。しかし、これは決して網羅的な分類法ではない。テイラーの相互主観性への着目は、承認を生み出し、また損ないもする社会的・文化的前提条件の考察を勧めることにつながる。この考えは、個人の幸福は自分の文化の公認を要するという、多文化主義の主張を支持するものと解されている。第二に、フレイザーのアプローチを用いるならば、これを支持する論者は、いかに集団が種々の財を構成員のために獲得しようとするかを、考察することとなる。こうした獲得の様子は、有利な条件と地位のための、より広範で継続的な闘争の一端として考察される。包括的な集団的アイデンティティという考えはそのような分析も考慮し得るが、そうする必要はない。というのも、個々の構成員は、物質的・象徴的利益を獲得するため、種々の集団と一体化するようにみなされ得るからである。第三の理解は特筆すべきである。なぜなら、タリーの説明によれば、単一の集団アイデンティティの問題は承認の闘争から分離されるように思われるからである。

> 問題となっていることは、アイデンティティの批判的交渉・修正に関して開かれた過程や慣行が存在するか否かということである。この条件下で、私たちは、自分自身や他者を、公正な社会的協力体制の構成員として認めるようになる。それゆえ、私たちは、必要以上に、そして恣意的に、負荷を負ったアイデンティティを前提としているのではない。（Tully, 2000a：479）

公正で包含的な熟議的手続に従うことで、多元主義的デモクラシーは、交渉の慣行を生み出し得るが、その中では、多種多様なさまざまなアイデンティティが公然と主張され、かつ正当性と承認とをある程度受けることとなる。そして諸個人は自信をもって、他者とさまざまな種類の相互依存や差異を展開する。そのような交渉の重要な目的の一つは、文化的に多様な市民が自身の政体に感ずる帰属意識を、強化し深めることである。タリーの主張によれば、共同体の規範や価値を確定する意思決定おいて、諸個人が何らかの役割を果たしたと感じるときに、包含は深められるのである。

相互主観性としての承認――チャールズ・テイラー

テイラーの理論は、承認をめぐる最もよく知られた現代の政治理論である。というのは、一つには、倫理学・心理学思想の領域で行われていた洞察を、彼がうまく導入したためである。これら両分野において、承認を生み出す社会的実践が、自己の形成には不可欠であるという主張は、おなじみのものであり、たとえば、アクセル・ホネット（Honneth, 1995）やジェシカ・ベンジャミン（Benjamin, 1998）のような各界の第一人者によって展開されている。テイラーは、そのような考えを政治的文脈の中で展開する重要な理論家の中に位置づけられる。しかも、彼は、自由主義の思想と政治にとっての多文化主義の意義について行われている論争に、広範かつ影響力のある調停を申し出ている。彼の論文「承認をめぐる闘争」（Taylor, 1994；1992初版）は、この論題に関する新しい文献の中で、主要な典拠になっている。そして、学術的な政治理論の世界を越えて、賛同者を獲得している。彼の主張は、デモクラシーの諸体制が先住民族、言語的マイノリティ、そしてその他の種類の社会集団による主張をこれまで以上にもっと真剣に取り入れる必要があるとするものであり、学問の世界を超えた政治論争に大きな反響をもたらしている。彼の議論を補強するものは、西洋社会における自己の有力な概念のいくつかが、歴史的にどのように形成されたかについての説明である（Taylor, 1989；Smith, 2002；Horton, 1998）。自己《セルフフッド》の著しく近代的な概念について、その起源と展開とに関するテイラーの理解は、それ自体重要な一連の知的探求を刺激している。彼の考察は、ここでは、次のことを確証するために検討される。すなわち、承認が彼の主張する論拠として有益であることを上手く論証しているかどうか、そして相互主観性の主張が、問題なく自由主義的もしくは民主的とみなされ得る政治的計画に変わるかどうか、以上の点について検討していく。

　承認をめぐるテイラーの理論の主たる根拠の一つは、私たち自身の幸福と道徳的目標とについての感覚が、他者の目に映る自分をどのようにみるかという方法に、決定的に依存しているという主張である（Taylor, 1994）。自分が何者であるかという私たちの概念は社会的な総合作用から生じるのであるから、重要な他者の目にさらされての度重なる否認やマイナス・イメージ《スティグマタイゼーション》の付与という経験は、おそらく私たちの自尊心の感覚を危うくするであろう。「各人は他者と相互主観的に交流しているので、彼や彼女は、自己像やアイデンティティをめぐる他者の反応に依存している」（Emcke, 2000：484）。この議論は、一般的には、次のような主張と結びつく。つまり、もし自尊心を傷つけて損なうことがそうした他者の反応から生じるならば、そのような害悪は結局道徳的傷害になり得るという主張である（Carens and Williams, 1996）。よって、健全で実りの多い人間関係の確立は、市民各々の価値の独立と価値感覚の、発展条件として仮定されている。テイラーは、コミュニタリアンへの傾斜から、諸個人が所属するコミュニティの社会的枠組みを通じて、社会的関係を考察するに至る（Horton, 1998：160–2）。文化が罵倒されて低い評価を受けている場合、そうした文化をもつ集団の中に存在を置くことは、この種の道徳的な害を被りやすい。損なわれたアイデンティティを効果的に回復するには、有害な相互主観的関係によって生みだされるような、内面の自己崩壊の克服が求められる。軽蔑された集団は、統治体内の正当な存在として、再評価され公認されねばならない。

　この議論の挑戦的で論争的である特色は、道徳的・心理学的損傷が誤認から生じるという主張である。この主張に対するテイラーの確信は、自己の近代的理解に関する彼特有の説明から生じる（Vogel, 1993）。本当に自分自身のものであるアイデンティティを獲得しようとする欲求は、近代的自己《セルフフッド》の中心的理想として生じた。このことが意味するのは、私たちは一般的に自分自身が種々の性質と潜在能力とを備えた唯一無二の存在であると感じており、そしてこうした性質と潜在能力に関して何らかの尊敬を受けるに値するということである（Taylor, 1994：29–33）。自己《セルフフッド》の近代的構成に関する系譜のテイラーの主要な研究である『自己の源泉』においては（Taylor, 1989）、彼は個人の真正性《オーセンティシティ》にそなわるこうした感覚の出現を説明している。そしてそれを道徳的・神学的・社会的権威の、既存の様式の崩壊に結びつけている。アイデンティティの近代的アプローチは、根本的な内面への方向性によって特徴づけられる。というのは、私たちの信念と情念の源泉が、善についての何かしら外在的な概念、すなわち宇宙論的もしくは神学的概念にあるという考えが、弱まっているからである。そのような伝統の絶え間ない衰退に加え、私たち各自が自分特有の本性に責任があるという考えが普及し、自分自身の道徳目標に対し決定能力を付与されているという考えが普及するのにともなって、承認の必要性は現代の政治生活の問題として表面化してきている（Taylor, 1994：37–44）。テイラーが示すところでは、そうした承認は、中世の社会秩序における名誉の探求に対し、その代わりの機能を果たすものとされる（Taylor, 1994：26–7）。モダニティの条件下では、真正性の理想は、私たち各々が自分自身の個性を形成するという考えと、密接に結びつく。

相互主観性と真正性に関するこうした強調を組み合わせて、テイラーは、次のように議論を展開する。すなわち、安定的なアイデンティティを獲得するために、私は私と対等な人から私の個別性についての承認を必要とし、そうして私自身の資質と属性に関して承認が付与されるのだ、と。しかしながら、承認の探求は、二重の意味を帯びる。一方では、真正性の必要性は、私の声に耳を傾ける用意がある社会に所属し、そして尊重すべきアイデンティティを創り出す私の能力を認める社会に所属したいという思いを助長する（Vogel, 1993：328；Seglow, 1998）。なおかつ、私はまた、自身の市民としての共通の地位について、保護と権利を必要とする。これらの必要性は、一般的には、各人平等な価値という規範を表現する種々の法制化された権利と自由に反映されている。そうした権利と自由とは、数多くの個別性とは関係がなく、唯一無二の資質を備えた個人各々とも無関係とみなされる（Taylor, 1994：37-44）。したがって、承認の原理は、二つの異なる座標軸に沿って展開する。つまり、私たちの個別の道徳目標と適性とを価値に一致させる必要性の反映としての座標軸、そして個人の普遍的尊厳という思想の表現としての座標軸の両方である（Taylor, 1994：44-51）。よって、現代の文化的集団による最も重要な要求——言語・文化・エスニシティといった論点に関するもの——の中には、個人における承認の必要性についての、集団的な表現とみなされ得るものもある（Honneth, 1995；1997）。知識人も政策立案者も一様に留意する差異の政治は、文化的真正性への憧れによって支持されている。差異の政治はまた、マジョリティの文化的な慣行と嗜好への同化から道徳的損傷が生じる場合、この道徳的損傷の甘受を拒否することによっても支持されている。

この規範的な方法が提示する一つの難問は、集団の紛争が増殖する可能性に関係する。それは、文化的真正性に関わる言説が公けに正当と認められる場合である。二つの文化が、片方の「本当の（authentic）」伝統に対して行われるひどく攻撃的な慣行によって、自身の伝統が正当に促進されるとみなされる状況とは、どのようなものなのだろうか（Benhabib, 2002）。承認の理論は、その論者のほとんどが認識していない、共存可能性の問題で悩まされている。民主国家に共存するすべての文化に積極的な価値を付与することは、想像できない。なぜならこれらの多くが、競争相手だからである（Levy：2000：31-3）。北アイルランドの「プロテスタント系である」ロイヤリスト（Loyalist）の行進がカトリック地域を通り抜けるべきかどうか、という問題が有する一触即発の特徴は、そのような難しさを説明する（O'Neil, 2000）。こうしたさまざまな承認の要求を公正に裁定することは、ほとんど不可能である。もし、関係者に提供される経験とアイデンティティとについて、その真正性の関連で諸要求が第一に判断されるのならば、裁定は困難を極める。集団文化の差異により生起した紛争を裁定することは、不可避的に、正義・功績・平等のような価値について要求を引き起こすことになる。こうした諸価値はもちろん自由主義に不可欠なものなのである（Benhabib, 2002：57）。

しかし、テイラーの説明では、自由主義は、承認をめぐるこの新生の理想との問題を抱えており、曖昧な関係を享受している。承認の理想は、各個人の生活様式が平等な潜在価値を有するという考えに傾倒しているが、そのことは、道徳的な視座と文化の範囲が個人の選択の有効な源泉であり、また対象としてみなされていることを意味する。しかし、哲学的自由主義は、一般的に、次に述べる規範的な枠組みの中で、このような「差異」と関与している。つまり、追求するさまざまな財と目的との関係で個人は諸権利を保持するのであるが、こうした権利の平等を強調する枠組みの中において、自由主義と「差異」は関与しているのである。このことは、各人を各々の差異とは無関係に扱うという考えへの方向性を示している（Taylor, 1994：43）。テイラーは、よく知られているように、カントの考える自由主義に批判的である。というのは、カントは、「善」に対する「正」の原理の優先を主張しており、いわゆる論争的ではないとされる道徳原理に基づいた理想の政体を仮定しているからである（Taylor, 1995a）。自由主義政体は、彼の見解では、「（司法の見解によって）個々の権利を解釈・回復するための、差異に無関心な手続き」を実際に必要とする（Smith, 2002：155）。しかしまた、政体に内在するさまざまな文化の相互作用から生み出された、共通の道徳目的についての現実感覚も、自由主義政体には必要とされる。さまざまな「表現可能性」は、平等な基本的自由の体系と両立し得る。法や政体のレヴェルでは、平等は一般的に全市民を同一に処遇することを意味する。しかし、公共政策の観点からは、そして暗に国家に属する公共機関や公的規範の観点からは、文化的差異の承認は、政治共同体に関する目的意識と優勢な道徳的理解の感覚には不可欠である。

この理由から、テイラーは多文化主義の教育政策の有力な提唱者なのである。というのも、この政策が、共約不可能な視点の相違を単に表すというよりもむしろ、相互の文化理解を強化するよう意図されているからである

(Taylor, 1994：63-9)。彼が強調するには、この根拠は、すべての文化が平等な価値を有するという主張でもなく、また、別の文化が価値を有するか否か誰も判断できないとする相対主義の考えでもない。彼は、ある程度長く存続している文化すべてが「善」への何らかの寄与と理解の見込みとがあるという多元主義の感覚を、個人的・集団的になされる判断の抑制の要求に結びつけている(Taylor, 1994：66-7)。別の文化体系の重要な意味についての、そしてその文化体系の総体についてのある程度の知識は、責任を伴う判断には必要な特徴であり、そしてより一層の相互理解の可能性でもある。道徳的評価を行う必要性は、人間の幸福の基本である。しかし、そのような判断は、他の文化的集団の構成員と交わされる丁寧な対話の背景に対して、そして「多くの共通点を備えた妥当な前提から、すなわち、私たち全員が参加する究極の地平から」、最善のものが下される(Taylor, 1994：68)。そのような解釈の取り組みは、テイラーの希望では、マジョリティの文化の部分性と偶然性へのより内省的な感受性を生み出すであろう。そして、その上、文化の比較に関する新種の複合的視座や語彙が生起するので、いわゆる「地平の融合」を生み出すであろう(Taylor, 1994：67)。正義は、政治的共同体の境界内で実際に生じる文化の多様性に、尊敬を払うことを要求する(Deveaux, 2000a；2000b；Poole, 2000)。

テイラーは、自由な社会における次のような緊張によって生じた多くの政治紛争を考察している。つまり、尊厳をめぐる政治、これはたいてい個人の権利の領域につながるのだが、こうした政治と文化的差異化への衝動との緊張から生じた紛争である。テイラーは、こうした難題に対する手続き主義の応答が不十分であると強く主張する。多文化的で、自由主義的な社会では、個別の文化遺産を支持し、そして権利と自由の基本構造を保護する特殊な法的・立憲的体制を支持する限りで、諸個人は尊重されているのである。党派的論争と道徳的判断とは、そのような国家における政治生活の本性である。たとえ、公正な社会の諸規則を決定するために、自身のさまざまなアイデンティティと愛着の範囲を超えようとしても、個人が依拠し得る中立的な根拠など全く存在しないのである。

テイラーの思想における「承認」の源泉

さまざまな論者の主張によれば、テイラーの議論の主要な特徴と目的を理解するためには、彼の思考における種々の宗教的・政治的・哲学的影響を、考慮する必要があるという[1]。政治生活における文化の役割に関して、彼がどのように理解しているかについては、カナダの政治における彼の経験が、当然強調されている（Smith, 2002：183–92；Laforest, 1993）。反植民地闘争の彼の初期思想への影響は、重要ながらも、それほど考察されていない。この影響は、部分的に取り入れられた。しかし一方、彼は、初期の英国のニュー・レフトで中心的な人物であった（Smith, 2002：172–83）。一九五〇年代後半、オックスフォード大学で大学院生のときに、テイラーはこの潮流と結びついた論争と思想に貢献した。その参加者の多くに与えた影響の中心は、この時代の反植民地主義者による運動の台頭である（Kenny, 1995）。とりわけ、フランツ・ファノンの著作は、若き急進論者の世代によって受け入れられた。というのも、この世代は、急進的な国民主義のエートスに心酔しており、そして「第三世界」の中では、植民地独立後、本当に独立した国民になるための闘争が行われていたが、この道徳的重要性に心酔してもいたからである。ファノンは、この種の「国民形成《ネイション・ビルディング》」の心理学的・社会文化的側面に関する説明をしている。そして、植民地の社会枠組みが、帝国の支配の公的な機構に依拠するのと同程度、内在化した従属に依拠する方法についても、ファノンは分析をしているが、こうした説明や分析について広く議論がされていた（Fanon, 1965；Taylor, 1994：66）。テイラーはまた、文化の扱い方と重要性についての論争に影響を受けており、また参加もしていた。この議論においては、文化は、支配権が行使され、初期のマルクスの言い方では、人間の疎外がもたらされる体系とされていた（Taylor, 1957；1958）。この特有の経験は、考慮に入れるに値する。というのは、この経験は、テイラーの作業における哲学思想・倫理思想・政治思想の複雑な融合に、いくつかの重要な手掛かりをもたらすからである。そして、文化を重視した政治プロジェクトは解放のための潜在能力を備えているが、この経験は、特に、こうした能力についての理解にも重要な手掛かりをもたらす。(2) テイラーの経験はまた、ニュー・レフトの思考と現代自由主義の多元主義との有機的連関という、第一章で強調した点の一つを説明している。

しかしながら、承認をめぐる明白な理論がテイラーにより定式化されたが、この定式化は、結局、次に述べる彼特有の経験を通して展開された。つまり、一九八〇年代のカナダの政治生活に生じた、連邦制の対立を孕んだ政治、および一九八二年の権利と自由のカナダ憲章をめぐる議論を通して展開されたのである（Taylor, 1994 : 51-61)。政治共同体としてのカナダには、さまざまな国民と先住民族の諸集団が共存しうるが、彼は、このカナダの重要性への関わりを、ケベック地域内でフランス語文化を保護しようとする人々の権利支援という形で表そうとした。この紛争で生じた対立的論争、そして、一方ではケベックの英語を話すマイノリティの要求と、他方ではケベック人のコミュニティの急進的な諸要素との明らかな格差は、自由主義の政体に関する彼の規範的な議論を特徴づけたのである。この政体においては、さまざまなアイデンティティが価値の源泉としてみなされることになっていた。こうした経験を考慮すれば、民主国家によりマイノリティにもたらされ得る損傷についての彼の理解において、国民と言語のマイノリティのモデルが顕著に現れるのだが、このことは、恐らく驚くべきことではない。何人かの評者による批判に対して、これが、集団の承認をめぐる思想を考察する際、テイラーが留意する唯一の集団ではない（Lamey, 1999)。しかし、彼の視点では、尊敬を求める集団の代表的な例は、少数民族《エスノ・ナショナル》のコミュニティであるので、承認のエートスが、いくつかの社会的闘争に関しては他のもの以上に理にかなったものである、という主張には多少の利点がある。

規範的な観点では、以下に述べる道徳的な枠組みを採用するという考えは、論争の主要な源泉となっている。というのも、この枠組みは、窮地に立つ国民のマイノリティが関与する個別の闘争、そしてあるいは特有の闘争から、他の種類の集団経験までをまとめているからである。たとえば、リンダ・ニコルソンは、一九六〇年代以来生起している承認と社会的アイデンティティ双方の、意味の変容を歴史化している（Nicholson, 1996）。彼女が注目しているところでは、集団の中には、本当《オーセンティック》の文化的個性の根拠としては承認を、それほど要求していないところもある。しかし、その結果、非選択的集団の構成員の地位に見合う責任は、構成員のために緩和され得ることとなる。多くの人間が、二つの政治的な見解を展開している。すなわち、同化し得ない差異の公表を望む、なんらかの契機、そして異なっているという考えからの回避や脱却を望む他の契機である。テイラーの政治モデルは、こうした見解を、一つの、場合によっては不適切な政治的枠組に囲ってしまう恐れがある。

テイラーの承認の政治の評価

文化とアイデンティティ

この種の批判は、幾人かの現代の多元主義者によって引き起こされたより広範な論争の文脈の中に位置付けるのが最善である。彼らは、自由主義政治思想にとって本質的な道徳的・政治的重要性をもつ主題として、文化の価値を主張しようとしている（第二章で論じた立場である。Kymlicka, 1989）。この種の議論は、個々の市民によって獲得されたアイデンティティと属する文化との関係を理解する方法について、考慮すべき問題を提起している。この関係は文化全体の完全性と価値への彼のコミットメントとは齟齬をきたすように思われるが、このアイデンティティと文化の関係について、テイラーは二つの主張をしている。第一は、諸個人の個別性は、「自身の文化的遺産と、接触する他の人々の文化との、統合・省察・修正の方法」から生起するという主張である（Taylor, 1991b : 7）。彼は、数々の主要著作の中でこの立場を詳述している。その際、社会的・言語的対話の網の目を相互作用関係（*and interaction with*）と呼んでいるのだが、テイラーはこれに自己が深く関わることの重要性を考察している（Taylor, 1985 : 13–76 ; Benhabib, 2002 : 55–6 ; Horton, 1998 : 157–9）。テイラーがこの関係について述べている第二の重要な主張は、アイデンティティが対話の相互作用——自己と多種多様な他者との間で行われる相互作用——による産物として概念化されるべきである、というものである。

しかし、こうしたいずれの主張も、集団文化のまとまりと深さとを強調することとは、容易に両立し得ない。もっとも、集団文化を、テイラーは承認と尊敬を要求する源泉としてみなしている。第一の規定によれば、近代の個人は、価値を修正・熟考し、同時にさまざまな文化的資源に関係する能力を、独自な形で所有している（Taylor, 1985）。諸個人の必要性を考察するとき、テイラーは、文化的生活のより脱中心的・断片的・多元主義的概念を考慮しているように思われる。個人が展開する対話の意味と網目についてはさまざまな源泉が存在しているが、これについての彼の理解は、規範的な観点からは、次のことを含意してもいる。つまり、個人の倫理的形成を考慮するとき、個別の水準や種類のコミュニティに特権を付与することは、誤りということである。しかし、集団の問題に着手するとき、テイラーは、近代的個性と自己の自制のためのこうした社会的条件を、除去するような倫理を擁護する。価値がマイノリティの文化と調和するよう求める多文化主義の主張は、そのマイノリティ内の下位集団と各人とが、自身の個性を展開する機会を実際悪化させるかもしれない。

テイラーの第二の要求は、自己《セルフフッド》の相互主観的な特徴が、自然に、周辺文化の政治的再評価という考えに至ることを含意している。しかしそうした属性に基づく文化の場合（彼自身が考慮しているいくつかの例のように）、個人が選択する観点に基づいて認識されたいという欲求に配慮することは、より適切かもしれない。——そしてこのことは、そのアイデンティティを一層広範に評価されたいという欲求と同程度に、例えばヒスパニックや同性愛者として、概括されてしまうことへの拒否を意味する（Appiah, 1994）。テイラーの承認の議論を補強するものは、次に述べるような疑わしい主張である。すなわち、従属集団の構成員が道徳的に有害な本質的傾向を備えているのは、自由主義文化が生み出す誤認の過程のためだという主張である。そのような主張は、個人が集団的アイデンティティを拒否したり洗練したりすることによって、そうしたアイデンティティへ没頭するのと同じ様に、自分自身の感覚を創出する程度を、非常に過小評価している。この考えは、政治的に有害でもある。なぜなら、そうした考えに同調する者は、現代の不公平が克服されうるのは、主として、侮蔑を受けたアイデンティティや紋切り型のアイデンティティを回復しようとする闘争を通じてである、と考えるようになるからである。このような考えは、全員に尊重の平等を確保しようとする戦略の立案とは対照的な手法である。

その上、もし、テイラーが主張しているように、他者との対話と相互作用が個人のアイデンティティの構成要素とみなされるのならば、彼の主張するような集団の承認を供給しようとする政体は、どのような根拠に基づいて、正しい対話の相互作用を促進すると確信しうるのだろうか。テイラーの承認の論述に伴う重大な問題点の一つは、個人が要求する承認といくつかの集団が求める承認という、彼の呈する暗黙の類比である。事実、「真《オーセンティック》の」自己表現を求める個人の要求は、文化的承認をめぐる強い集団的願望との関連を必要としない。そうした要求は、互いに矛盾することさえあるかもしれない」（Benhabib, 2002：52）。一度、文化が、個人とは対照的に、価値の中心部（*locus*）とみなされれば、後者である個人は、前者である文化の道徳的な従者になり得る。

テイラーの立場はこうした特有の緊張を抱えていたが、その背後には、範囲が広く、繰り返し問われる次のような問題がある。すなわち、実際に文化とは何かを決定し、そしてどのような道徳的重要さが、その文化に所属したり参加したりする人々にとって存在すべきかを決定する問題である。政治理論家は、文化の倫理的・社会的特徴をめぐって論争を展開してきたが、その中で、次第に次のことが明らかになってきている。すなわち、「文化の『アイデンティティ』を特徴づけることそれ自体が、政治的・イデオロギー的な緊張をはらんだ論点である」ということである（A.O. Rorty, 1994：152）。集団文化の正当な表現や、その歴史の公式見解とみなされるものは、不可避的に意見の一致が困難な問題を生み出す。しかし、テイラーのモデルにおいて、そのような議論と差異が、どのような集団でも形成する集団的アイデンティティの構成要素となる可能性は、ほとんどない。承認についてのこの見解は、また、自由主義の政治体系が部外者や対立する集団——核となる規範と価値に応じたり、反抗したりする部外者や集団――に繰り返しもたらす難題の影響を抑制している。周辺化され、抑圧された集団は、この難題にさまざまな反応を示している。そして、他でもないこうした反応こそ、彼らを支える想定上の文化的本質の要求よりも、むしろ有用なのである。というのも、こうした反応は、自身が宿る広範な政治的な文化と体系とに個人が関与する方法を、具体化するのに役立つからである。そのような区別なしでは、自由主義の政体――自由主義への賛否（for/against liberalism）という二元性によっては把握されない領域――に対し、アイデンティティに基づく集団がとるさまざまな立場は、ほとんど意味をなさない。

　テイラーが望んでいるのは、文化の独立した道徳的重要性と、こうした文化が個人を「善」と関係させるさまざまな方法との両方の構築であり、彼は他の次元や他の形態の権力から文化的なるものを分離する傾向にある。しかしながら、人間の行動を説明するためには、文化を一側面としてもつような状況の全体性を理解する必要がある（Appiah, 1996 : 83 ; Benhabib, 2002 : 7)。ロマン主義の遺産が彼の思考に影響しているのだが、そうした影響は、おそらく、この点で最も明確である。その影響は、彼の思想における概念的に相対立《カウンター・オポジション》する状況を助長する。すなわち、文化が供給可能な真正性と所属、および自由主義社会の個人主義・道具性・浅薄さとの対立である。しかしそのような二元性は、他律的で階層的な特徴をもつ多くの文化的コミュニティから目をそらしている。また、この二元性は、承認をめぐる闘争が他種の平等主義的運動から完全に独立した軌跡を辿る、という神話を維持する。このことは、不公平の複雑な特徴を理解し、克服しようとする人々に対して、このモデルの適切な作用を限定してしまう。アイリス・ヤングは、次のように論じている。

> 国民的・文化的・宗教的・言語的集団をめぐる承認の欠如が問題化しているところでは、こうした問題は、たいてい資源の管理の問題と結びつく。すなわち、政治的影響力や経済的関与の利益からの排除、戦略的能力、もしくは機会からの隔離という問題である。承認の政治は、換言すれば、たいてい政治的・社会的包含

性を求めたり、彼らに損害を与える構造的不平等の終焉を求めたりする要求の一部分や一手段である。
(Young, 2000 : 105)

最後に、文化に基づく政治についてのテイラーの概念は、真正性の問題のために影が薄くなっている。文化体系の本当《オーセンティック》の特徴と、その帰結としての道徳的重要性とを正確に決定するのは、彼の承認の説明が示す以上に、はるかに厄介な問題である。安定的もしくは客観的区別の探求ですら、近代文化が備える無限の本性・力強さ・脱中心的な特徴によって、挫折する。テイラーが、族父権主義・同性愛者差別・消費者中心主義のような、不十分ではあるが尊敬や承認に真《オーセンティック》に値する文化を退けたいと思うのも理解できるが、そうした文化の多くの支持者にとっては、これらの文化は有意義なものとして経験され、他のいかなる文化形態とも同様に真に経験されるものである。

真正性の問題

このことから、私たちは、批評家がこのモデル――真正性の概念、およびその自律性との関係・関連――とともに考察している第二の種類の問題に辿りつく。真正性の理想をテイラーは近代的な自己の概念の中核をなすものとしてみなしているのだが、彼によれば、真正性は単純化し得ない集団の差異の主張にあらわれる。こうした集団の差異は、平等な尊厳という平等主義の論理と対立するような、個別的な承認の要求を重ねて主張する。このことは、魅力的で挑戦的な歴史的仮説であるが、しかし、現代の自由主義者が賛同する規範的な議論でもあるのだろうか。

他の承認の理論家は、こうした衝動が、テイラーが示唆する以上に相互に絡み合い、共生的であることを主張している。アクセル・ホネットのヘーゲル思想解釈は、代わりとなる概念を私たちに想起させる。つまり、民主的制度や法体系を構想する計画に対してなんらかの影響を及ぼしている概念を、彼は想起させるのである（Honneth, 1995 ; 1997 ; O'Neil, 1997 ; Spång, 2002）。この中で、承認は、自由主義国家で具現化した法的・社会的関係に内在するものと考えられている。ヘーゲルにとって、市民社会内で形成される集団生活の個別性は、普遍性という内在的な性質を保持してもいる（Avineri, 1972）。欲求の体系は、法権利《ライト》の原理と政治的共同体の統一を予想し含意している。こうした要請は、市民の公的生活の水準に十二分現れている。私たちが共同市民を、権利と義務とを保持するのに相応しい人物とみなすとき、市民としての私たちの立場は、私たちが付与する承認に基づいて安全の感覚を生み出す。ホネットは、「社会秩序《ソサイエタル・オーダー》の再生産に寄与する特性の観点から、臣民の相互尊重を可能にする承認の形態」についてヘーゲルの概念を強調する（Honneth, 1997 : 21）。承認はこのモデルにおいて、市民社会すなわち「差異」の領域と、市民に適切な法や規範との両方に不可欠である。そして、個別的なるものと普遍的なるものが相互に重なり合う倫理的価値の一つである。テイラーは、個別的なるものを展開する論理の中に埋め込まれたものとして承認をみなしているが、他のデモクラシー論者は、類似と差異の押問答（the push and pull）を通して、この価値を理解する方法を豊富に示している。

同様の議論は、真正性の理想を批評する種々の論者によって行われている（Habermas, 1993）。メーヴ・クックは、テイラーによる差異の政治と真正性の理想との調整の中に、曖昧さがあることを見抜いている。「そのために、各個人は唯一のアイデンティティ、すなわち人間らしく存在する独自の方法を備えていると考えられる。そして、この方法に、彼女や彼は忠実であるに相違ない」（Cooke, 1997 : 260）。しかし、自分自身に対して誠実であるということは、何を必要とするのであろうか。唯一の特性や潜在能力についてのなんらかの感覚が、その答えの一つである。しかし「善き生活を個別的に理解する方法を独力で決定する個人の能力」もまたそうである（Cooke, 1997 : 261）。これは、自律性の価値に酷似する道徳的概念を示している（Cooke, 1997 : 261）。そして、個性は「自身の自己実現を追求する点で平等な尊重に値する」という前提に基づいている（Benhabib, 2002 : 56

-7)。テイラーは、自律性を、集団アイデンティティの政治の説明から不当に除去している。ところが、事実は、各々の自己についての彼の概念はそのような概念に依拠しているのである（Habermas, 1993：131）。

テイラーは、自由主義にとって受容される必要がある道徳的要請として、承認を説明するが、この説明は政治理論において広範な注目を集めた。なぜなら、特に、その説明は、主要な英米系の自由主義哲学者に好まれた文化的不可知論の立場へ傾く、懐疑主義の風潮を捉えていたからである。彼の議論は、個人の能力について、いくつかの重要な問題を提起している。すなわち、頑強な形態の従属化と周辺化が浸透した社会の中で、個性を探求する能力についての問題である。彼の立場は、多くの自由主義志向の市民がリチャード・ローティによって指摘された緊張に実際に気付くような政治的な文脈の中では、特に適切である。——つまり、多様性を包含しようとする衝動と、そして、民主的シティズンシップの自由主義的な権利と自由とを支える合意の脆弱な根拠について、増大する不安との、この間にある緊張である。

しかし、個人が必要とする承認の種類のものと集団が要求するものとを、テイラーは全く説得力のない形で類比しているのだが、彼は、存在論から自由民主主義者にとっては心配な方法による主張へと、自身の立場を次第に変えている。承認をめぐる政治は、他者に対する一定の共通の台本《コミューナル・スクリプト》とアイデンティティとを備えた反自由主義的支持に、非常に容易に入り込むことができる（Appiah, 1994）。これは明らかにテイラー自身の意図とはかけ離れているが、文化的真正性の理想に伴う危険性である。しかしながら、彼の立場は、手続き主義的自由主義の文化的不可知論を批評する中で、本当に辛辣な批判を行っている。彼や他の評者が指摘するのは、そのような文化的不可知論の立場と、広く浸透しており支配的でもある種類の文化的個人主義の影響力との、共謀である。というのも、そうした個人主義は、選択の増加が自由の期待を必然的に高めるという神話に基づいているからである。

承認と正義――ナンシー・フレイザー

テイラーの承認の説明がもつ最も論争的な側面の一つは、承認の政治が、社会民主主義や社会的自由主義の伝統と一致する再配分の野望の下に、歴史的に包摂されるという主張から生じる。評者の中には、彼の議論の中に、次のような、知識人の非常に広範な姿勢の変化を示す重要な例証をみるものもいる。この変化とは、文化的多様性とアイデンティティの包摂を志向し、そして社会的な改革と正義という進歩的伝統の放棄を結果として志向するような、自由主義と左派の知識人の中に見受けられるものである（Barry, 2001a ; Fraser, 1995b : 166 ; 1998）。リチャード・ローティは、この動きを文化的左派の興隆という描写で把握し、また嘆いてもいる。というのも、文化的左派は、自己《セルフフッド》の文化的・心理学的障害に対する治療上の懸念に、いっそう傾倒しているのである。テイラーのような思想家は、「身勝手さ」よりもむしろ「サディズム」に焦点を合わせて非常に重大な選択をしているが、こうした考えは、政治的伝統としての社会主義と社会民主主義の近年の脆弱化に伴う知的・政治的副産物の存続と、密接な関係がある（Rorty, 1998 : 76）。すでに（第一章で）見たように、前記の知的動向のそのような大まかな特徴づけは、非常に無邪気なものである。であるから、そうした特徴づけは、イデオロギー的な影響力を探求する論争的な手段として、扱われるのが最も良い。にもかかわらず、ローティの不平は広く共感を呼ぶ。こうした論争から、自由主義的資本主義社会における集団に依拠した不平等と抑圧の特徴について、競合する種々の説明が生起している。そのような議論の一つは、フレイザーの作業に関わるものである（Fraser, 1995a ; 1995b ; 1997 ; 1998）。

フレイザーは、テイラーの議論の中に隠れている文化主義を拒否するが、心理学的有害さと社会的不公平に対してのテイラーの視点は持ち続けている。こうした害悪や不公平は、いくつかの社会集団の周辺化とそうした集団へのマイナス・イメージの付与《スティグマタイゼーション》を通じて永続するのである。フレイザーは、以下の問題を尋ねることから始める。すなわち、承認をめぐる新しい文化的政治の誕生は、平等主義者の再配分をめぐる議論が主たる政治課題から消失したことに寄与したかどうか、という問題である（Fraser, 1997）。他の論者と同様に、彼女は、差異の政治が、分離主義的・家父長的・権威主義的傾向を助長する方法で進展することに、憂慮している。不公平の物質的資源や構造上埋め込まれた資源の懸念を文化的多様性の問題と取り替えることによって、「差異」や「承認」の主張は、間接的に経済的不平等の問題の周辺化に寄与しているかもしれない（Fraser, 1997：11–39；Barry, 2001a）。

しかしながら、フレイザーは、承認の要求する価値を完全には拒絶しない。彼女は、代わりに、次のような規範的な枠組みを提案する。すなわち、既成の社会正義概念によって設定された諸要素に、承認と一致する要求をもたらそうとする枠組みである（以下も参照のこと。Tully, 2000a）。彼女はまた、平等主義者に対し、今のところは考慮されていない損害・損傷の形態を声高に叫ぶ声に留意するよう要求もする。この枠組みの中心には、次に述べる思想が存在している。すなわち、〝承認も再配分もいずれも完全には相互に包摂しないが、道徳的要請として両者が相互に関連を有する方法については、理論的な整合性を備えた説明を提示することが可能である〟という考えである（Fraser, 1999–2000）。彼女の承認の説明において、「アイデンティティ」の言語と論理とは、ウェーバーの地位概念によって置き換えられる。各々の集団構成員のアイデンティティがマジョリティの文化によって低く評価され、冷笑される場合、そのような人々は、政治的コミュニティの平等な構成員としての地位を損傷され、そして、そのコミュニティ内の潜在的参加者としての地位を損傷される傾向がある（Fraser, 1997）。

ウェーバーに従って、フレイザーは、そのような害悪が、社会経済的な立場や権力から生じる不公平によって生成する害悪との関係から、考察可能であると主張する。この立場は、第二章の自尊心と屈辱の議論を補完する。

私が論じたのは、両者が現代の自由主義と密接な関係があるということであった。社会正義の適切な理論は、フレイザーが主張するところでは、自由主義社会における文化的優位性という特徴への配慮を要求する。社会階級と一致する、絶え間ない深遠な分裂についての分析的感覚への配慮も、こうした理論は同様に要求する（Fraser, 1995a）。この二元的枠組みに基づいて、彼女は批判的に承認と正義に関わる現代の政治理論を用いる。文化の政治の信奉者が、文化的に調整された差異というレンズを通すだけで、不平等の表明すべてを読み取ろうとするのは誤りである。マルクス主義者と自由主義的平等主義者は、地位の損傷を階級の語彙を通じて解釈するという、同じような間違いをしている。そのような二つの焦点は分析的には有利であろうが、それだけでは、承認の論理と再配分のエートスとが衝突するような場合についての見解を導くには、十分ではない。――例えば、マイノリティが、階級内の女性との平等を否定する考えに基づく文化的慣行に、承認を要求するような場合である。フレイザーは、この緊張を十分承知しており、そして、「平等をめぐる社会的政治」と上手く調和する限りで、マイノリティの集団とコミュニティの要求に留意するべきだと主張する（Fraser, 1995a：69）。アイデンティティの政治は、地位や階級の不平等の諸要因と一致する限りで、道徳的に重要なのである。

運動家やマイノリティ集団に同情的な知識人のコミュニティでは、承認とアイデンティティの話題が広く行きわたっているが、フレイザーは、こうしたコミュニティの全域で、承認と再配分各々と一致した二つの相反する戦略的政治的見解を見つける（Fraser, 1995a：80–92）。第一は、個別の集団アイデンティティ志向を肯定する立場からなる。そのような例の一つは、同性愛者の平等を求める運動家を含んでいる。彼らのような運動家は、ゲイとレズビアンのために、他者が享受している公共財と公民権とを獲得しようとし、そしてこうした負荷を負ったアイデンティティの影響を受けた個人の不当な負担を除去しようとする。もう一つの競合するアプローチは、周辺化されたアイデンティティを生み出す文化的領域の、根本的な再編成を示唆している。「クィア（queer）」理論や急進的な同性愛運動の種々の事例の展開は、そのような変化の原動力となる熱望のエートスを例証している。政治的領域の再配分的正義の要求も同様に、二つの相反する戦略的志向に分かれる。すなわち、個別的な不平等のために積極的な救済措置を求める人々――例えば福祉国家の主唱者――と、こうした不平等の原因を攻撃しようとする人々――急進的な社会主義者、そして今日の観点では、グローバル化に反対する人々である。

社会正義に関するフレイザーの二元的な概念に戻れば、彼女は、こうした四つの部分からなる基盤の種々の規範的組み合わせを強調する。この組み合わせは、かつて現れようとしたか、もしくは現在現れようとしているものである。彼女は、変化を招来する両アプローチが結合するような政治の弁護を、つまりいまだに実現されていない政治の弁護を行っている（Fraser, 1995a）。共通の仮定の中には、そのような重複や提携の潜在的可能性について、認めるものもある。特に、個別の歴史について集団自身による説明を受容することが常に必要であるということを受け入れなくとも、承認をめぐる一定の要求を公平に評価する可能性について、認める仮定もある。ベンハビブは、特殊な集団の政治課題の増大とは対照的に、民主政治と調和の取れるような融合に配慮している。民主政治は、代表制・解釈・コミュニケーションの社会的様式を変える重要性を強調するものなのである（Benhabib, 2002：70）。確かに、民主的な交換の深化、集団内の差異の公表、そして集団の文化に対し自身によるさらなる内省的な処遇、以上を含意するように承認をめぐる政治が行われ得るという考えは、自由主義者にとって有望なものである。フレイザーは、一風変わった注意書きを、ますます一般的となる多文化主義の諸要求に付け加えている。すなわち、承認をめぐる政治は、文化的居住地《エンクレーヴ》のイメージから抜け出て変化を遂げる必要がある。そして、意見の相違・討論・論争の、源泉および対象としてアイデンティティが現れ、そうした政治文化の基礎として展開される必要があるということである。

承認と民主化――ジェームズ・タリー

フレイザーの主要目的の一つは、不平等が生じる局面に着目している現代の社会的・政治的理論家の社会的・道徳的地平の拡大である。平等主義的政治理論家の間で広まる二通りの規範的なモデルは、彼女の考察によれば、例えば、カリフォルニアのヒスパニックのアメリカ人や英国のバングラデシュからの移民が受けた社会経済的・文化的諸圧力の結合を解きほぐすまでには、十分に理解されていない（Fraser, 1995a）。個別の集団と彼らが呈する道徳的な難題とをめぐる議論の中で、彼女は、承認と配分両方の基軸に従うことに苦しむような「二重の属性を持つ集団（bivalent collectivities）」のために、特別な場所を確保している。――例えば、女性やアフリカ系アメリカ人があげられよう（Fraser, 1995a : 74–82）。

数多くの現代の理論家が承認と再配分の相互関係性を強調し、これらを現代正義論の規範的な二本柱とみなしているが、フレイザーはその中の一人である。ジェームズ・タリーは、現在の政治闘争が承認と配分両方の要請によって一般的に動かされるものとしてみなされるべきであると主張する（Tully, 2000a : 469）。彼のこのような政治課題を詳述するアプローチは、フレイザーが従事している議論すべてについて、重要な警告を発する。道徳的原理は個別の社会形態と政治的文脈において適用され、そうした形態や文脈に私たちが関与するに先立って、社会正義の達成を保証するように考えられている。このような道徳的原理を詳述する試みは、集団の要求の個別性への理解を歪め、それに応じて不適切な法的・政治的基準を課すことを示唆している。タリーは承認を独特の方法で理解する。すなわち、民主的関係の広範な例証に寄与する過程として把握するのである（Tully, 1995）。承認は、すべてを保持するか否かという最終究極の状態の善や有限の善を構成するものではない。承認は、さまざまな程度で達成することができる。そして長い間、承認があれば、そのことが正当に評価されるだけであり、もしくは承認がなければ、ないことが認識の対象とされるようになるのである。広範な政治文化との継続的な関係において、承認とは、おそらく、自ら確保したい対象を社会集団が再考することであろう。そして社会集団が、ほかならぬ自由主義の制度と法とに関与する過程、および問題としているであろう広範な文化を通して、自身の使命感の再構成を理解することであろう（Tully, 1995）。タリーは、また、集団の立場に影響を及ぼす立法的・制度的変化がもつ本質的に予測不可能な特徴を考察している。こうした変化は、予見できない方法――集団を競合する社会経済的下位集団に分割すること――で、こうした集団形態に利益をもたらしたり、もしくは損害を与えたりする役割をおそらくは果たすであろう。――例えば、公民権運動終焉後の、アフリカ系アメリカ人の事例のようになる場合である。

タリーは配分と承認の関係を理想的な形態でもっともらしく表すことはできないとしているが、こうした主張は、フレイザーのモデルを修正する有用な手段をもたらす。この強調は、彼の著作の中で、自身の強力な多元主義的道徳的志向と結びついている。アイデンティティの政治は、多数の社会形態をとり、そしてこの政治が解放するさまざまな種類の集団的自己主張を通じて、おびただしい数の道徳原理に訴える。公共《パブリック・ドメイン》圏をめぐって、多面的《マルチラテラリスト》なアプローチを志向する対話的なタリーの概念は、民主的相互作用の経験から生じる価値に、非常に重きを置く。後者の民主的相互作用の経験からは、彼が示すところでは、長く存続する何らかの政治的合意の可能性が生じる。この政治的合意は、彼が予見する「承認と配分に関する除去不可能な、反復的（agonic）民主的ゲーム」の範囲と作用を扱っている（Tully, 2000a：473）。他者による諸集団の支配をこうした民主的価値が認めるべきではないという考えに関与していることを考慮すれば、タリーが、かなり強固で、普遍化可能ないくつかの道徳的コミットメント（特に非支配の利益）に訴えるに相違ないことがわかるであろう。この道徳的コミットメントは、幾分不安定ながらも、彼の個別主義的倫理的傾向と並存している。

タリーの承認へのアプローチは、政治的正当性と民主的討論の説明不足を強調している点で効果的である。両方とも、非論争的であると主張する普遍主義的原理に依拠しているからである。彼の議論とフレイザーのものとをこの点で併置するのは、有益である。フレイザーは、緊張を広範囲に維持する諸規範に関して、そつがなく魅力的な調和状態をもたらそうと努力しており、ハイ・レヴェルな政治的・道徳的障害に向けられた理論的総合を提示している。彼女が提起する二元論的分類は、具体的な社会的設定の中で有効に用いられるとき、多少緊張状態にあるように見える。その上、社会主義とマルクス主義の思想のすぐれた形勢を対象とする研究者は、フレイザーのモデルの中に、少し古く、いまや疑わしいとされる区別の繰り返しを見つけるであろう。すなわち、社会改革の不十分とされる度合いと、社会変化の必要性の総計との区別が、繰り返しなされていることを見つけるであろう。そのようなモデルの問題の一つは、そのモデルが広範な指示のいずれにも一致しない戦略を見逃してしまうことである。そして改革や主張と一致する計画を軽んずる傾向を有していることである。というのも、このモデルは、従属集団と優位的な集団双方の間にある文化と見解に関して、広範かつ予期せぬ変化をもたらす前述の計画の能力を過小評価しているのである。彼女は理論的総合が承認と再配分の諸要請の摩擦を除去すると考えているが、それは見当違いである。多くの種類の屈辱と道徳的損傷の形態は、社会階級や経済によって生み出される不平等性の道徳的論理とは一致しない。

承認、および自尊心の社会的基礎

三つの異なる承認の解釈がここで提出され、そして各々が、その道徳的特徴の個別的な説明と結びついていた。こうした解釈の第一のものは、テイラーの作業においては、各人の相互主観的特徴と、文化の全体論的概念とへの関与に依拠している。第二の解釈は、フレイザーとの関連で考察されたが、私たちが承認を、正義をめぐる広範な闘争の一次元とみなすことを主張する。そして第三の解釈は、タリーを経て提示されたが、承認を進行中の過程とみなし、民主的・多元的政体に必要な政治的包含性の関係発展には不可欠なものとする。テイラーの計画は、存在論と主張の間に滑り込むという問題があったが、フレイザーは、承認に対して一層効果的な自由主義のアプローチを、一瞥する機会をもたらす。この見解は、民主的シティズンシップ――自尊心と市民性――と直接関係した価値を多少獲得している。こうした価値に対しては、承認の要求のメリットが評価されるべきなのである。マイノリティ集団の祭礼の公的承認は、たとえばこれがその構成員の自尊心を促進すると判断される限りにおいて、重要とみなされる。ロールズが議論しているように、私たち自身の目標を、追及するに値するものとみなすためには、私たちは自尊心を必要とする（この立場は、第二章でより詳細に議論されている。Rosenblum, 1998b : 92-7）。自尊心は、私たちが種々の社会的な活動領域で展開してきた関係から生じる。そして、私たちが市民として保持する権利と義務の中にある倫理的内容が、自尊心には付与される。

いくつかの近著の中では、自尊心の社会的基礎概念は、特殊自由主義的な関心と同様に、承認を再要求する試みと密接に関連して提起されている。この自由主義的な関心とは、多くの多元主義者が現今拒否する、中立性と寛容という価値と一致するものである。エリザベス・ガレオッティは、そのような議論の重要な見解を提供してくれている（Galeotti, 2002）。彼女は自由民主主義国家が直面している重要な逆説を強調している。こうした国家は、次のような想定に基づいている。すなわち、国家は、権利と自由の公正な配置の確立を通じて、寛容を必要とする主要な紛争を根絶したという想定である。しかしながら、実際は、サルマン・ラシュディ事件や、軍の同性愛者といった問題が明らかにしているように、寛容は何を意味するのかという問題が、多かれ少なかれ、争点となっている（Galeotti, 2002 : 3-4）。しかし寛容は、相当な不一致や集団の差異化から生じる分裂に直面しても、廃止される必要がない。ガレオッティの主張によれば、私たちが寛容を再考するとその結果、寛容はマイノリティの文化とマジョリティの選好と間の公的評価の平等を意味するようになるという（Galeotti, 2002 : 5）。自由主義国家は、多数の非自由主義文化のシンボル・慣行・祭礼に向かって、包含の意思表示をすべきであり、そのために場を設けるべきである（Galeotti, 2002：12）。寛容は、いかなる単一の文化も他のどの文化以上に好感をもたれることはないことを意味する。自由主義国家は、さまざまな形態をとる承認を「理にかなった《リーズナブル》」集団文化に積極的に付与すべきであり、そして場を設けるべきである。というのも、これらの集団文化が、そのような集団に属する個々の構成員の、自尊心と道徳的作用とを保護することが見込まれるからである。

この議論では、次に述べる考えが当然強調される。すなわち、文化に基づいた標準化とマイナス・イメージの付与《スティグマタイゼーション》という過程がもつ、有害で関係悪化を招く効果の補正に、しっかりとした公益があるという考えである（Kymlicka, 2002：329–31）。他ならぬ、「基準から外れた」集団の幾人かの構成員によって展開された「恥・屈辱・自己嫌悪」の感覚こそが、いつ公的承認の基準が試みられるかを決定するのである。集団が彼らに代わって行う要求の、認識された真正性や正義が決定するのではない（Galeotti, 2002：9）。多文化主義教育と二重言語のような施策を、苦悩する民族主義的《ナショナリスト》マイノリティに供給することは正当である。この見解では、もし彼らが個人の自信を鼓舞し、集団が広範な政治共同体で感じている所属の感覚をも高めるならば、上記の政策は正当化できる（Galeotti, 2002：10）。民主国家は、感覚的に「シティズンシップに付随するとされる尊厳・尊敬・価値の諸相——すなわち、シティズンシップの『地位』を付与するような、まさにそうした諸要素」と、関係することを必要とする（Galeotti, 2002：96）。そのような姿勢は、ガレオッティが示すところでは、国家が次に述べる過程に多少の注意を向けなければならないことを意味する。つまり、市民によって構成されるいくつかの集団のなかに、テイラーによって観察されたような、内面化された恥や自己嫌悪の感覚を生み出す過程に、注意を向けなければならないということである。

この議論は、こうした問題に関わる自由主義思想のありふれた様式の再編に依存する。特に、反対者としてではなく支持者として、寛容と承認とを提示することを通して依存するのである（以下も参照のこと。Deveaux, 2000b：43）。そうした議論は、自由主義と承認とが関与する潜在的可能性についての非常に有力な例証をもたらす。また、多文化主義の主張と自由主義の文化的抑制との間には創意豊かな領域があるが、前述の議論は、こうした領域へ移ろうとする他の同様の試みについて、有望な展開をも示唆している。いくつかの重要な実践的な考えは、ガレオッティが試みた承認と寛容の理論的な調和から出てくる。特に、自由主義国家は、「通常」の市民がもつ「理にかなった」遺産・宗教・道徳性をもたらすために、格別に努力すべきであるという考えから出てくる。英米系の自由主義哲学者は論争的で分裂を生じるような話題が公共の場から締め出されるべきであると主張する。しかし、彼らに対して、ガレオッティが主張するには、自由主義者が一般的な文化的表現の増大を奨励すること、そしてさまざまなマイノリティの文化的実践についての国家による承認に自由主義者が賛成することは、十分あり得るという。個人が感ずる包含と自尊心の感覚と、マイノリティの文化への重要な象徴的意思表示との間には、さりげない関係が存在しており、確信は持てないが、彼女の議論は、この関係にかなりの自信を示している。

むすび

しかしながら、ガレオッティは、多くの自由主義理論家が承認の概念に対して敵意を抱いているにも関わらず、そうした承認をめぐる概念が決して一連の自由主義思想と矛盾するものではないことを実際論証している。結局、自由主義理論家は、承認の項目の下でなされる政治的要求が、次に述べる方法で構造化されることを憂慮している。すなわち、そうした諸要求が、個別の文化的背景を共有しない人々から、非難や質問を受けないですむという方法である。ジェレミー・ウォルドロンが考察しているように、損傷したアイデンティティの政治的なレトリックは、容易には民主的交換に従わない。つまり、「私は多くのことを社会的善のために放棄することができる。しかし私は、決して私のアイデンティティを放棄することはできない。私は、他者の利益のために、私が私であることを犠牲にするよう求められるべきではない」(Waldron, 2000 : 158)。この枠組みの中では、承認の非妥協的レトリックは、分裂を深刻なものとし、そして国民・階級・エスニシティの分裂を横断する市民のまとまり《シヴィック・ユニティ》と連帯《ソリダリティ》の見通しを、さらに一層損なう傾向がある。自由主義者にとって関連する懸念は、公的承認を求める正当・不当な要求を区別する方法について、多元主義者が不明確かもしくは単純に誤っている、ということである。今まで見てきたように、テイラーが提案した真正性の基準は、道徳的に疑わしく、実際には得策ではない。

なおかつ、承認が単純に自由主義と矛盾するという考えは、見当違いのものである。ガレオッティは、さまざまな自由主義的諸価値の関係の再編を行っている。彼女は、創意豊かな再編処理になりうる考えを一つ提案する。自由主義者は、承認に対してとる自身の排除的な姿勢を再考したほうが良いかもしれない。そうすべきである更なる理由が、何人かの熟議デモクラシー論者の考えから生じる。たとえば、ベンハビブとフレイザーは、以下のことを問題としている。つまり、アイデンティティの政治は、時として、分裂を招来し集団主義で反民主的なレトリック生み出すが、こうしたレトリックは、アイデンティティと社会的必要性についてより熟議的で、自己批判的で、和やかな公的な話によって、置き換えることができるかどうか、という問題である(Benhabib, 2002 ; Fraser, 1997 : 69-98)。この見解の含意するところは、デモクラシー論者が一層注意深く政治的・制度的・文化的諸条件を考慮すべきであるということである。こうした条件と、アイデンティティの政治がしばしば結びつく深刻なルサンチマンとは対照的に、リヒターマンによって考察された種類の、二種類のアイデンティティ・トークを可能とするものである。重要であるのは、自由主義者が共通文化の育成に一層留意し、深く引き裂かれた社会における能力の平等の意義を考慮することである(Sen, 1992 ; 1999 ; Nussbaum, 1999 ; 2000b)。その上、そうした共通文化は、公共圏を創設するには優れている。そこでは、個人は、自分自身と他者のアイデンティティについて批判的かつ砕けた口調で話すことができるのである。彼らに課されたアイデンティティを自由に探求・修正することもできる。そして公共圏の中の個人は、集団の文化と経験とに関係をもち、また依拠するときに、尊敬に値するという前提で処遇され得る。そのような一般的な文化を展開するには、議論が必要であり、そして諸原理を利用することになる。そうした議論や諸原理は、全市民の利益とアイデンティティに関係があり、マイノリティ集団の人々に関係するだけではない。現代の自由主義者の多くは、公務員や公共機関の中で、文化的差異に対してより一層敏感になることに賛同している。よって、こうした差異に配慮した自由主義は、以下のような、競合する自由主義の見解とは、衝突する立場にある。つまり、例えば、やむを得ず人種に敏感になる警察よりもむしろ、市民の人種的背景に無関心な警察が、差別をしないための規範によって求められるとする自由主義の見解とは、対立する立場にある（Green, 2001）。自由主義者は、個別主義者の倫理や文化的真正性についての多文化主義的要求に頼ることなく、この第一位の座を維持している。彼らが、公務員の間で人種に敏感であることを正当化するために、民主的シティズンシップに直接関係のある原理や価値——安定性・自尊心・平等な尊重と能力——を展開するのは賢明であろう。

私が本章の冒頭で主張したのは、文化全体に関係するような承認と、個人に影響を及ぼす不公平に関係する承認の役割との間には、有益な区別がなし得るということであった。この区別は、この討議の中心にあり、特にテイラーとフレイザーの相対立する議論によって表されてきた。彼らや他の論者の考えを吟味する際、私は、いましがた見てきたように、承認が自由主義の伝統とは矛盾しない一つの価値であることを、論証しようと努めてきた。たとえ、自由主義者が、承認についてのテイラーの理解に関心があるのは当然であるとしても、そもそも両者は矛盾しないのである。自由主義の範囲内で、承認の問題に真剣に取り組むことは、この政治的伝統の基礎を大規模に再構築することなしでも可能なのである。

（1） テイラーの業績へのさまざまな影響については、スミスの有益な論考を参照のこと。Smith (2000).

（2） ニュー・レフトから多文化主義までのテイラーの知的遍歴の鋭い論評については、以下を参照のこと。Barry (2002:

206).

第9章　結　論

もし怒り狂った虎が勝利を収めるなら、私たちは無条件に防衛に徹し、孤立すると結論づけなければならない。もしよく訓練された馬が成功するなら、私たちは何かを支持すると結論づけなければならない――私たちは自分自身の価値を支持するが、再び孤立する。いずれにしても、私たちは孤立し、他人と効果的にコミュニケーションを取ることは不可能なようだ。しかし、現代の多文化社会において、孤立と分離主義は、私たちにとっての難題であり、ゆえに、めったに解決策になり得ない。(1)（Mendus, 1993：195）

これまでの章のさまざまなところで、私は、アイデンティティに関する主張の政治的・道徳的特徴、そしてしばしば私的なものとみなされる問題や関係を公的関心の対象にする原動力については、何人かの自由主義哲学者によって十分とは言えないにしても急速に理論化されてきたことを述べてきた。私は他の批評家たちもそうであったように、一方でカント哲学に影響を受けた自由主義者と、他方で、多文化主義や「差異」の擁護者との間で提起された規範的議論が、それぞれ分極的性質を持つことの功罪について疑義を唱えている。(2)英語圏の政治思想は、進歩、発展、理性は自分たちの側にあるとする自由主義者と、新たな「怒り狂った虎」――道徳論法の地域的伝統の保全と価値の提唱者――との交戦の場所になっている（Katznelson, 1996：102-4）。この二元性についてのメンダスの描写が反映されているのは、一方で自由主義的価値の普遍主義的な提唱者、他方で多文化主義者と差異の理論家による、アイデンティティの政治が提起したディレンマへの対照的な反応である。これらの対立した議論によって誘発された、分極した論争の一つの結果は、それらの領域の間、またはそれらを越えた「曖昧な部分」にある立場と伝統を傷つけ、過小評価する傾向にある(3)。メンダスは、このような対立した諸説がもう一方の側から情報を得る傾向、そして、両者が共通見解をもつことをほとんど不可能にさせながら、磁極のような機能を果たす傾向を暗示している。

哲学者たちは、リベラル・デモクラシーの政治活動家より、はるかに高い水準の抽象化と概念の精緻化への努力をしているが、アメリカとイギリス両方の公共圏内での討論における、これらの哲学的不一致の反響を考えるための良い事例がある(4)。〝民主的秩序はおそらく、民族的、文化的、宗教的アイデンティティに関するさまざまな自己主張が高まる中で、その潮流の中に埋没するだろう〟という見解は、これらの異なる言説空間を広く覆っている主張である。しかし、デモクラシーと社会的アイデンティティとの関係の道徳的、政治的性質についての論争は、こうした二極対立を中心に展開しているが、その内容は貧弱なものである。メンダスが議論する特定の政治的エピソード以来、この分岐はどちらかと言えば、二〇〇一年九月一一日の事件に対する反応、そしてそれに続く「西側諸国対その他の国々」の証明という論争としてさらに強化されている。

特にアイデンティティの政治に関連して、私は文化的真正性《オーセンティシティ》と完全性《インテグリティ》を根拠にして、マイノリティ文化の妥当性と価値に関する事例を強調しようとする、いくつかの多文化主義的議論には限界があることを説明すべく努力してきた。こうした社会形態が引き起こす政治的・道徳的難題への関与は、これが自由主義者にとって支持しうる立場であるという考えを、持続させるというよりむしろ、徐々に弱体化させる傾向にある。後者の集団に属するとされる文化の本質主義的・具体的理解についての懐疑は依然として残されるし、現代的文脈での文化構造と、集団的アイデンティティとの固有のダイナミズムと雑多性は承認されるべきである。どんな文化でも必ず相容れない要素を内包し、その信奉者にとっての意義と価値の唯一の拠り所を提示する可能性が高い。リベラル・デモクラシーにおける市民は、彼らの生活の中で、さまざまな忠誠心に同時に引き寄せられることを経験し、その均衡を保つ術を学ぶ。政治共同体の構成員資格によって表象されるものを除いて、何か特定の共有遺産を明示する試みは、本質的・道徳的に重要なものとして、社会的多元化に対する民主的反応を前進させるよりもむしろ、妨げる可能性が高い。アイデンティティ形成の社会学的条件は、さまざまな関係のバランスをとることと、さまざまな文化的資源から発生する有意な個人的アイデンティティを確立させることが、現代の市民にとって避けられない生活状況であることを示している。

個々人は、それぞれに異なる忠誠心と拘束を持つことがあるという考えは、現代の多文化社会に特有な状態とみなされるべきではない。コミュニティ、家族、国民という拘束の影響は、西欧政治思想における主要な課題である。個人・文化・社会の関連性は、道徳的・政治的観点において、現代の多文化主義者が提示するより、はるかに奥深く多面的である。これらは、カント的普遍主義者と差異に焦点を当てた個別主義者に代表される鏡像的立場によって曖昧にされてきた文化的遺産のそれぞれを再保障するかどうかを、自由主義者こそが最も効果的に理解できるという問題である。社会的アイデンティティは、たとえそれらが押しつけられたものであったり、恣意的なものであったとしても、社会的・政治的偶発性、そして個人が制約を受けた社会的行為者《エージェント》として行う選択によって、個々人の生活における最も重要な部分を獲得したり失ったりすることがある。このような集団に参入する人々にとって、重要な「善」の多くは、集団への同一性と関与から生じる。カント的自由主義者は、〝情緒的な忠誠心と篤い献身に対して懐疑的になることには価値があるということを習得している個人〟という理想を押し進める傾向にあった。しかし他方、自由主義的思考の中で、それとはかなり異なる人物像が再生されている可能性もある。これは、押しつけられたアイデンティティによって生じた自我に関連する不利益に打ち勝とうと必死に努力するような人物像であり、それは英雄ではなく、恐らくより身近に存在する人物像だ。自由主義哲学者たちの一部は、アイデンティティの政治を非合理主義者の議論や伝統主義者の主張と一緒にしてしまう傾向にあるが、それによって彼らが無視してきてしまったものがある。それは、さまざまな自己と社会が辿った過程との関係を創り出すために、自分たち自身の複雑な文化的遺産の内部を考察してきた人々によって作られた、贖罪の物語である。

より一般的にはアイデンティティの政治は、自由主義者によって、あまり本質主義的でない観点から考察されるべきである（Young, 2000：87–92）。特定の集団的アイデンティティは、アソシエーション的事業や社会集団によるさまざまな仕方を特徴づけ、またさまざまな仕方でもたらせられる。後者は、一つの集団の伝統と価値を尊重させようとする要求と、定着したアイデンティティに宿る代替的手段を認知させようとする願望の両方を含む。例えばイギリスのサウソール・ブラックシスターズやアメリカのクィア・ネーションのような集団は、彼らの目的を、アジア人女性や男性同性愛者とはどういうものかということについて定着し信頼のできる説明に異議を申し立て、動揺させることにおいている。アイデンティティの政治は、集団的アイデンティティに関する主要な考えをめぐる論争と、コミュニティの価値と伝統への、より保守的なアプローチの両方に到達することができる。

しかしながら、文化的真正性の要請という観点から集団関係の倫理的性格を提示する多文化主義の傾向は、現代の多元主義の新奇さと性質が、多くの英語圏政治思想の中で誤って指摘されていることを意味している。集団は時としてアイデンティティの政治を、とりわけ利益集団活動、よくある陳情活動や公衆のキャンペーン運動のような集団行動のよく知られた形態を含んだ、より広範囲な行動様式やレトリック様式として展開する。多文化主義は、集団行動のこうした様相を軽視してしまい、現代の民主的な社会の中で集団が請け負う取引や交渉の類から承認の論理がいかに異なっているかについて、分析者が誇張するように促してしまう。だからこそ、より多文化的な観念の中で自由主義を再構築しようとする政治理論家によって主張された、いくつかのプロジェクトが賢明で適用可能なものかどうかについては、疑ってみる必要がある。同時に自由主義者は、これらのプロジェクトがもたらす、文化的偏見と自由主義的な思想・制度とについての重要な批判的洞察と、さらには個々人の道徳的発達における集団の重要性とを認めることができる。(Bader, 1997)

アイデンティティの政治に対する英語圏の自由主義哲学者の反応は、おそらく既存の自由主義的原則——集団の権利に関する原理、すなわち個々人が彼らの集団の文化的慣習に対して責任を負うべきかどうかに関すること——のために生じる「困難な事例」をめぐって構造化された一連の論争から明らかになる。これらの議論において明白な分析的技法のゆえに、これらの反応は必然的にある種の集団と道徳的ディレンマに注目することとなり、アイデンティティの政治と結びついたさまざまな社会–政治的現象に関するかなり明確な焦点を持続することができる(Freeden, 2001; Newey, 2000)。

近年、何人かのアメリカの自由主義理論家たちは、異なる理由から——健全な市民社会とは両立不可能と思われているために——アイデンティティの政治とデモクラシーの論理を対比しようとしている。しかしながら私は、こうした自由主義者たちはアイデンティティを生み出す社会的流動性の危険性や、その民主的な重要性を理解するための、適切な枠組みを提供してはいないことを論じてきた。自由主義政治理論が集団行動と共存の意味を理解する言葉に対する、より内省的で自己批判的なアプローチは未だなされていない。コミュニティ・集団・社会運動が行使し得る、差異を内包した「公共圏の効果」に対してより一層注目することもまた、必要に迫られている(Warren, 2001)。しかしながら、被抑圧階級の流動化が促す「弱い公」(ナンシー・フレイザーの語、Fraser, 1999)の政治的・倫理的意味合いの考察は、政治理論家の間ではマイナーな関心事のままである。このような焦点は、政治的論点に先立つ権利の普遍的道徳原理を確立することに一般的な関心を寄せる自由主義者と、地域的な道徳的伝統と価値の有効性を称賛する彼らの対抗者との間に、押し込められたように挟まれている。どちらの観点も、集団およびそれに参入しようとする人々によって促進される傾向にある、公的な議論と参加の本質を形成する状況を無視している。これらは一方では、特定の集団の持つ困難とニーズに対する他の市民の認識を深めるような、アイデンティティへの多面的で交渉的なアプローチと、他方で強い拘束に縛られた共同体主義《コミューナリズム》の狭量で防御的な姿勢の噴出、という二つの間で変化する可能性がある（Lichterman, 1999）。後者は、同胞の市民を疎外する可能性がはるかに高く、そして公共理性の形でアイデンティティの要求を発展させることが重要であるとの認識を希薄にしがちである。民主国家の公共圏との関連において、またコミュニケーションの規範と参加権を確立するための闘争という観点から考えれば、現在のアイデンティティの政治の形態は、少なくとも一九世紀の労働運動・ナショナリズム運動にまで遡る系譜の一部である。しかしながら、ルサンチマンと独善的な怒りによる政治が行われるとき、この（反）コミュニケーションの政治は、熟議による交流をマヒさせ、衰退させがちである。これは特に、こうした政治の提案者が他の考察に対する切り札として、民主的生活の重荷から彼らの文化が保護され免除される「権利」を主張しようと試みるときである。これはまさに、進歩主義的・革新主義的な自由主義の行く末に対する少なからぬ危機を伴う政治形態であり、民主社会全体にダメージを与えるだろう。

知識人たちは、そうしたルサンチマンに対しては、解放と希望の政治を内に秘めた社会的アイデンティティに反するものとして、それを煽ることを警戒すべきである。ゆえに批判者たちが、承認の政治を求める声の中に、集団の対立と嫉妬を激化させる潜在的可能性を見出すことは正しい。同時に、政治理論家たちが自己《ザ・セルフ》との関連において文化とアイデンティティを考察しようとする意欲の高まりは、現代の文脈の中で、社会的集団の周辺化と軽視が体系化されていることから生じる心理学的・間主観的な苦痛が重要であるとの理解が増大していることを反映している。しかしながら、自由主義理論家たちは、こうしたプロセスを乗り越える最も良い方法は何かをめぐっては対立したままである。論争の焦点はこれまで、文化的集団への権利の配分、あるいは立法部の議論におけるマイノリティに対する拒否権の付与といった手段に当てられてきた（Bickford, 1999 : 86–7 ; Young,

1990)。これらの示唆はいずれも、私が述べたように必要以上の政治的リスクを引き起こすし、非選択的《アスクリプティヴ》集団のそれぞれの構成員の自信と自尊心を向上させるような特別な効果はなさそうだ。複雑でさまざまなパターンの集団的屈辱を被る個々人に対して、政治的偶然性に関わりなく、援助と補償を提供するような一連の手段を見つけることは、およそ不可能な課題である。しかし、自由主義者が政治的コミュニティの中での共同生活に参入する市民の能力に関連した、国家の責任にもとづく政策の枠組みを望むのは確かにもっともである。もしこのような能力が、選択されたわけではないアイデンティティの独断的な分配が原因でダメージを受けたり、開発されないままに終わったら、そのとき民主的シティズンシップの規範は危険に晒される（Nussbaum, 1999）。特定のアイデンティティを共有する個々人が、市民としての権利と能力を侵害するような特定の差別、不公平または屈辱を経験するという場合には、集団の位置づけを目的とした対策は、自由主義的根拠にもとづいて正当化されるし、また理にかなったことである。しかし、国家がその関心を個人から集団的文化に向けたとき、文化的に多様化した社会の中でこそ正義はもっともよく配分されるという主張は、私が言うように自由主義者が反発するであろうものの一つだろう。

こうした立場は、広く政治的に正当なアイデンティティの主張と、これらが個人性や自律性といった価値に一致するかどうかを考察しない限り正当化されないアイデンティティの主張とを区別するために、政治体が利用する独特の判断基準を示唆している。市民の権利と基本的能力の侵害を前提とする主張、または民主的正当性を生成し維持するような討議《デリバレーション》から集団性の独立を維持しようとする主張は、リベラル・デモクラシーの政治形態における善き公共理性を意味するものではない。しかし、広範囲に引き出されたこれらの原理の意味合いは、特定のデモクラシーによって達せられた政治的討議と決議に決定的に依存している。

自由主義は徹底的に再構築されるべきだという多元主義的な主張とは対照的に、私は他の著作者たちと同様に、自由主義的伝統の豊かさと多様性、そして、特に現代の問題に対して適切な多くの洞察と理念を強調する。これらの中で忘れられかけている要素は、最近のいくつかの社会民主主義的な議論と同様に、二〇世紀初頭にイギリスとアメリカ両国に現われた社会自由主義《ソーシャル・リベラリズム》と関連したさまざまな思想である。アイデンティティの政治は、例えば、平等な政治的・市民的権利を分配することの効果を制限してしまう「二次《セカンド・オーダー》不平等」の重大さを自由主義に認めさせるために、社会民主主義的な関心を再適用することを通して効果的に扱われるかも知れない。確かに自由主義と社会民主主義はしばしば対抗者とみなされてきたが、恐らく現代のアイデンティティの政治は、社会主義および社会民主主義の伝統を持った理論家たちによって提唱された、かつては力強かったが近頃は沈静化してしまった階級政治のパラダイムと近しい関係にある。社会主義者の中には、階級分化は他のすべての社会的差異より優位に立つという考え方に固執した者もいたが、他方では、包括的で非選択的な分類が、一定の段階的変化と差異——熟練労働者、失業者、そして家事労働に携わる女性といった集団を含む——を内包しているということを、正しく理解した社会主義者もいたのである（Wright, 1985）。これらのさまざまな下位集団の共通の利害と特殊なニーズを、議題にのせ調整することができるような、政治言語と関連プログラムを発展させることは、多くの労働者と社会主義活動家の政治的展望の中核を成していた。選択されたものではない集団のメンバー——その多くの経験はまた、彼らの脆弱な社会—経済的な状況に起因している——の上に、長い間恣意的に与えられた苦痛と不公正に対する現代的関心は、自由主義が全員の平等を本当に実現させるという社会民主主義的な熱望の諸相の継続とみなされるのがよいのかもしれない。その際、アイデンティティの観点から、永続化させられた苦痛と不公正への取り組みは、社会正義の実現を阻む障害物を乗り越えるという社会民主主義者と自由主義者の関心を、置き換えるというよりもむしろ増大させると考えられるかもしれない（Rajan, 1998）。アイデンティティにもとづく苦痛は、こうしたパラダイムが示唆しているように、個人から地位、発言、機会が奪われるとき問題となる。それぞれの人間が、アイデンティティの政治が異議申し立てをする何らかの屈辱と排除に取り組むことができる平等な存在として扱われる価値があるのは（単に同じように扱われることと違って）、ほかなら

ぬ自由主義的根拠によるのである。(5)

これらの議論はまた、政治的正当性と協力の重要性を強調して、自由主義理論を再構成しようとする最近の試みと関連している。私は二つの理由から、民主的政治形態に対する道徳的不一致と社会的差異から生じた問題に関する、従来のジョン・ロールズの考察のメリットと重要性を述べてきた。第一に、ロールズの著書は、多様化したアイデンティティ意識を重視する社会における民主的シティズンシップの意味合いに関して、持続的で鋭い考察を提示している。そして第二に彼の議論は、アイデンティティの政治のような現象に対する敏感な自由主義的性質を持続させそうな普遍主義者的、そして個別主義者的議論を重ね合わせた類の豊かな例証を提供している。彼の議論の中心は、次のような提唱である。

政治的教義としての自由主義の一つの課題は、次の質問に答えることだ。もし一つの合理的な善に関する公の同意が存在し得ず、そして、複数の対立した共約不可能な概念を、所与のものとして採用しなければならないなら、どのように社会の統一は理解されるべきか。そして、仮に社会の統一は何らかの一定の方法であり得ることを認めたとしても、それはどの状況の下で実際に可能なのか。(Rawls, 1985 : 249)

この問題に対するロールズのよく知られた解決法は、「自由で平等な人々の間の協同体系」としての民主的コミュニティ概念の構築を含むものであった(Rawls, 1985 : 249)。デモクラシーの制度と法に対する市民の忠誠は、彼が述べたように善や特定の文化体系の包括的な概念ではなく、「社会の基本構造を制御する正義の政治的概念を、彼らが公的に受け入れること」にもとづくものである(Rawls, 1985 : 249)。

多元主義的な批評家は、明確に区切られた政治領域に関する、ロールズの概念の意味について懐疑的な傾向がある。人々の中にはこれを自由主義の試みと一致するさまざまな諸集団のアジェンダの一部を回復させようとし、しかしそれに一致しない集団に関与することには失敗し、実際にそれらを周辺化してしまう、そのような典型的な自由主義の試みであると見る論者もいる（Connolly, 1991；Butler, 1990)。このような批判は、私が示唆しているように見当違いである。この批判は、自由主義的な諸原理を、社会的個別性とは両立しないかのように誤って提示する解釈的枠組みに由来している。もし私たちが、社会的アイデンティティに関連した集団と知識人によって作られた、本質的に異なる政治的要求に根拠を与える政治的倫理に注意を払おうとすれば、尊重の平等のような普遍化可能なさまざまな規範に、これらの人々が規定通りに、そして必然的に訴えることは明らかである。[6]とりわけ、相互協力と平和共存が可能で、尊重の平等といった価値や公的な熟議に従事する市民の能力といった価値が不可欠であるような、そうした政治社会を構築しようとする関心を、こうした集団とその構成員が抱いていることを考えれば、ロールズが示唆する輪郭にそって理解されるリベラル・デモクラシーは、彼への批判者たちが示唆するような、不適当な政治モデルではない。[7]自尊心の性格と重要性に関する彼の議論と、デモクラシーにおける道徳的不一致のもつ活力と重要性に対する彼の意識は、民主主義者でもある現代の多元主義者に教示することが数多くある。哲学的個別主義の強い形態は、リベラル・デモクラシーを支える道徳的原理に向けて多くの集団や運動が示すアンビヴァレンスから、解説者たちの目をそらせてきた。こうした［集団や運動の］諸力の多くは、自由主義的な規範への主張であり、あるいはその規範の再解釈の要求であったのであり、それにまるごと反対したのではない。

政治的自由主義は、一つには、文化的多様性に関する論争における、主要な知的敵対者によって張られた戦線を超えるという理由から重要である。民主社会が要求する社会的協力を持続するために、政治的価値の調和を作り出すことの必要性を考察することは、まさに価値多元主義の提唱者に挑戦することである。同様に政治的自由主義は、個人主義的で自律的なイメージで民主社会を作りかえたり、他の諸価値に対して西欧の価値の絶対的優位性を繰り返して述べるといった、そうした見識を疑う自由主義的な理論なのである（Laden, 2001；Tomasi,

2001)。それは、多元的社会に存在するさまざまなアイデンティティと文化に対する感受性と抑制の特性を提示する。たとえば、そうした政治的自由主義は、アイデンティティの政治が、ある面では民主的秩序に貢献し、そしてまた他面では民主的秩序を損なうかもしれないということを受け入れることができる有力な自由主義政治のための有望な基礎を提供する。そうした考えは、未だ裏づけられたものではないが、さらに深化する可能性を示唆する。すなわち、自由主義者がアイデンティティの政治のいくつかの側面から学ぶことができるということである。さまざまな「善」は、個々人に対してそれぞれに異なった自由主義的文化の中で欠落している社会的アイデンティティ――安心感・帰属意識・意義など――につながるアソシエーション、コミュニティ、および社会運動から生じるのである (Ignatieff, 1994)。

自由主義哲学者がアイデンティティの政治に抱く一般的に敵意のある反応は、当然再考の方向に向かっている[8]。こうした批評家の声は確かに正当であるかもしれないという懸念はあるが、これらのさまざまな集団はデモクラシーの敵であるとか、市民社会の崩壊の原因となる党派であるといった大まかな特徴づけは、行き過ぎた描写である。このような非難は、集団的行動と帰属の形態についての周辺化と誤解に帰着するのかもしれないが、これらは長い目で見ればリベラル・デモクラシーに貢献するであろう。英米系政治哲学における二つの異なる現在の潮流は、特にアイデンティティの政治に対してこうしたかなり否定的なアプローチを推進している。第一に、カント主義的影響を受けた哲学者の間では、アイデンティティ集団から生じる要求に関わる争いのない司法上の原則を確立するという願望は、異なる社会集団が生み出すさまざまな道徳的善の軽視に帰着する。この種の理論化は、これらの構造の起源と重要性に関する好奇心が全くないことを露呈する。不合理な伝統に縛られたものとしてのアイデンティティの政治を構成することによって、そうした理論化は、アイデンティティの主張が、「市民社会の内部で起こっている文化的コミュニケーション、論争、および再定義のプロセス」に関する、何か重要なものを私たちに教えてくれるかもしれないという主張の可能性を否定する (Benhabib, 2002：81)。同様に、その哲学的形態において、英語圏の自由主義は、アイデンティティの政治の異なったさまざまな種類が出現する理由についても、その潜在的な社会的意義についても、明らかに無関心である。

第二にリベラル・デモクラシーにとっては、信頼と市民的徳の衰退が第一の問題であると考える自由主義理論家の間で、アイデンティティの政治は現代の難題の原因であり、又実際難題の犠牲のようである。この種の解釈は、民主的善をもたらすと考えられる団体活動《アソシエーショナル・アクティヴィティ》の形態と、それを危険に晒すかもしれない形態の間にあまりにも厳格な境界線を引くことによって、いくつかのアイデンティティにもとづく集団の民主的潜在性を無視する。アソシエーションの民主化効果に関するネオ・トクヴィル主義的文脈に依拠するこれらの思想家は、特定の社会集団への個々人の同一化と密接に関係する複雑で漠然とした動機と目的に関与することを否定する。アイデンティティにもとづく集団と運動の場合、こうした動機や目的はどうすることもできない怒りの自己破滅的な表現から、人間の生の目的と方向性に対してコントロールしようとする試みまでさまざまである。それらへの関与と同一化は結局、社会的不利益と道徳的崩壊が政治的議題の端に追いやられている政治文化の中で、権力と資源に対する代理戦争を引き起こすであろう。これらの道理に適った、そして時には不当な怒りの爆発は、民主社会が認める公の話し合いの必要不可欠なものである。そのようなものとして、これらの集団は、すべての分別のある市民に、警告とともに教訓を与える。それらは、私たち自身の、そして他人のアイデンティティに対して一定の謙虚さを示すべきだという自由主義の観念を意味あるものにし、特定の社会集団に対する不公正な偏見の可能性への警戒の重要性を示唆する。(9)

これらの現象を理解するためには、民主社会における集団行動の複雑なレパートリーの要素を形成する慣行として、また、政治的要求と特定の文化や社会のアイデンティティを繋ぐ社会的プロセスと密接な一体的関係があるものとして、アイデンティティの政治が考察されなければならない。リベラル・デモクラシーの理論家や公共政策の立案者たちは同様に、より多面的意義を持つ相互理解的な形態の中で、自らのアイデンティティと政治的要求をアイデンティティ集団が提示するよう促すような形態の考察に関心を寄せるべきである。アイデンティティの政治は、全体的な非難というよりも非常に詳細な自由主義者からの道徳的反応を得ている。このような議論には、さまざまな政治的で政策に関連した意味合いがこもっている。例えばそのような議論は、現代の自由主義的共和主義者によって考えられたものに比べて、市民社会をめぐるアソシエーション的自然環境に対するより慎重で控えめな関与を示唆している（例えば、Macedo, 1996）。それはまた、公的機関、立法者、そして政策立案者の間に、運動や集団によって叫ばれるさまざまな不平や要求に必ずしも従うわけではないが、そうした声を聞こうとするはるかに大きな意欲が養成されていることをも意味する。その行為者が集団の活動を調整したり、形成したりするときの利点を考えるとき、個々の市民の能力や社会経済的、そして文化的な苦痛の複雑な性質は、重要な関心事であるべきである。自らの異質性に次第に気づいている政治的コミュニティのために、社会的調和の条件を確立する一般的な問題もそうあるべきだ。これらのさまざまな規範は、個々の市民の生活に押しつけられたアイデンティティの複雑な影響についての道徳的で実践的な考察と両立できるし、ますますそれが要求される。

このアプローチはまた、市民社会の特定のモデルを再建するための、最近注目されるパットナム風の関心に結びついた、かなり異なった政策の道筋を提案する（Putnam, 1993）。自由主義国家は、自由主義的な共和制の規範を支持する集団のみを奨励するよりむしろ、さまざまな横断的なアソシエーションの文化の促進のために利用することができるような、直接的でもあり、間接的でもあるメカニズムを考察することが賢明であろう。これは公共資源を自由主義的価値に適合しない集団に供給することを意味するかもしれない。これらの諸集団はさまざまな道徳的、社会的善を生み出す可能性の観点から判断されるべきである。すなわち、マイノリティの統合への信頼と意識の高揚を含んでいること、恵まれない人々の正当な不平を公にすること、それにマイノリティによって経験される不公正な扱いに関する公共の理解を促進することなどである。直感的には理解できないにもかかわらず、自由主義的秩序が自らの教訓に適合する声と同様に、あまり知られていない批判的な声を奨励することは、慎重を要するものではあるけれども道徳的に適切なことでもある。このような考えは、集団は国営宝くじによって生み出された収入の当然の受益者と同じようなものだというイギリスの最近の議論とある程度関係する。政府の政策のいわゆる不公正に対する反対運動には、そうした集団が先に考察された何らかの価値を実際に生み出すことが明らかな場合に限り、この枠組みに従って補助金が給付されるべき集団である。同様に公的支援の集団による承認は、国家が強化するよう準備する責任を暗示してもいる。リベラル・デモクラシーにおいて、マイノリティのアイデンティティ、価値、そして習慣は、相互理解的な交流の源泉であるのと同様に対象でもあると期待することは正当である。これは実際のところ、言論の自由や不快な意見への寛容といった自由主義的価値と、例えば表現の自由を制限する信仰に依拠したコミュニティの要望との均衡をもたらすことを意味するかもしれない。

デモクラシーの政治生活内部で社会的アイデンティティに価値を与えることには異議を生み出すけれども、実際にはプルーラリストが彼らの道徳的議論の中でこのことを認めるべきである。特にある集団が、習慣はアイデンティティに不可欠であると宣言し、別の集団がそれ自身の存在にとって有害であるとしてこれを認識することが原因で争いが起こるようなとき、平和的で理にかなった解決は難しいが、必ずしも不可能というわけではない。私は以前に、クー・クラックス・クランのメンバーによる十字架を燃やすことを許容する最近の運動へのアメリカ自由人権協会の支持によって生じた論争を取りあげた。この運動は実際にはこの組織が存続する場所において、この集団の自己のアイデンティティに不可欠であり、同時に多くの市民——アフリカ系アメリカ人やその他の人々——に対する攻撃でもある。これらの相反する議論の長所を比較検討するとき、単にKKKは自発的なアソシエーションを象徴するけれど、非選択的集団——アフリカ系アメリカ人——が関係しているという理由だけで、それらが提唱する制約の要求に賛成することは十分ではない。私が第一章で述べたように、自発的な集団と非選択的な集団の対比は、政治理論家がしばしば認めるよりもずっと不安定なものである。同様にこの場合—アメリカ自由人権協会がとった立場——、言論の自由の権利は他のあらゆる道徳的議論よりも「勝る」という考えは、この行動への批判者が提起する有効な公共理性を考えていない。これらは市民性とマイノリティの自尊心といった原則に訴える議論を含むかもしれない。種々の関連する事例——例えば、イギリスのフットボールスタジアムでの人種差別主義の表現——の難しさと複雑さにも関わらず、相反する価値のバランスをとることは自由主義政治の任務でもあり義務だ。私が示唆したように、こうした評価は民主的シティズンシップの規範を援用しながら、最も広く同意されている。この特定の事例において、十字架を焼くことが社会的関係を損ない、市民性を損ない、そしてマイノリティ集団のメンバーに脆さと疎外感を感じさせるような可能性に対して何らかのかなりの影響が及ぶことを示唆している。

道徳原理に関するいくつかの条件は、通常一般論のレヴェルでは受け入れられるが、自由主義政治思想と市民社会の発展の関連性を考慮するとき、それの文脈と伝統の重みから逃れようとすることは間違いである。道徳的判断は地域の政治的で知的な文脈によって形作られるというコミュニタリアン的思考は、第一章において展開された議論と一致している。すなわち集団的アイデンティティの政治問題化によって引き起こされた難題の有力な見解は、イデオロギー的変化と国民の政治文化が重要なのである。アメリカ、イギリスの両国において、一九六〇年代以降自由主義者と左翼的知識人によって経験されたイデオロギー的、政治的困難は、流動化のこうした新しい側面を取り巻いている多くの希望と恐怖を形成してきた。さらに、さまざまな政治的伝統は、アイデンティティの政治が政治的に構築されている方法をめぐる本来の歴史的理解の核心に関係している。この点の説明として私は、ニュー・レフトの政治の性質と遺産に関する議論と、それに続いて社会的特異性が民主政治にもたらす脅威についての考えとの関係を強調している。これらの初期の議論の副産物は、私が示唆するように政治生活におけるジェンダー、信仰、そしてエスニシティの役割に関する政治理論家たちの間に広く行き渡っている仮説の中に存在している。明らかに、ニュー・レフトは今日の思想に関連する知的文脈であることを意味しない。しかしこれは重要なものであるにもかかわらず無視されてきた。アイデンティティの政治が何を意味するかに関する最近の規範的理解は、より古い歴史と議論に根差している。さらにこれらは、それぞれの国の歴史と文化との関連で理解される必要がある。国民の伝統と政治的経験の重要性の認識は、とりわけ一九世紀の市民社会に対するいく人かの現代アメリカの思想家たちの郷愁の特徴や、多文化主義が福祉国家の妥当性を弱体化させるのに手を貸しているというい く人かのイギリス平等主義者たちの考えを理解する手助けにはなる。

しかしいくらか逆説的ではあるが、本書で考察された議論は、本質的に超国家的な性格を有してもいる。文化的遺産の本質、集団的権利の概念、社会的アイデンティティと個々人の帰属の重要性、そして、民主的シティズンシップの表面的ではあるが根本的な部分といった問題に関する議論は、国家を超える知性の発達を支えてきた。これは特に国民の政治的伝統を反映し、超越した政治的問題に関する、過去二〇年来の英語圏の言説に起因している。こうした状況はいく分、アメリカ例外論者の強い観念の衰退と、アメリカ的傾向は徐々に適切になり、おそらく受け入れざるをえないというイギリスや他の西欧諸国における宿命的意識が原因で生じている。しかし、それはまたより一般的な知的研究に関する単一民族《シングル・ナショナル》の伝統の保持が衰退した影響、つまりさまざまな要因を抱えながらの発展を反映している。経済的、文化的生活のグローバリゼーションによってもたらせられた複合的な経済的、文化的、そして知的な変革の文脈において、道徳的政治的思想に関する普遍主義者と個別主義者の側のより適切なバランスを確立することは、極めて重要な任務として再び提起された（Linklater, 1998 : 5）。道徳的普遍主義者と個別主義者の表面的な自由主義的イマジネーションの影響力は、アイデンティティの政治によって引き起こされた諸問題に対する活発で微妙な反応の発展を可能にするというよりはむしろ、妨げる恐れさえあるのである。

（1）メンダスは理性の友敵の特徴づけに、ウィリアム・ブレイクの『地獄からの箴言』（*Proverbs from Hell*）の中で使われた用語を当てている。

（2） 同様の議論は次の文献で確認できる。Bader（1997）．また、多文化主義の「厚い」形態に関するバウスマイスターの描写（Baumeister, 2000）、そして以下も参照のこと。Benhabib（2002）.

（3） 規範的理論の用語の一例は、近隣のエートスというメンダス自身の概念であり、カッツネルソンの文化的差異の文脈で論じられた考えなどである（Kaznelson, 1996：173-4）。

（4） ここで私は、自由主義政治理論と自由主義イデオロギーを明確に区別するジェラルド・ガウスの試み（Gaus, 2000）とは意見を異にする。

（5） この哲学的区別は、自由主義思想における平等の役割についてのドゥオーキンの考察の核心をなすものである。人々を平等に処遇するということは「政治的決定は可能な限り良き生、あるいは人生に何が価値を付与するのか、というどのような特殊な概念からも独立していなければならない」ことを想定する。彼が論じるところでは、人々を平等なものとして処遇するということは、次のことを意味している。すなわち、「平等な処遇の内容は、人間にとっての善、あるいは人生にとっての善に関する何らかの理論から独立したものではあり得ない。何故なら人を平等なものとして処遇することは、善人もしくは本当に賢明な人間が処遇されたいと願う方法で処遇することを意味するからである」ということである（Dowrkin, 1978：127）。

（6） この点については、社会運動は普遍主義的道徳原理と、個別の生活世界と社会利益を代表する使者の両方をもたらせるとするハーバーマスの議論に不可欠なものである（Habermas, 1981；1971）。

（7） とりわけロールズ主義者の妥当性と、さまざまなアイデンティティ志向の政治的主張の魅力的な併記については以下を参照。Laden（2001）.

（8） エイミー・ガットマンはこれを正確に行うための、明確な哲学的正当化を準備した（Gutmann, 2003）。

（9） 同様の議論としては、以下を参照。Kiss（1999：195），Bader（1997：792）.

訳者あとがき

本書は、Michael Kenny, *The Politics of Identity : Liberal Political Theory and the Dilemmas of Difference*, Cambridge : Polity Press, 2004 の全訳である。

著者のマイケル・ケニーは、イングランド・サウスヨークシャーのシェフィールド大学で教鞭をとる若手の政治学者である。一九八六年にケンブリッジ大学を卒業、一九八七年にはマンチェスター大学で政治理論の修士を修め、一九九一年には同大学より、イギリスのニュー・レフトの政治思想研究で博士号を取得した。一九九〇年から三年間、北アイルランド・ベルファストのクイーンズ大学で政治学を講じた後、一九九三年より現在のシェフィールド大学に勤務。一九九六―九七年には、アメリカ・ヴァージニア州のウィリアム・アンド・メアリー・カレッジの客員教授を務め、一九九七―九八年には在外研究で、オックスフォード大学のウォルフソン・カレッジに滞在した。二〇〇四年にはシェフィールド大学の政治学教授に就任し、二〇〇五年からは同大学の政治学科長を務めている。その他、『ニュー・ポリティカル・エコノミー』誌および『コンテンポラリー・ポリティカル・セオリー』誌の編集委員でもある。

ケニーの主要な著作は以下の通りである。

〈著書〉

・*The First New Left in Britain, 1956–64 : British Intellectuals after Stalin*, London : Lawrence & Wishart, 1995.

・*The Politics of Identity*, Cambridge : Polity Press, 2004.（本書）

〈編著〉

・*Western Political Thought : An Annotated Bibliography of Writings in English Since 1945*（with R. Eccleshall）, Manchester : Manchester University Press, 1995.

・*Planning Sustainability*（with J. Meadowcroft）, London : Routledge, 1999.

・*Rethinking British Decline*（with R. English）, London : Palgrave Macmillan, 2000.

・*The Idea of Global Civil Society*（with R. Germain）, London : Routledge, 2004.

・*Political Ideologies : A Reader and Guide*（with M. Festenstein）, Oxford : Oxford University Press, 2005.

〈共著の分担執筆〉

・"Paradoxes of Community", in B. Doherty et al. eds., *Democracy and Green Political Thought : Sustainability, Rights and Citizenship*, London : Routledge, 1996.

・"Marxism and Regulation Theory", in A. Gamble et al. eds., *Marxism and Social Science*, London : Palgrave Macmillan, 1999.

・"Engaging Gramsci : International Relations Theory and the new Gramscians"（with R. Germain）, in J. Martin ed., *Antonio Gramsci : Critical Assessments of Leading Political Philosophers*, London : Routledge, 2001.

・"Ecologism", in R. Eccleshall et al., *Political Ideologies : An Introduction*, third edition, London : Routledge, 2003.

・"Communitarianism" in A. Finlayson ed., *Contemporary Political Thought : A Reader and Guide*, Edinburgh : Edinburgh University Press, 2003.

その他、多数の論文が政治学雑誌に掲載されている。彼の関心は、イギリス政治思想の伝統から、ニュー・レフトの系譜、現代の自由主義論、エコロジーの思想と運動、ポスト産業社会論、現代イギリス政治経済、さらには国際関係論やグローバル市民社会論にまでわたっている。

＊

日本においても、「アイデンティティの政治」や「差異の政治」の議論は、一九九〇年代以降の市民社会論やラディカル・デモクラシー論の中で注目を集めた。本書をひも解けば、ウィル・キムリッカ、アイリス・ヤング、ウィリアム・コノリー、チャールズ・テイラー、ナンシー・フレイザーといった、日本でも広く紹介されている政治理論家や哲学者が、考察対象になっていることを見て取ることができる。その意味では、本書は、イギリス人の手による「アイデンティティの政治」の諸議論のコンパクトな入門書として読むことも可能であろう。

しかしながら、著者ケニーの関心は、一九八〇年代の北米のリベラル・コミュニタリアン論争にせよ、またアイデンティティの政治を自由主義と相容れないものと見なす昨今の言説にせよ、それらが極めて英米《アングロ・アメリカ》的なバイアスを伴っている点にある。そして彼は、ジョン・ロールズの政治的自由主義を高く評価しつつ、差異やアイデンティティや承認の要求が必ずしも自由主義と敵対的ではないことを論証しようとする。北米の政治理論・政治哲学の影響を強く受けている日本において、それらを批判的な考察対象として相対化させるイギリス人の議論は、傾聴に値するものと考えられる。

また、本書の特徴は、アイデンティティの政治にまつわるものとしての「市民社会」、およびそこで語られる「アソシエーション」や「コミュニティ」についての考察もなされている点であろう。アラン・トゥレーヌやアルベルト・メルッチら、「新しい社会運動」に関する論者については、日本でもよく知られているはずである。しかしながら、差異やアイデンティティについての哲学的な考察が多くなされる一方で、これら社会学者の議論がどれだけわが国で視野に入れられているだろうか。政治理論家・政治哲学者と、社会学者の対話が不足しているという問題は、欧米でも同じかもしれないが、自由主義や共和主義、あるいは市民参加などに関心を持つ読者にとって、本書はいわゆる「市民社会論」をトータルに捉え直すという課題のために有用な一書とも言えるかもしれない。

さらに、本書の底流に流れている、ニュー・レフトへの著者の関心も、見逃すわけには行かない。北米からの情報量が圧倒的である日本においては、左翼的な言説は今日ではあまり影響力を持ち得ないのかもしれないが、少なくともイギリスをはじめヨーロッパの文脈では、一九世紀から二〇世紀に至る社会主義や社会民主主義の思考の伝統は、現代においても決して失われてはいない。本書でも随所で触れられているように、アイデンティティの政治や差異の政治が「新しい」潮流だとされる見方に対して、それがかつての「解放の思想」であったナショナリズムや社会主義の現代的バリエーションかもしれない、という見地がイギリスにはあることを著者は念頭においている。伝統的な社会（民主）主義と、一九五〇～六〇年代のニュー・レフトと、現代的なアイデンティティの政治とが、どのような位置関係にあるのかについて、本書が丹念に考察しているわけではない。だが、このような点に関心のある読者は、著者の *The First New Left in Britain* と本書を併読することが望ましいであろう。

いずれにしても、「私化」した個人の間に「公共性」を復活させ、かつ、その公共性が「同化」を強いない多元主義的なものであらねばならない、という困難な課題を抱えているのは、日本も例外ではない。差異ゆえに差別・抑圧を被ってきた人々が、自らの声をあげ、しかも相互に異質な者同士が「共通の」世界を構成する――という、現代世界のデモクラシーの問題を考える際に、本書が広く読まれることを期待したい。

＊

この翻訳は、訳者の一人である山田が、シェフィールド大学留学時代に著者ケニーの知遇を得ていたことに端を発している。山田は原著の内容のあらましを、著者の執筆段階から聞いており、原著の刊行とほぼ同時に、現在は退職された日本経済評論社の奥田のぞみ氏のご尽力により翻訳計画が具体化した。そして、かねてより共同研究等を通じて共通理解のあった、藤原をはじめとする日本大学の政治学・政治思想研究者で、共訳することとなった。訳出分担は以下の通りであるが、数度にわたって研究会を開き、各人の訳文を相互に吟味・推敲しあい、全員で訳稿を検討した。

藤原……序章、第9章
山田……日本語版への序文、謝辞、第1、2章
松島……第3、4章
青山……第5、6章
佐藤……第7、8章

訳出にあたり、すでに邦訳のある引用文献については可能な限り参照させていただき、多大の恩恵を受けた。「凡例」にも記したように、本書での引用の文脈を損なわないよう、適宜訳文を変えてあることをご寛恕願いたい。また、原文の意味を失うことなく、読みやすい日本語となるよう心がけたつもりではあるが、内容の難解さゆえに思わぬ誤解や誤訳も少なくないかと恐れている。読者諸賢のご批判・ご教示をいただければ幸いである。

最後になってしまったが、企画の段階から編集、出版にいたるまで、多くのご配慮とご助言をいただいた、日本経済評論社の清達二氏と、すでに同社を去られた奥田氏に、心からの感謝を申し上げたい。

二〇〇五年七月

共訳者

新版 現代政治理論　W・キムリッカ　訳者代表＝千葉眞・岡﨑晴輝　本体4500円

シュラクサイの誘惑 現代思想にみる無謀な精神　マーク・リラ　佐藤貴史・高田宏史・中金 聡 訳　本体2800円

帝国の誕生 ブリテン帝国のイデオロギー的起源　D・アーミテイジ　平田雅博・岩井 淳・大西晴樹・井藤早織 訳　本体3400円

グローバル時代のシティズンシップ 新しい社会理論の地平　ジェラード・デランティ　佐藤康行 訳　本体3000円

グローバル社会民主政の展望 経済・政治・法のフロンティア　デヴィッド・ヘルド　中谷義和・柳原克行 訳　本体2500円

グローバル化と反グローバル化　D・ヘルド／A・マッグルー　中谷義和・柳原克行 訳　本体2200円

変容する民主主義 グローバル化のなかで　A・マッグルー編　松下冽監訳　本体3200円

第三の道を越えて　アレックス・カリニコフ　中谷義和監訳　吉野浩司・柚木寛幸 訳　本体2000円

グローバルな市民社会に向かって　M・ウォルツァー　石田・越智・向山・佐々木・高橋 訳　本体2900円

政治の発見　Z・バウマン　中道寿一 訳　本体4300円

アクセス安全保障論　山本吉宣・河野 勝 編　本体2800円

グローバル化と人間の安全保障 行動する市民社会【NIRAチャレンジ・ブックス】　勝俣誠 編著　本体2700円

アイデンティティの政治学

2005年11月1日　第1刷発行

定価（本体4200円＋税）

著　者　マイケル・ケニー

訳　者　藤原　孝
　　　　山田竜作
　　　　松島雪江
　　　　青山円美
　　　　佐藤高尚

発行者　栗原哲也

発行所　株式会社日本経済評論社
〒101-0051 東京都千代田区神田神保町3-2
電話 03-3230-1661　FAX 03-3265-2993
http://www.nikkeihyo.co.jp
振替 00130-3-157198
装丁・鈴木弘　　シナノ印刷・協栄製本

ISBN4-8188-1805-4

訳者紹介（掲載順）

藤原《ふじわら》　孝《たかし》（序章，第9章）

日本大学法学部教授．1945年生まれ．日本大学大学院法学研究科修士課程（政治学専攻）修了．ヨーロッパ政治思想史．主著に『西欧政治思想史序説』三和書籍，2000年，『現代政治へのアプローチ』（共編著）北樹出版，1998年．

山田《やまだ》竜作《りゅうさく》（日本語版への序文，謝辞，第1章，第2章）

日本大学国際関係学部助教授．1967年生まれ．シェフィールド大学社会科学部大学院Ph.D.コース（政治理論専攻）修了．政治理論・政治思想史．主著に『大衆社会とデモクラシー——大衆・階級・市民』風行社，2004年，『政治変容のパースペクティヴ』（分担執筆）ミネルヴァ書房，2005年．

松島《まつしま》雪江《ゆきえ》（第3章，第4章）

日本大学法学部専任講師．1971年生まれ．日本大学大学院法学研究科博士後期課程（公法学専攻）満期退学．法哲学．主著に『新法学入門』（共著）弘文堂，2004年，論文に「法化問題における市民社会論の射程」『日本法学』第68巻4号，2003年．

青山《あおやま》円美《まろみ》（第5章，第6章）

大東文化大学国際比較政治研究所副研究員．1971年生まれ．大東文化大学大学院法学研究科博士後期課程（政治学専攻）単位取得満期退学．政治制度論・政治思想史．論文に「フランス第五共和制の政治形態はM・ウェーバーの大統領制構想の実現形態か？」大東文化大学大学院法学研究科『大東法政論集』第6号，1998年，「現代政治における半大統領制の有意性に関する一考察——フィンランドの例を中心にして」『大東法政論集』第9号，2001年．

佐藤《さとう》高尚《たかひさ》（第7章，第8章）

日本大学・成蹊大学非常勤講師．1972年生まれ．成蹊大学大学院法学政治学研究科博士後期課程（政治学専攻）満期退学．政治学・政治思想史．主著に『現代政治の理論と諸相』（共著）三和書籍，2002年，『政治の世界』（共著）北樹出版，2004年．

索　引

［あ行］

［か行］

［さ行］

［た行］

［な行］

［は行］

［ま行］

［や行］

［ら行］

ローゼンブラム，ナンシー（Rosenblum, Nancy） 24, 85, 129, 133 - 5, 137, 139, 141, 144, 146, 149, 168-9
ローティ，リチャード（Rorty, Richard） 39, 40, 43, 63, 77-8, 148, 237, 263-4
ロールズ，ジョン（Rawls, John） 4, 10, 93, 96, 98-9, 101-2, 104, 138, 144-7, 149-50, 152n.4, 216

参考文献

Ackerman, B. (1980), *Social Justice in the Liberal State,* New Haven, CT, and London : Yale University Press.

——— (1983), "What is Neutral about Neutrality?" *Ethics*, 93, 372-90.

Alibhai-Brown, Y. (1999), *True Colours : Attitudes to Multiculturalism and the Role of Government*, London : IPPR.

Almond, G., and S. Verba (1963), *The Civic Culture : Political Attitudes and Democracy in Five Nations*, Princeton, NJ : Princeton University Press. 石川一雄／片岡寛光／木村修三／深谷満雄訳 (1974)『現代市民の政治文化——5カ国における政治的態度と民主主義』勁草書房.

Altman, A. (1993), "Liberalism and Campus Hate Speech : A Philosophical Examination", *Ethics*, 103, 302-17.

Appiah, K.A. (1994), "Identity, Authenticity, Survival : Multicultural Societies and Social Reproduction", in A. Gutmann ed., *Multiculturalism : Examining the Politics of Recognition, Princeton*, NJ : Princeton University Press, 149-63. 向山恭一訳 (1996)「アイデンティティ，真正さ，文化の存続——多文化社会と社会的再生産」,『マルチカルチュラリズム』岩波書店.

——— (1996), "Race, Culture, Identity : Misunderstood Connections", in K.A. Appiah and A. Gutmann, *Color Conscious :The Political Morality of Race*, Princeton, NJ : Princeton University Press.

Avineri, S. (1972), *Hegel's Theory of the Modern State*, London : Cambridge University Press. 高柳良治訳 (1978)『ヘーゲルの近代国家論』未來社.

Avineri, S., and A. De-Shalit eds. (1992), *Communitarianism and Individualism*, Oxford : Oxford University Press.

Bader, V. (1997), "The Cultural Conditions of Transnational Citizenship : On the Interpenetration of Political and Ethnic Cultures", *Political Theory*, 25, 771-813.

Banaszak, A., K. Beckwith and D. Rucht eds. (2003), *Women's Movements Facing the Reconfigured State*, Cambridge : Cambridge University Press.

Banfield, E.C. ed. (1992a), *Civility and Citizenship in Liberal Democratic societies*, New York : Paragon House.

——— (1992b), "Introductory Note", in E.C. Banfield ed., *Civility and Citizenship in Liberal Democratic Societies*, New York : Paragon House, ix-xii.

Barber, B. (1998), *A Place for Us : How to Make Civil Society and Democracy*

Strong, New York : Hill & Wang.
Barnard, F.M. (2003), *Herder on Nationality, Humanity and History*, Montreal : McGill-Queen's University Press.
Barry, B. (1999), "Politics as a Vocation", in J. Hayward, B. Barry and A. Brown eds., *The British Study of Politics in the Twentieth Century*, Oxford : Oxford University Press, 425-68.
——— (2001a) *Culture and Equality : An Egalitarian Critique of Multiculturalism*, Cambridge : Polity.
——— (2001b), "The Muddles of Multiculturalism", *New Left Review*, 8, 49-71.
——— (2002), "Second Thoughts-and Some First Thoughts Revived", in P. Kelly ed., *Multiculturalism Reconsidered : Culture and Equality and its Critics*, Cambridge : Polity, 204-38.
Bauöck, R. (2000), "Social and Cultural Integration in Civil Society", in C. McKinnon and I. Hampsher-Monk eds., *The Demands of Citizenship*, London and New York : Continuum, 91-119.
Bauman, Z. (2001), *Community*, Cambridge : Polity.
Baumeister, A. (2000), *Liberalism and the 'Politics of Difference'*, Edinburgh : Edinburgh University Press.
Beck, U. (1992), *Risk Society : Towards a New Modernity*, London : Sage. 東廉／伊藤美登里訳（1998）『危険社会——新しい近代への道』法政大学出版局.
——— (1999), *The Reinvention of Politics : Rethinking Modernity in the Global Social Order*, Cambridge : Polity.
Beiner, R. (1995), "Introduction : Why Citizenship Constitutes a Theoretical Problem in the Last Decade of the Twentieth Century", in R. Beiner (ed.), *Theorizing Citizenship*, Albany, NY : State University of New York Press, 1-28.
Bell, D. (1998), "Civil Society versus Civic Virtue", in A. Gutmann (ed.), *Freedom of Association*, Princeton, NJ : Princeton University Press, 239-72.
Bellah, R. et al. (1996), *Habits of the Heart : Individualism and Commitment in American Life*, Berkeley : University of California Press. 島薗進／中村圭志訳（1991）『心の習慣——アメリカ個人主義のゆくえ』みすず書房.
Bellamy, R. (1999), *Liberalism and Pluralism : Towards a Politics of Compromise*, London : Routledge.
——— (2000), *Rethinking Liberalism*, London : Continuum.
Benhabib, S. (1992), *Situating the Self : Gender, Community and Postmodernism in Contemporary Ethics*, Cambridge : Polity.
——— (2002), *The Claims of Culture : Equality and Diversity in the Global Era*, Princeton, NJ : Princeton University Press.

Benjamin, J. (1998), *Like Subjects, Love Objects : Essays on Recognition and Sexual Difference*, New Haven, CT, and London : Yale University Press.
Bennett, F. (1999), "The Face of the State", *Political Studies*, 47, 677-90.
Bennett, W.L. (1998), "The UnCivic Culture : Communication, Identity, and the Rise of Lifestyle Politics", *PS : Political Science and Politics*, 31, 741-61.
Berlin, I. (1999), *The Roots of Romanticism : The A.W. Mellow Lectures in the Fine Arts, 1965, The National Gallery of Art, Washington, DC.*, London : Chatto & Windus. 田中治男訳（2000）『バーリン・ロマン主義講義——美術に関するA.W.メロウ講義，1965年国立美術ギャラリー，ワシントンDC』岩波書店．
Berman, P. ed. (1995), *Debating PC : The Controversy over Political Correctness on College Campuses*, New York : Laurel-leaf.
——— (1996), "The Gay Awakening", in P. Berman, *A Tale of Two Utopias : The Political Journey of the Generation of 1968*, New York and London : W.W. Norton, 123-94.
Bevir, M. (1999), *The Logic of the History of Ideas*, Cambridge : Cambridge University Press.
Bhabha, H. (1994), *The Location of Culture*, London : Routledge. 本橋哲也ほか訳（2005）『文化の場所——ポスト コロニアリズムの位相』法政大学出版局．
Bickford, S. (1997), "Anti-Anti-Identity Politics : Feminism, Democracy, and the Complexities of Citizenship", *Hypatia*, 12, 111-31.
——— (1999), "Identity and Institutions in the Inegalitarian Polity", *American Journal of Political Science*, 43, 86-108.
Blankenhorn, D. (1995), "Conclusions : The Possibility of Civil Society", in M.A. Glendon and D. Blankenhorn eds., *Seedbeds of Virtue : Sources of Competence, Character, and Citizenship*, Lanham, MD, and London : Madison Books, 271-82.
Blunkett, D. (2002,) *Politics and Progress : Renewing Democracy and Civil Society*, London : Politico's.
Bobbio, N. (1988), "Gramsci and the Concept of Civil Society", in J. Keane ed., *Civil Society and the State : New European Perspectives*, London : Verso, 73-99. 黒沢惟昭訳（2000）「グラムシにおける市民社会」，『グラムシ思想の再検討——市民社会・政治文化・弁証法』御茶の水書房，47-92頁．
Bohman, J. (1995), "Public Reason and Cultural Pluralism : Political Liberalism and the Problem of Moral Conflict", *Political Theory*, 23, 253-79.
Brennan, T. (1991), "Black Theorists and Left Antagonists", *Minnesota Review*, 37, 89-113.
Brown, W. (1995a), *States of Injury : Power and Freedom in Late Modernity*, Princeton, NJ : Princeton University Press.

——— (1995b), "Wounded Attachments : Late Modern Oppositional Political Formations", in J. Rajchman ed., *The Identity in Question*, London and New York : Routledge, 199-227.

Buechler, S.M. (1995), "New Social Movement Theories", *Sociological Quarterly*, 36, 441-64.

Bunting, M. (2001), "Intolerant Liberalism", *The Guardian*, 8 October.

Butler, J. (1990), *Gender Trouble : Feminism and the Subversion of Identity*, London : Routledge. 竹村和子訳 (1999)『ジェンダー・トラブル――フェミニズムとアイデンティティの攪乱』青土社.

——— (1998), "Merely Cultural", *New Left Review*, 227, 33-44. 大脇美智子訳 (1999)「単に文化的な」,『批評空間　第II期』第23号, 227-40頁.

Byrne, P. (1997), *Social Movements in Britain*, London : Routledge.

Cairns, A.C. (1999), "Introduction", in A.C. Cairns, J.C. Courtney, P. MacKinnon, H. J. Michelmann and D.E. Smith eds., *Citizenship, Diversity, and Pluralism : Canadian and Comparative Perspectives*, Montreal : McGill-Queen's University Press, 1-22.

Calhoun, C. (1994), "Social Theory and the Politics of Identity", in C. Calhoun ed., *Social Theory and the Politics of Identity*, Oxford : Blackwell, 9-36.

——— (1995), "New Social Movements of the Nineteenth Century", in M. Traugott ed., *Repertoires and Cycles of Collective Action*, Durham, NC : Duke University Press.

Callan, E. (1997), *Creating Citizens : Political Education and Liberal Democracy*, Oxford : Clarendon Press.

Canavan, F. (1995), *The Pluralist Game : Pluralism, Liberalism and the Moral Conscience*, Lanham, MD : Rowman & Littlefield.

Canel, E. (1992,) "New Social Movement Theory and Resource Mobilization : The Need for Integration", in W.K. Carroll ed., *Organizing Dissent : Contemporary Social Movements in Theory and Practice*, Toronto : Garamond Press, 22-51.

Caney, S. (2001), "International Distributive Justice", *Political Studies*, 49, 974-97.

——— (2002), "Equal Treatment, Exceptions and Cultural Diversity", in P. Kelly ed., *Multiculturalism Reconsidered : Culture and Equality and its Critics*, Cambridge : Polity, 81-101.

Carens, J. (2000), *Culture, Citizenship and Community : A Contextual Exploration of Justice as Evenhandedness*, Oxford : Oxford University Press.

Carens, J., and M.S. Williams (1996), "Muslim Minorities in Liberal Democracies : The Politics of Misrecognition", in R. Baubock, A. Heller and A.R. Zolberg eds., *The Challenge of Diversity : Integration and Pluralism in Societies of Immigra-*

tion, Aldershot : Avebury.

Carver, T. (2001), "Marx, Marxism, Post-Marxism", in M. Freeden ed., *Reassessing Political Ideologies : The Durability of Dissent*, London and New York : Routledge, 35-48.

Castells, M. (1997a), *The Information Age*, Volume I : *The Rise of the Network Society*, Oxford, and Malden, MA : Blackwell.

——— (1997b), *The Information Age*, Volume II : *The Power of Identity*, Oxford, and Malden, MA : Blackwell.

——— (1997c), *The Information Age*, Volume III : *End of Millennium*, Oxford, and Malden, MA : Blackwell.

Charter '88. (1991), *Make a Date with Democracy : Charter '88 : Constitutional Conventional Proceedings*, London : Charter '88.

Chowcat, I. (2000), "Moral Pluralism, Political Justification and Deliberative Democracy", *Political Studies*, 48, 745-58.

Cohen, G. (1999), "Equality of What? On Welfare, Goods, and Capabilities", in M. Nussbaum and A. Sen eds., *The Quality of Life*, Oxford : Clarendon Press, 90-29.

Cohen, J. L. (1985), "Strategy or Identity : New Theoretical Paradigms and Contemporary Social Movements", *Social Research*, 52, 663-716.

Cohen, J.L., and A. Arato (1992), *Civil Society and Political Theory*, Cambridge, MA : MIT Press.

Cohen, I., and J. Rogers (1995), *Associations and Democracy*, London : Verso.

Connolly, W. (1991), *Identity\Difference, Democratic Negotiations of Political Paradox*, Ithaca : Cornell University Press. 杉田敦／齋藤純一／権左武志訳 (1998)『アイデンティティ＼差異――他者性の政治』岩波書店.

——— (1995), *The Ethos of Pluralization*, Minneapolis and London : University of Minnesota Press.

Cooke, M. (1997), "Authenticity and Autonomy : Taylor, Habermas and the Politics of Recognition", *Political Theory*, 25, 258-88.

Coole, D. (2001), "Threads and Plaits of an Unfinished Project? Feminism(s) through the Twentieth Century", in M. Freeden ed., *Reassessing Political Ideologies : The Durability of Dissent*, London and New York : Routledge.

Crick, B. (2000), *Essays on Citizenship*, London and New York : Continuum.

Crittenden, J. (1992), *Beyond Individualism : Reconstituting the Liberal Self*, New York : Oxford University Press.

Crowder, G. (2001), *Liberalism and Value Pluralism*, London and New York : Continuum.

Cummings, M.S. (2001), *Beyond Political Correctness, Social Transformations in the United States*, Boulder, CO : Lynne Rienner.

Dagger, R. (1997), *Civic Virtues*, Oxford and New York : Oxford University Press.

D'Agostino, F. (1996), *Free Public Reason : Making it up as We Go*, New York : Oxford University Press.

Dahl, R. (1963), *Who Governs? Democracy and Pluralism in an American City*, New Haven, CT, and London : Yale University Press. 河村望／高橋和宏監訳 (1988)『統治するのはだれか——アメリカの一都市における民主主義と権力』行人社.

——— (1967), *Pluralist Democracy in the United States : Conflict and Consent*, Chicago : Rand McNally.

Dallmayr, F. (1996), "Democracy and Multiculturalism", in S. Benhabib (ed.), *Democracy and Difference : Contesting the Boundaries of the Political*. Princeton, NJ : Princeton University Press. 278-94.

Dalton, R.J. (1994), *The Green Rainbow : Environmental Groups in Western Europe*, New Haven, CT, and London : Yale University Press.

Dalton, R.J., M. Kuechler and W. Burklin (1990), "The Challenge of New Movements", in R.J. Dalton and M. Kuechler eds., *Challenging the Political Order : New, Social and Political Movements in Western Democracies*, Cambridge : Polity, 3-20.

D'Anieri, P., C. Ernst and E. Kier (1990), "New Social Movements in Historical Perspective", *Comparative Politics*, 23, 445-58.

Della Porta, D., and M. Diani (1999), *Social Movements : An Introduction*, Oxford : Blackwell.

Deveaux, M. (2000a), "Conflicting Equalities? Cultural Group Rights and Sex Equality", *Political Studies*, 48, 522-39.

——— (2000b), *Cultural Pluralism and Dilemmas of Justice*, Ithaca, NY, and London : Cornell University Press.

Dewey, J. ([1927] 1990), *The Public and its Problems*, Athens, OH : Swallow Press. 阿部斉訳 (1969)『現代政治の基礎——公衆とその諸問題』みすず書房.

Diani, M. (1992), "The Concept of Social Movement", *Sociological Review*, 40, 1-25.

——— (1993), "Themes of Modernity in New Religious Movements and New Social Movements", *Social Science Information*, 32, 111-31.

Digeser, P. (1995), *Our Politics, Our Selves? Liberalism, Identity, and Harm*, Princeton, NJ : Princeton University Press.

Donati, R.P. (1984), "Organization between Movement and Institution", *Social Science Information*, 23, 837-59.

Dryzek, J.S. (1996), "Political Inclusion and the Dynamics of Democratization",

American Political Science Review, 90, 475-87.
Dunant, S. ed. (1994), *The War of the Words : The Political Correctness Debate*, London : Virago.
Dworkin, R. (1978), "Liberalism", in S. Hampshire ed., *Public and Private Morality*, Cambridge : Cambridge University Press, 113-43.
Echols, A. (1992), "'We Gotta Get Out of this Place' : Notes toward a Remapping of the Sixties", *Socialist Review*, 2, 9-34.
Edsall, T.B., and M.D. Edsall (1991), *Chain Reaction : The Impact of Race, Rights, and Taxes in American Politics*, New York and London : W.W. Norton. 飛田茂雄訳（1995）『争うアメリカ――人種・権利・税金』みすず書房.
Eisenstadt, S.N., and B. Giesen (1995), "The Construction of Collective Identity", *Archives Europeenes de Sociologie*, 36, 72-102.
Elshtain, J.B. (1995), *Democracy On Trial*, New York : Basic Books. 河合秀和訳（1997）『裁かれる民主主義』岩波書店.
Emcke, C. (2000), "Between Choice and Coercion : Identities, Injuries, and Different Forms of Recognition", *Constellations*, 7, 483-95.
Epstein, B. (1991), "'Political Correctness' and Collective Powerlessness", *Socialist Review*, 21 (3/4), 14-35.
Fanon, F. (1965), *The Wretched of the Earth*, London : MacGibbon & Kee. 鈴木道彦／浦野衣子訳（1996）『地に呪われたる者』みすず書房.
Farred, G. (2000), "Endgame Identity? Mapping the New Left Roots of Identity Politics", *New Literary History*, 31, 627-48.
Farrelly, C. (1999), "Public Reason, Neutrality and Civic Virtues", *Ratio Juris*, 12 (1), 11-25.
Ferree, M.M., W.A. Gamson, J. Gerhards and D. Rucht (2002), *Shaping Abortion Discourse : Democracy and the Public Sphere in Germany and the United States*, Cambridge : Cambridge University Press.
Fine, R. (1997), "Civil Society Theory, Enlightenment and Critique", *Democratization*, 4 (1), 7-28.
Fishkin, J.S. (1991), *Democracy and Deliberation : New Directions for Democratic Reform*, New Haven, CT, and London : Yale University Press.
Fraser, N. (1995a), "From Redistribution to Recognition, Dilemmas of Justice in a Post-Socialist Age", *New Left Review*, 212, 68-93. 原田真美訳（2001）「再分配から承認まで？　ポスト社会主義時代における公正のジレンマ」,『アソシエ』5月号, 103-135頁.
――― (1995b), "Recognition or Redistribution : A Critical Reading of Iris Young's *Justice and the Politics of Difference*", *Journal of Political Philosophy*, 3, 166-80.

——— (1997), *Justice Interruptus : Critical Reflections on the 'Postsocialist' Condition*, London and New York : Routledge. 仲正昌樹監訳（2003）『中断された正義——「ポスト社会主義的」条件をめぐる批判的省察』御茶の水書房.

——— (1998), "Heterosexism, Misrecognition, and Capitalism : A Response to Judith Butler", *New Left Review*, 228, 140-9. 大脇美智子訳（1999）「ヘテロセクシズム，誤認，そして資本主義——ジュディス・バトラーへの返答」，『批評空間第II期』第23号，241-253頁.

——— (1999), "Rethinking the Public Sphere : A Contribution to the Critique of Actually Existing Democracy", in C. Calhoun ed., *Habermas and the Public Sphere*, Cambridge, MA, and London : MIT Press, 109-42. 山本啓／新田滋訳（1999）「公共圏の再考——既存の民主主義の批判のために」，『ハーバマスと公共圏』未來社，117-159頁.

——— (1999-2000), "Social Justice and Identity Politics", *CSD Bulletin*, 7 (1), 3-5.

Freeden, M. (1978), *The New Liberalism : An Ideology of Social Reform*, Oxford : Clarendon Press.

——— (1996), *Ideologies and Political Theory : A Conceptual Approach*, Oxford : Clarendon Press.

——— (2001), "Conclusion : Ideology—Balances and Projections", in M. Freeden ed., *Reassessing Political Ideologies : The Durability of Dissent*. London and New York : Routledge, 193-208.

Freedland, J. (1999), *Bringing Home the Revolution*, London : Fourth Estate.

Freedman, M.H., and E.M. Freedman eds. (1995), *Group Defamation and Freedom of Speech : The Relationship between Language and Violence*, Westport, CT : Greenwood Press.

Galeotti, A.E. (2002), *Toleration as Recognition*, Cambridge : Cambridge University Press.

Galipeau, C. (1994), *Isaiah Berlin's Liberalism*, Oxford : Clarendon Press.

Galston, W. (1991), *Liberal Purposes : Goods, Virtues, and Diversity in the Liberal State*, Cambridge : Cambridge University Press.

——— (1995), "Two Concepts of Liberalism", *Ethics*, 105, 516-34.

——— (1999a), "Expressive Liberty, Moral Pluralism, Political Pluralism : Three Sources of Liberal Theory", *William and Mary Law Review*, 40, 869-907.

——— (1999b), "Value Pluralism and Liberal Political Theory", *American Political Science Review*, 93, 769-81.

Gamble, A. (2000), *Politics and Fate*, Cambridge and Malden, MA : Cambridge University Press. 内山秀夫訳（2002）『政治が終わるとき？——グローバル化と国

民国家の運命』新曜社.

Gamson, W.A. (1988), "Political Discourse and Collective Action", *International Social Movement Research*, 1, 219-44.

Gaus, G. (1999), "Reasonable Pluralism and the Domain of the Political : How the Weaknesses of John Rawls's Political Liberalism can be Overcome by a Justificatory Liberalism", *Inquiry*, 42, 259-84.

——— (2000), "Liberalism at the End of the Century", *Journal of Political Ideologies*, 5, 179-99.

Geuss, R. (2002), "Liberalism and its Discontents", *Political Theory*, 30, 320-38.

Gianni, M. (1998), "Taking Multiculturalism Seriously : Political Claims for a Differentiated Citizenship", in K. Slawner and M.E. Denham eds., *Citizenship after Liberalism*, New York : Peter Lang, 33-55.

Giddens, A. (1994), *Beyond Left and Right : The Future of Radical Politics*, Cambridge : Polity. 松尾精文／立松隆介訳（2002）『左派右派を超えて——ラディカルな政治の未来像』而立書房.

Gill, E.R. (1986), "Goods, Virtues, and the Constitution of the Self", in A.J. Damico ed., *Liberals on Liberalism*, Lanham, MD : Rowman & Littlefield, 111-28.

Gilroy, P. (1987), *'There ain't no Black in the Union Jack' : The Cultural Politics of Race and Nation*, London : Hutchinson.

——— (2001), *Between Camps : Race, Nation and the Alliances of Race*, Harmondsworth : Penguin.

Gitlin, T. ([1987] 1993), *The Sixties : Years of Hope, Days of Rage*, New York and Toronto : Bantam. 疋田三良／向井俊二訳（1993）『60年代アメリカ——希望と怒りの日々』彩流社.

——— (1995), *The Twilight of Common Dreams : Why America is Wracked by Culture Wars*, New York : Henry Molt. 疋田三良／向井俊二訳（2001）『アメリカの文化戦争——たそがれゆく共通の夢』彩流社.

Glendon, M.A. (1995), "Forgotten Questions", in M.A. Glendon and D. Blankenhorn eds., *Seedbeds of Virtue : Sources of Competence, Character and Citizenship in American Society*, Lanham, MD, and London : Madison Books, 1-15.

Glendon, M.A., and D. Blankenhorn eds. (1995), *Seedbeds of Virtue : Sources of Competence, Character, and Citizenship in American Society*, Lanham, MD, and London : Madison Books.

Goodin, R. (1996), "Inclusion and Exclusion", *Archives Europeenes de Sociologie*, 37, 343-71.

Gray, J. (1995a), *Enlightenment's Wake : Politics and Culture at the Close of the Modern Age*, London : Routledge.

——— (1995b), *Berlin*, London : Fontana Press.
——— (1998), *False Dawn : The Delusions of Global Capitalism*, London : Granta.
——— (2000a), *Two Faces of Liberalism*, Cambridge : Polity.
——— (2000b), "Pluralism and Toleration in Contemporary Political Philosophy", *Political Studies*, 48, 323-33.
Green, D.G. (2001), "Liberal Anti-Racism", *Prospect*, October, 34-7.
Gutmann, A. (1993), "The Challenge of Multiculturalism in Political Ethics", *Philosophy and Public Affairs*, 22 (3), 171-206.
——— (1995), "Civic Education and Social Diversity", *Ethics*, 105, 557-79.
——— ed. (1998a), *Freedom of Association*, Princeton, NJ : Princeton University Press.
——— (1998b), "Freedom of Association : An Introductory Essay," in A. Gutmann ed., *Freedom of Association*, Princeton, NJ : Princeton University Press, 3-32.
——— (2003), *Identity in Democracy*, Princeton, NJ : Princeton University Press.
Habermas, J. (1971), *Toward a Rational Society : Student Protest, Science, and Politics*, London : Heinemann. 一部の論文が以下の著作に所収．長谷川宏訳 (2000)『イデオロギーとしての技術と科学』平凡社．
——— (1981), "New Social Movements", *Telos*, 49, 33-7.
——— (1993), "Struggles for Recognition in Constitutional States", *European Journal of Philosophy*, 1 (2), 128-55. 高野昌行訳 (2004)「民主的法治国家における承認をめぐる闘争」，『他者の受容――多文化社会の政治理論に関する研究』法政大学出版局，232-268 頁．
Hall, S. (1987), "Gramsci and Us", *Marxism Today*, June, 16-21. 野崎孝弘訳 (1998)「グラムシとわれわれ」，『現代思想』第 26 巻 4 号，青土社，116-128 頁．
——— (1988), *The Hard Road to Renewal : Thatcherism and the Crisis of the Left*, London : Verso.
——— (1989), "The 'First' New Left : Life and Times", in R. Archer et al. eds., *Out of Apathy : Voices of the New Left Thirty Years On*, London : Verso, 13-38.
——— (1991), "Brave New World", *Socialist Review*, 21 (1), 57-64.
Hampsher-Monk, I. (1999), "Toleration, the Moral Will and the Justification of Liberalism", in J. Horton and S. Mendus eds., *Toleration, Identity and Difference*, Basingstoke : Macmillan, 17-37.
Hannigan, J.A. (1985), "Alain Touraine, Manuel Castells and Social Movement Theory : A Critical Appraisal", *Sociological Quarterly*, 26, 435-54.
Hegel, G.W.F. (1967), *The Philosophy of Right*, Oxford : Oxford University Press. 上妻精／佐藤康邦／山田忠彰訳 (2000-2001)『法の哲学――自然法と国家学の要綱』上・下巻，ヘーゲル全集 9a-9b，岩波書店．

Held, D. (1995), *Democracy in the Global Order*, Cambridge : Polity. 佐々木寛／遠藤誠治／小林誠／土井美徳／山田竜作訳 (2002)『デモクラシーと世界秩序——地球市民の政治学』NTT 出版.
Held, D., A. McGrew, D. Goldblatt and J. Perraton (1999), *Global Transformations : Politics, Economics and Culture*, Cambridge : Polity.
Hirst, P. (1994), *Associative Democracy : New Forms of Economic and Social Governance*, Cambridge : Polity.
Hitchens, C. (1993), "The New Complainers", *Dissent*, 560-64.
Hobsbawm, E. (1996), "The Cult of Identity Politics," *New Left Review*, 217, 38-47.
Honig, B. (1993), *Political Theory and the Displacement of Politics*, Ithaca, NY, and London : Cornell University Press.
Honneth, A. (1995), *The Struggle for Recognition : The Moral Grammar of Social Conflicts*, Cambridge, MA : MIT Press. 山本啓／直江清隆訳 (2003)『承認をめぐる闘争——社会的コンフリクトの道徳的文法』法政大学出版局.
———— (1997), "Recognition and Moral Obligation", *Social Research*, 64 (1), 16-35.
Hoover, J. (2001), "Do the Politics of Difference Need to be Freed of Liberalism?", *Constellations*, 8, 201-18.
Horton, J. (1993), "Liberalism, Multiculturalism and Toleration", in J. Horton ed., *Liberalism, Multiculturalism and Toleration*, Basingstoke : Macmillan, 1-17.
———— (1998), "Charles Taylor : Selfhood, Community and Democracy", in A. Carter and G. Stokes eds., *Liberal Democracy and its Critics*, Cambridge : Polity, 155-74.
Hunter, J. (1991), *Culture Wars : The Struggle to Define America : Making Sense of the Battles over the Family, Art, Education, Law, and Politics*, New York : Basic Books.
Hutchings, K. (1999), "The Idea of International Citizenship", in K. Hutchings and R. Dannreuther eds., *Cosmopolitan Citizenship*, Basingstoke : Macmillan.
Hutchings, K., and R. Dannreuther eds. (1999), *Cosmopolitan Citizenship*, Basingstoke : Macmillan.
Hutton, W. (2001), "Other People, 1", *Prospect*, January, 4.
Ignatieff, M. (1994), *The Needs of Strangers*, London : Vintage. 添谷育志／金田耕一訳 (1999)『ニーズ・オブ・ストレンジャーズ』風行社.
Inglehart, R. (1977), *The Silent Revolution : Changing Values and Political Styles among Western Publics*, Princeton, NJ : Princeton University Press. 三宅一郎ほか訳 (1978)『静かなる革命——政治意識と行動様式の変化』東洋経済新報社.
———— (1979), "Value Priorities and Socioeconmic Change", in S.H. Barnes, M. Kaase et al., *Political Action : Mass Participation in Five Western Democracies*,

London : Sage, 305-42.
——— (1997), *Modernization and Postmodernization : Culture, Economic and Political Change in 43 Countries*, Princeton, NJ, and Oxford : Princeton University Press. 真鍋史訳（1997）「近代化とポスト近代化——経済発展と文化変化と政治変動の相互の関係の変化」,『関西学院大学社会学部紀要』第 77 巻，123-150 頁.
——— (1999), *Culture Shift in Advanced Industrial Society*, Princeton, NJ, and Oxford : Princeton University Press. 村山皓／富沢克／武重雅文訳（1993）『カルチャーシフトと政治変動』東洋経済新報社.
Inglehart, R., and H.D. Klingemann (1979), "Ideological Conceptualization and Value Priorities", in S.H. Barnes, M. Kaase et al., *Political Action : Mass Participation in Five Western Democracies*, London : Sage, 203-12.
Ivison, D. (1997), "The Secret History of Public Reason : Hobbes to Rawls", *History of Political Thought*, 18, 125-47.
——— (2000), "Modus vivendi Citizenship", in C. McKinnon and I. Hampsher-Monk eds., *The Demands of Citizenship*, London and New York : Continuum, 123-43.
——— (2002), *Postcolonial Liberalism*, Cambridge : Cambridge University Press.
Jaggar, A. (1999), "Multicultural Democracy", *Journal of Political Philosophy*, 7, 308-29.
James, S. (1992), "The Good-Enough Citizen : Female Citizenship and Independence", in G. Bock and S. James eds., *Beyond Equality and Difference : Citizenship, Feminist Politics and Female Subjectivity*, London and New York : Routledge, 48-68.
Jasper, I.M. (1997), *The Art of Moral Protest : Culture, Biography, and Creativity in Social Movements*, Chicago and London : University of Chicago Press.
Kahane, D. (1998), "Liberal Virtues and Citizen Education", in K. Slawrler and M. E. Denham eds., *Citizenship after Liberalism*, New York : Peter Lang, 103. 25.
Kateb, G. (1992), *The Inner Ocean : Individualism and Democratic Character*, Ithaca, NY : Cornell University Press.
——— (1998), "The Value of Association", in A. Gutmann ed., *Freedom of Association*, Princeton, NJ : Princeton University Press, 35-63.
Katznelson, I. (1996), *Liberalism's Crooked Circle : Letters to Adam Michnik*, Princeton, NJ : Princeton University Press.
Keane, J. ed. (1988a), *Civil Society and the State : New European Perspectives*, London : Verso.
——— ed. (1988b), *Democracy and Civil Society : On the Predicaments of European Socialism, the Prospects for Democracy and the Problem of Controlling*

Social and Political Power, London : Verso.
——— (1998), *Civil Society : Old Images, New Visions*, Cambridge : Polity.
Keane, J., and P. Mier (1989), "Editors' Preface", in A. Melucci, *Nomads of the Present : Social Movements and Individual Needs in Contemporary Society*, Philadelphia : Temple University Press, 1-9. 貴堂嘉之訳 (1997)「英語版編者による序文」,『現在に生きる遊牧民――新しい公共空間の創出に向けて』岩波書店, xxvii-xxxix.
Kekes, J. (2001), *The Morality of Pluralism*, Princeton, NJ : Princeton University Press.
Kelly, P. ed. (2002), *Multiculturalism Reconsidered : Culture and Equality and its Critics*, Cambridge : Polity.
Kenny, M. (1995), *The First New Left : British Intellectuals after Stalin*, London : Lawrence & Wishart.
——— (1999), "Reputations : Edward Palmer Thompson", *Political Quarterly*, 70 (30), 319-29.
Kingwell, M.A. (1995), *A Civil Tongue : Justice, Dialogue and the Politics of Pluralism*, University Park : Pennsylvania State University Press.
Kiss, E. (1999), "Democracy and the Politics of Recognition", in I. Shapiro and C. Hacker-Cordón eds., *Democracy's Edges*, Cambridge : Cambridge University Press, 193-209.
Klandermans, B., and S. Tarrow (1988), "Mobilization into Social Movements : Synthesizing European and American Approaches", in B. Klandermans, H. Kriesi and S. Tarrow eds., *International Social Movement Research*, Vol. 1 : *From Structure to Action : Comparing Social Movement Research Across Cultures*, Greenwich, CT, and London : JAI Press, 1-38.
Kloppenberg, I.T. (1998), *The Virtues of Liberalism*, Oxford and New York : Oxford University Press.
Kohler, T.C. (1995), "Civic Virtue at Work : The Unions as Seedbeds of the Civic Virtues," in M.A. Glendon and D. Blankenhorn eds., *Seedbeds of Virtue : Sources of Competence, Character, and Citizenship*, Lanham, MD, and London : Madison Books, 131-62.
Kohn, M. (2002), "Panacea or Privilege? New Approaches to Democracy and Association", *Political Theory*, 30, 289-98.
Kriesi, H. (1988), "The Interdependence of Structure and Action : Some Reflections on the State of the Art", *International Social Movement Research*, 1, 349-68.
Kriesi, H., R. Koopmans, J.W. Duyvendak and M.G. Guigi (1995), *New Social Movements in Western Europe : A Comparative Analysis*, London : UCL Press.

Kukathas, C. (1992), "Are There Any Cultural Rights?", *Political Theory*, 20, 105-39.
——— (1998), "Liberalism and Multiculturalism : The Politics of Indifference", *Political Theory*, 26, 686-99.

Kymlicka, W. (1989), *Liberalism, Community and Culture*, Oxford : Oxford University Press.

——— (1995), *Multicultural Citizenship*, Oxford : Oxford University Press. 角田猛之／石山文彦／山崎康仕監訳 (1998)『多文化時代の市民権――マイノリティの権利と自由主義』晃洋書房.

——— (1998), "Ethnic Associations and Democratic Citizenship", in A. Gutmann ed., *Freedom of Association*, Princeton, NJ : Princeton University Press, 177-213.

——— (2002), *Contemporary Political Philosophy : An Introduction*, Oxford : Oxford University Press. 岡崎晴輝ほか訳 (2002)『現代政治理論』日本経済評論社.

Kymlicka, W., and W. Norman (2000), "Citizenship in Culturally Diverse Societies : Issues, Contexts, Concepts", in W. Kymlicka and W. Norman eds., *Citizenship in Diverse Societies*, Oxford : Oxford University Press, 1-41.

Kymlicka, W., and M. Opalski eds. (2001), *Can Liberal Pluralism be Exported? Western Political Theory and Ethnic Relations in Eastern Europe*, Oxford : Oxford University Press.

Laclau, E., and C. Mouffe (1985), *Hegemony and Socialist Strategy : Towards a Radical Democratic Politics*, London : Verso. 山崎カヲル／石澤武訳 (2000)『ポスト・マルクス主義と政治――根源的民主主義のために［復刻新版］』大村書店.

Laden, A. (2001), *Reasonably Radical : Deliberative Liberalism and the Politics of Identity*, Ithaca, NY, and London : Cornell University Press.

Laforest, G. (1993), "Introduction", in C. Taylor, *Reconciling the Solitudes : Essays on Canadian Federalism and Nationalism*, Montreal : McGill-Queen's University Press.

Lamey, A. (1999), "Francophonia for Ever : The Contradictions in Charles Taylor's 'The Politics of Recognition'", *Times Literary Supplement*, 23 July, 12-15.

Larmore, C. (1987), *Patterns of Moral Complexity*, Cambridge : Cambridge University Press.

——— (1990), "Political Liberalism", *Political Theory*, 18, 339-60.

Lasch, C. (1979), *The Culture of Narcissism : American Life in An Age of Diminishing Expectations*, New York and London : W.W. Norton. 石川弘義訳 (1981)『ナルシシズムの時代』ナツメ社.

Lehning, P.B. (1998), "Towards a Multicultural Civil Society : The Role of Social Capital and Democratic Citizenship", *Government and Opposition*, 33, 221-42.

Levine, A. (1998), *Rethinking Liberal Equality*, Ithaca, NY, and London : Cornell University Press.

Levinson, M. (1999), *The Demands of Liberal Education*, Oxford : Oxford University Press.

Levy, J. (2000), *The Multiculturalism of Fear*, Oxford : Oxford University Press.

Lichterman. P. (1999), "Talking Identity in the Public Sphere : Broad Visions and Small Spaces in Sexual Identity Politics", *Theory and Society*, 28, 101-41

Lind, M. (1996), *The Next American Nation : The New Nationalism and the Fourth American Revolution*, Carmichael, CA : Touchstone Books.

Linklater, A. (1998), *The Transformation of Political Community : Ethical Foundations of the Post-Westphalian Era*, Cambridge : Polity.

Lipset, S.M. (1996), *American Exceptionalism : A Double-Edged Sword*, New York and London : W.W. Norton. 上坂昇／金重紘訳（1999）『アメリカ例外論——日欧とも異質な超大国の論理とは』明石書店.

Littleton, C. (1980), "Towards a Feminist Jurisprudence", *Indiana Law Journal*, 56, 375-444.

Lott, E. (1999), "Boomer liberalism", *Transition*, 78, 24-44.

——— (2000), "After Identity, Politics : The Return of Universalism", *New Literary History*, 31, 665-80.

Lovenduski J., and J. Outshoorn eds. (1986), *The New Politics of Abortion*, London : Sage.

Lovenduski, j., and V. Randall (1993), *Contemporary Feminist Politics*, Oxford : Oxford University Press.

Luckes, S. (1997), "Humiliation and the Politics of Identity", *Social Research*, 64(1), 36-51.

Lustiger-Thaler, H., and L. Maheu (1995), "Social Movements and the Challenge of Urban Politics", in L. Maheu ed., *Social Movements and Social Classes : The Future of Collective Action*, London : Sage, 151-68.

McAdam, D., J.D. McCarthy and M.N. Zald (1988), "Social Movements", in N.J. Smelser ed., *Handbook of Sociology*, London : Sage, 695-737.

McCarthy, T. (1978), *The Critical Theory of Jürgen Habermas*, London : Hutchinson.

——— (1994), "Kantian Constructivism and Reconstructivism : Rawls and Habermas in Dialogue", *Ethics*, 105, 44-63.

McDonald, K. (2003), "Alain Touraine", in A. Elliott and L. Ray eds., *Key Contemporary Social Theorists*, Oxford : Blackwell, 246-51.

Macedo, S. (1990), *Liberal Virtues : Citizenship, Virtue, and Community in Liberal Constitutionalism*, Oxford : Clarendon Press.

——— (1995), "Liberal Civic Education and Religious Fundamentalism : The Case of God v. John Rawls?", *Ethics*, 105, 468-96.

——— (1996), "Community, Diversity, and Civic Education : Towards a Liberal Political Science of Group Life", *Social Philosophy and Policy*, 13(1).

MacIntyre A. (1981), *After Virtue : A Study in Moral Theory*, London : Duckworth. 篠崎榮訳（1993）『美徳なき時代』みすず書房.

McKay, G. (1996), *Senseless Acts of Beauty : Cultures of Resistance since the Sixties*, London, Verso.

——— ed. (1998), *DiY Culture : Party and Protest in Nineties Britain*, London : Verso.

McKenzie, E. (1994), *Privatopia : Homeowner Associations and the Rise of Residential Private Government*, New Have, CT : Yale University Press. 竹井隆人／梶浦恒男訳（2003）『プライベートピア——集合住宅による私的政府の誕生』世界思想社

McKinnon, C. (2000), "Civil Citizens", in C. McKinnon and I. Hampsher-Monk eds., *The Demands of Citizenship*, London and New York : Continuum, 144-64.

Mansbridge, J. (1996), "Using Power/Fighting Power : The Polity", in S. Benhabib ed., *Democracy and Difference : Contesting the Boundaries of the Political*, Princeton, NJ : Princeton University Press, 46-66.

Margalit, A. (1996), *The Decent Society*, Cambridge, MA : Harvard University Press.

Marneffe, P. de (1998), "Rights, Reasons, and Freedom of Association", in A. Gutmann ed., *Freedom of Association*, Princeton, NJ : Princeton University Press, 145-73.

Mason, A. (2000), *Community, Solidarity, and Belonging : Levels of Community and their Normative Significance*, Cambridge : Cambridge University Press.

Mattson, K. (2002), *Intellectuals in Action : The Origins of the New Left and Radical Liberalism, 1945-1970*, University Park : Pennsylvania State University Press.

Mehta, U.S. (1999), *Liberalism and Empire : A Study in Nineteenth-Century British Liberal Thought*, Chicago : University of Chicago Press.

Melucci, A. (1984), "An End to Social Movements?", Social *Science Information*, 23, 819-35.

——— (1985), "The Symbolic Challenge of Contemporary Movements", *Social Research*, 52, 789-816.

——— (1988), "Social Movements and the Democratization of Everyday Life", in J. Keane ed., *Civil Society and the State : New European Perspectives*, London : Verso, 245-60. 貴堂嘉之訳（1997）「日常生活の諸境界」,『現在に生きる遊牧民——新しい公共空間の創出に向けて』岩波書店, 123-144 頁.

——— (1989), *Nomads of the Present : Social Movements and Individual Needs in Contemporary Society*, Philadelphia : Temple University Press. 山之内靖／貴堂嘉之／宮崎かすみ訳（1997）『現在に生きる遊牧民——新しい公共空間の創出に向けて』岩波書店.

——— (1995), "The New Social Movements Revisited : Reflections on a Sociological Misunderstanding", in L. Maheu ed., *Social Movements and Social Classes : The Future of Collective Action*, London : Sage, 107-22.

——— (1996a), *Challenging Codes : Collective Action in the Information Age*, Cambridge and New York : Cambridge University Press.

——— (1996b), *The Playing Self : Person and Meaning in the Planetary Society*, Cambridge : Cambridge University Press.

Mendus, S. (1993), "The Tigers of Wrath and the Horses of Instruction", in J. Horton ed., *Liberalism, Multiculturalism and Toleration*, Basingstoke, Macmillan, 193-206.

——— (2002), "Choice, Chance and Multiculturalism", in P. Kelly ed., *Multiculturalism Reconsidered : Culture and Equality and its Critics*, Cambridge : Polity, 31-44.

Meyer, J. (1998), "The Politics of Differentiated Citizenship", in K. Slawner and M. E. Denham eds., *Citizenship after Liberalism*, New York : Peter Lang, 57-79.

Miller, D. (1995a), "Citizenship and Pluralism", *Political Studies*, 43, 432-50.

——— (1995b), *On Nationality*, Oxford : Clarendon Press.

——— (2002), "Liberalism, Equal Opportunities and Cultural commitments", in P. Kelly ed., *Multiculturalism Reconsidered : Culture and Equality and its Critics*, Cambridge : Polity, 45-61.

Modood, T. (1998), "Anti-essentialism, Multiculturalism and the 'Recognition' of Religious Groups", *Journal of Political Philosophy*, 9, 378-99.

——— (2001), "Their Liberalism and our Multiculturalism?", *British Journal of Politics and International Relations*, 3, 245-57.

Moon, J.D. (1993), *Constructing community : Moral Pluralism and Tragic Conflicts*, Princeton, NJ : Princeton University Press.

Moore, M. (1995), "Political Liberalism and Cultural Diversity", *Canadian Journal of Law and Jurisprudence*, 8, 297-310.

Mouffe, C. (1995), "Democratic Politics and the Question of Identity", in J. Rajchman ed., *The Identity in Question*, London and New York : Routledge, 33-46.

Mulgan, G. (1994), *Politics in an Antipolitical Age*, Cambridge : Polity.

Nagel, T. (1987), "Moral Conflict and Political Legitimacy", *Philosophy and Public Affairs*, 16, 215-40.

Nedelmann, B. (1984), "New Political Movements and Changes in Processes of Intermediation", *Social Science Information*, 23, 1029-48.

Newey, G. (1998), "Value-Pluralism in Contemporary Liberalism", *Dialogue*, 37, 493-522.

——— (2000), *After Politics : The Rejection of Politics in Contemporary Liberal Philosophy*, Basingstoke : Palgrave.

——— (2001), "How Do You Like your Liberalism : Fat or Thin?", *London Review of Books*, 7 June, 3-6.

Nicholson, L. (1996), "To Be or Not to Be : Charles Taylor and the Politics of Recognition", *Constellations*, 3 (1), 1-16.

Nussbaum, M. (1996), "The Sleep of Reason", *Times Higher Education Supplement*, 2 February, 17-18.

——— (1999), "A Plea for Difficulty", in S.M. Okin, *Is Multiculturalism Bad for Women*?, ed. J. Cohen, M. Howard and M.C. Nussbaum, Princeton, NJ : Princeton University Press, 105-14.

——— (2000a), "Religion and Women's Equality : The Case of India", in N.L. Rosenblum ed., *Obligations of Citizenship and Demands of Faith : Religious Accommodation in Pluralist Democracies*, Princeton, NJ : Princeton University Press, 335-402.

——— (2000b), *Women and Human Development : The Capabilities Approach*, Cambridge : Cambridge University Press.

Offe, C. (1985), "New Social Movements : Challenging the Boundaries of Institutional Politics", *Social Research*, 52, 817-68.

——— (1998), "'Homogeneity' and Constitutional Democracy : Coping with Identity Conflicts through Group Rights", *Journal of Political Philosophy*, 6, 113-41.

Okin, S.M. (1999), "Is Multiculturalism Bad for Women?", in S.M. Okin, *Is Multiculturalism Bad for Women*?, ed. I. Cohen, M. Howard and M.C. Nussbaum, Princeton, NJ : Princeton University Press, 9-24.

Oliver, J.E. (2001), *Democracy in Suburbia*, Princeton, NJ, and Oxford : Princeton University Press.

O'Neill, J. (1997), "Hegel against Fukuyama : Associations, Markets and Recognition", *Politics*, 17, 191-6.

O'Neill, S. (2000), "Liberty, Equality and the Rights of Cultures : The Marching Controversy at Drumcree", *British Journal of Politics and International Relations*, 2 (1), 26-45.

Parekh, B. (2000), *Rethinking Multiculturalism : Cultural Diversity and Political Theory*, Basingstoke : Macmillan.

Patten, A. (2000), "Equality of Recognition and the Liberal Theory of Citizenship", in C. McKinnon and I. Hampsher-Monk eds., *The Demands of Citizenship*, London and New York : Continuum, 193-211.

Pettit, P. (1999), *Republicanism : A Theory of Freedom and Government*, Oxford : Oxford University Press.

Phillips, A. (1993), *Democracy and Difference*, Cambridge : Polity.

——— (1996), "Dealing with Difference : A Politics of Ideas, or a Politics of Presence?", in S. Benhabib ed., *Democracy and Difference : Contesting the Boundaries of the Political*, Princeton, NJ : Princeton University Press, 139-52.

——— (1997), *Feminism and Equality*, Oxford : Blackwell.

——— (1999), *Which Equalities Matter*? Cambridge : Polity.

Philp, M. (2000), "Motivating Liberal Citizenship", in C. McKinnon and I. Hampsher-Monk eds., *The Demands of Citizenship*, London and New York : Continuum, 165-89.

Plotke, D. (1996), "Norms : Social and Legal," *Good Society*, 6 (1), 10-12.

Pocock, I.G.A. (1975), *The Machiavellian Moment : Florentine Political Thought and the Atlantic Tradition*, Princeton, NJ, and London : Princeton University Press.

Pogge, T. (2002), *World Poverty and Human Rights : Cosmopolitan Responsibililties and Reforms*, Cambridge : Polity.

Poole, R. (2000), "Justice or Appropriation ? Indigenous Claims and Liberal Theory", *Radical Philosophy*, 101, 5-17.

Purvis, T., and A. Hunt (1999), "Identity versus Citizenship : Transformations in the Discourses and Practices of Citizenship", *Social and Legal Studies*, 8, 457-82.

Putnam, R. (1993), *Making Democracy Work : Civic Traditions in Modern Italy*, Princeton, NJ : Princeton University Press. 河田潤一訳 (2001)『哲学する民主主義——伝統と改革の市民的構造』NTT 出版.

——— (1995), "Bowling Alone : America's Declining Social Capital", *Journal of Democracy*, 6 (1), 65-78.

Quong, J. (2002), "Are Identity Claims Bad for Deliberative Democracy?", *Contemporary Political Theory*, 1, 307-27.

Rajan, N. (1998), "Multiculturalism, Group Rights and Identity Politics", *Economic and Political Weekly*, 4 July, 1699-1701.

Raichman, J. ed. (1995), *The Identity in Question*, London and New York : Routledge.

Rawls, J. (1971), *A Theory of Justice*, Cambridge, MA : Harvard University Press. 矢島鈞次監訳 (1979)『正義論』紀伊國屋書店.

——— (1985), "Justice as Fairness : Political not Metaphysical", *Philosophy and*

Public Affairs, 14, 223-52. 田中成明編訳（1979）『公正としての正義』木鐸社，31-77 頁.
——— (1993), *Political Liberalism*, New York : Columbia University Press.
——— (2000), *Lectures on the History of Moral Philosophy*, ed. Barbara Merman, Cambridge, MA, and London : Harvard University Press. 久保田顕二／下野正俊／山根雄一郎訳（2005）『ロールズ哲学史講義』上・下，みすず書房.
——— (2001), *Justice as Fairness : A Restatement*, ed. E. Kelly. Cambridge, MA : Harvard University Press. 田中成明／亀本洋／平井亮輔訳（2004）『公正としての正義再説』岩波書店.

Raz, J. (1986), *The Morality of Freedom*, Oxford : Clarendon Press.

Rorty, A.O. (1994), "The Hidden Politics of Cultural Identification", *Political Theory*, 22, 152-66.

Rorty, R. (1991), "On Ethnocentrism : A Reply to Clifford Geertz", in R. Rorty, *Objectivity, Relativism, and Truth : Philosophical Papers, Vol. 1*, Cambridge and New York : Cambridge University Press, 203-10.
——— (1998), *Achieving Our Country : Leftist Thought in Twentieth-Century America*, Cambridge, MA : Harvard University Press. 小澤照彦訳（2000）『アメリカ未完のプロジェクト——20 世紀アメリカにおける左翼思想』晃洋書房
——— (1999), "Globalization, the Politics of Identity and Social Hope", in R. Rorty, *Philosophy and Social Hope*, Harmondsworth : Penguin, 229-39. 渡辺啓真訳（2002）「グローバリゼーション，アイデンティティの政治，社会的希望」，『リベラル・ユートピアという希望』岩波書店，282-298 頁.

Rosenblum, N.L. (1994a), "Democratic Character and Community : The Logic of Congruence?", *Journal of Political Philosophy*, 2 (1), 67-97.
——— (1994b), "Civil Societies : Liberalism and the Moral Uses of Pluralism", *Social Research*, 61, 539-62.
——— (1998a), *Membership and Morals : The Personal Uses of Pluralism in America*, Princeton, NJ : Princeton University Press.
——— (1998b), "Compelled Association : Public Standing, Self-Respect, and the Dynamic of Exclusion", in A. Gutmann ed., *Freedom of Association*, Princeton, NJ : Princeton University Press, 75-108.

Rowbotham, S., L. Segal and H. Wainwright (1980), *Beyond the Fragments : Feminism and the Making of Socialism*, London : Merlin. 澤田美沙子ほか訳（1989）『断片を超えて——フェミニズムと社会主義』勁草書房.

Rucht, D. (1991), "Sociological Theory as a Theory of Social Movements? A Critique of Alain Touraine", in D. Rucht ed., *Research on Social Movements : The State of the Art in Western Europe and the USA*, Boulder, CO : Westview Press ;

Frankfurt : Campus Verlag, 355-85.
Runciman, W.G. (1963), *Social Science and Political Theory*, Cambridge : Cambridge University Press. 川上源太郎訳（1971）『社会科学と政治理論』福村出版.
Rustin, M. (1985), *For a Pluralist Socialism*, London : Verso.
Saggar, S. (2000), *Race and Representation : Electoral Politics and Ethnic Pluralism in Britain*, Manchester : Manchester University Press.
Sandel, M. (1984), "The Procedural Republic and the Unencumbered Self", *Political Theory*, 12, 81-96.
Sassoon, J. (1984), "Ideologies, Symbolic Action and Actuality in Social Movements : The Effects on Organizational Forms", *Social Science Information*, 23, 861-73.
Schlesinger, A.M., Jr. (1998), *The Disuniting of America : Reflections on a Multicultural Society*, New York and London : W.W. Norton. 都留重人監訳 (1992)『アメリカの分裂――多元文化社会についての所見』岩波書店.
Scott, A. (1990), *Ideology and the New Social Movements*, London : Unwin Hyman.
Scruton, R. (2002), *The West and the Rest : Globalization and the Terrorist Threat*, London : Continuum.
Seglow, J. (1998), "Universals and Particulars : The Case of Liberal Cultural Nationalism", *Political Studies*, 46, 963-77.
Seligman, A. (1995), *The Idea of Civil Society*, Princeton, NJ : Princeton University Press.
Sen, A. (1992), *Inequality Re-examined*, New York : Russell Sage Foundation ; Oxford : Clarendon Press. 池本幸生／野上裕生／佐藤仁訳（1999）『不平等の再検討――潜在能力と自由』岩波書店.
――― (1999), *Reason Before Identity*, New York : Oxford University Press. 細見和志訳（2003）『アイデンティティに先行する理性』関西学院大学出版会.
Shapiro, I. (2001), *Democratic Justice*, New Haven, CT : Yale University Press.
Shklar, J. (1985), *Ordinary Vices*, Cambridge, MA : Harvard University Press.
――― (1995), *American Citizenship : The Quest for Inclusion*, Cambridge, MA : Harvard University Press.
Simhony, A., and D. Weinstein (2001), "Introduction : The New Liberalism and the Liberal-Communitarian Debate", in A. Simhony and D. Weinstein eds., *The New Liberalism : Reconciling Liberty and Community*, Cambridge : Cambridge University Press, 1-25.
Skinner, Q. (1998), *Liberty Before Liberalism*, Cambridge : Cambridge University Press. 梅津順一訳（2001）『自由主義に先立つ自由』聖学院大学出版会.
Slawner, K. (1998), "Uncivil Society : Liberalism, Hermeneutics, and 'Good Citizen-

ship'", in K. Slawner and M. E. Denham eds., *Citizenship after Liberalism*, New York : Peter Lang, 81-101.
Slawner, K., and M.E. Denham eds. (1998), *Citizenship after Liberalism*, New York : Peter Lang.
Smith, A.M. (1991), "The End of the Rainbow", *Marxism Today*, February, 24-5.
Smith, N. (2002), *Charles Taylor : Meaning, Morals and Modernity*, Cambridge : Polity.
Smith, R. (1997), *Civic Ideals : Conflicting Visions of Citizenship in US History*, New Haven, CT, and London : Yale University Press.
Smits, K. (2000) *Identity Politics and the Reconstruction of Liberal Pluralism*, DPhil. dissertation, Cornell University.
Somers, M. (1994), "The Narrative Constitution of Identity : A Relational and Network Approach", *Theory and Society*, 23, 605-49.
Spång, M. (2002), "Recognition, Misrecognition and Capitalism", 〈http ://www.theglobalsite.ac.uk/press/112 spang.htm〉.
Spinner-Halev, J. (2000), "Land, Culture and Justice : A Framework for Group Rights and Recognition", *Journal of Political Philosophy*, 8, 319-42.
Spragens, T.A. (1999), *Civic Liberalism : Reflections on our Democratic Ideals*, Lanham, MD : Rowman & Littlefield.
Stevens, D. (2001), *Education, Fraternity and Social Cohesion : A Liberal Argument about Civic Virtue*, PhD dissertation, University of Nottingham.
Stevenson, N. (2003), "Manuel Castells", in A. Elliott and L. Ray eds., *Key Contemporary Social Theorists*, Oxford : Blackwell, 91-6.
Stocker, M. (1990), *Plural and Conflicting Values*, Oxford : Clarendon Press.
Strong, T. (1990), *The Idea of Political Theory : Reflections on the Self in Political Time and Space*, Notre Dame, IN : University of Notre Dame Press.
Sunstein, C. (1995), "Incompletely Theorized Agreements", *Harvard Law Review*, 108, 1733-9.
——— (1998), "Beyond the Republican Revival", *Yale Law Review*, 97, 1539-90.
Tamir, Y. (1991), "Whose History? What Ideas?", in E. Margalit and A. Margalit eds., *Isaiah Berlin : A Celebration*, London : Hogarth Press, 146-59.
——— (1993), *Liberal Nationalism*, Princeton, NJ : Princeton University Press.
——— (1998), "Revisiting the Civic Sphere", in A. Gutmann ed., *Freedom of Association*, Princeton, NJ : Princeton University Press, 214-38.
Tarrow, S. (1991), "Comparing Social Movement Participation in Western Europe and the United States : Problems, Uses, and a Proposal for a Synthesis", in D. Rucht ed., *Research on Social Movements : The State of the Art in Western*

Europe and the USA, Boulder, CO : Westview Press ; Frankfurt : Campus Verlag, 392-420.
——— (1994), *Power in Movement : Social Movements, Collective Action and Politics*, Cambridge : Cambridge University Press.
Taylor, C. (1957), "Socialism and the Intellectuals", *Universities and Left Review*, 2, 18-19.
——— (1958), "Alienation and Community", *Universities and Left Review*, 5, 11-18.
——— (1985), *Human Agency and Language : Philosophical Papers 1*, Cambridge : Cambridge University Press.
——— (1989), *Sources of the Self : The Making of the Modern Identity*, Cambridge, MA : Harvard University Press.
——— (1991a), "The Importance of Herder", in E. Margalit and A. Margalit eds., *Isaiah Berlin : A Celebration*. London : Hogarth Press, 40-63.
——— (1991b), *The Ethics of Authenticity*, Cambridge, MA : Harvard University Press. 田中智彦訳（2004）『「ほんもの」という倫理――近代とその不安』産業図書.
——— (1994), "The Politics of Recognition", in A. Gutmann ed., *Multiculturalism : Examining the Politics of Recognition*, Princeton, NJ : Princeton University Press, 25-73. 辻康夫訳（1996）「承認をめぐる政治」,『マルチカルチュラリズム』岩波書店，37-110 頁.
——— (1995a), "Invoking Civil Society", in C. Taylor, *Philosophical Arguments*, Cambridge, MA, and London : Harvard University Press, 204-24.
——— (1995b), "Liberal Politics and the Public Sphere", in C. Taylor, *Philosophical Arguments*, Cambridge, MA, and London : Harvard University Press, 257-87.
——— (1999), "Democratic Exclusion (and its Remedies?) : The John Ambrose Stack Memorial Lecture", in A.C. Cairns, J.C. Courtney, P. MacKinnon, H.J. Michelmann and D.E. Smith eds., *Citizenship, Diversity, and Pluralism : Canadian and Comparative Perspectives*, Montreal : McGill-Queen's University Press, 265-87.
Tebble, A.J. (2002), "What is the Politics of Difference?", *Political Theory*, 30, 259-81.
Tempelman, S. (1999), "Constructions of Cultural Identity : Multiculturalism and Exclusion", *Political Studies*, 47 (1), 17-31.
Thompson, E.P. (1961), *The Making of the English Working Class*, Harmondsworth : Penguin. 市橋秀夫／芳賀健一訳（2003）『イングランド労働者階級の形成』青弓社.
Thurlow, R. (2000), *Fascism in Modern Britain*, Stroud : Sutton.

Tilly, C. (1985), "Models and Realities of Popular Collective Action", *Social Research*, 52, 717-47.

——— (1994), "Social Movements as Historically Specific Clusters of Political Performances," *Berkeley Journal of Sociology*, 39, 1-30.

Tocqueville, A. de ([1835] 1969), *Democracy in America*, New York : Harper & Row. 岩永健吉郎／松本礼二訳（1972）『アメリカにおけるデモクラシー』研究社出版.

Tomasi, J. (2001), *Liberalism beyond Justice : Citizens, Society, and the Boundaries of Political Theory*, Princeton, NJ, and Oxford : Princeton University Press.

Touraine, A. (1981), *The Voice and the Eye : An Analysis of Social Movements*, Cambridge : Cambridge University Press. 梶田孝道訳（1983）『声とまなざし——社会運動の社会学』新泉社.

——— (1985), "An Introduction to the Study of Social Movements", *Social Research*, 52, 749-87.

——— (2000), *Can We Live Together ? Equality and Difference*, Cambridge : Polity.

Touraine, A., M. Wieviorka and F. Dubet (1984), *Le Mouvement ouvrier*, Paris : Fayard.

Tucker, K. (1991), "How New are the New Social Movements?", *Theory, Culture and Society*, 8, 75-98.

Tully, J. (1995), *Strange Multiplicity : Constitutionalism in an Age of Diversity*, Cambridge : Cambridge University Press.

——— (2000a), "Struggles over Recognition and Distribution", *Constellations*, 7, 469-95.

——— (2000b), "The Challenge of Reimagining Citizenship and Belonging in Multicultural and Multinational Societies", in C. McKinnon and I. Hampsher-Monk eds., *The Demands of Citizenship*, London and New York : Continuum, 212-34.

Vincent, A. (1989), "Can Groups be Persons?", *Review of Metaphysics*, 42, 687-715.

——— (2002), *Nationalism and Particularity*, Cambridge : Cambridge University Press.

Vogel, L. (1993), "Critical Notices : 'The Ethics of Authenticity' and 'Multiculturalism and the Politics of Recognition' by Charles Taylor", *International Journal of Philosophical Studies*, 6, 325-35.

Wainwright, H. (1994), *Arguments for a New Left : Answering the Free-Market Right*, Oxford : Blackwell.

Waldron, J. (1992), "Minority Cultures and the Cosmopolitan Alternative", *University of Michigan Journal of Law Reform*, 25, 751-93.

——— (1993), *Liberal Rights : Collected Papers 1981-1991*, Cambridge and New York : Cambridge University Press.

——— (2000), "Cultural Identity and Civic Responsibility", in W. Kymlicka and W. Norman eds., *Citizenship in Diverse Societies*, Oxford : Oxford University Press, 155-74.

Walker, R.B.J. (1994), "Social Movements/World Politics", *Millennium*, 23,669-700.

Wallman, S. (1983), "Identity Options", in C. Fried ed., *Minorities : Community and Identity : Report of the Dahlem Workshop on Minorities : Community and Identity. Berlin 1982. Nov. 28-Dec. 3.*, Berlin : Springer-Verlag.

Walzer, M. (1993), "Exclusion, Injustice and the Democratic State", *Dissent*, 55-64.

——— (1995), "The Civil Society Argument", in R. Beiner ed., *Theorizing Citizenship*, Albany, NY : State University of New York Press. 高橋康浩訳 (1996)「市民社会論」,『思想』第 867 号, 164-183 頁.

——— (1998), "On Involuntary Association", in A. Gutmann ed., *Freedom of Association*, Princeton, NJ : Princeton University Press, 64-74.

Warren, M. (2001), *Democracy and Association*, Princeton, NJ : Princeton University Press.

West, C. (1994), *Race Matters*, New York : Vintage.

Whitebrook, M. (2001), *Identity, Narrative and Politics*, London and New York : Routledge.

Williams, M.S. (1998), *Voice, Trust and Memory : Marginalized Groups and the Failings of Liberal Republicanism*, Princeton, NJ : Princeton University Press.

——— (2000), "The Uneasy Alliance of Group Representation and Deliberative Democracy", in W. Kymlicka and W. Norman eds., *Citizenship in Diverse Societies*, Oxford : Oxford University Press, 124-52.

Wingrove, E. (1998), "Educating for Citizenship : Reflections on Pedagogy as Conservation and Critique", in K. Slawner and M.E. Denham eds., *Citizenship after Liberalism*, New York : Peter Lang, 127-46.

Wolfe, A. (1991), *Whose Keeper? Social Science and Moral Obligation*, Berkeley : University of California Press.

Wolfe, A., and J. Klausen (1992), "Identity Politics and the Welfare State", *Social Philosophy and Policy*, 14, 231-55.

——— (2000), "Other People", *Prospect*, December, 28-33.

Wolff, J. (1998), "John Rawls : Liberal Democracy Restated", in A. Carter and G. Stokes eds., *Liberal Democracy and its Critics : Perspectives in Contemporary Political Thought*, Cambridge : Polity, 118-34.

Wolin, S. (1993), "Democracy, Difference, and Re-cognition", *Political Theory*, 21,

464-83.
Worpole, K. (2001), "Other People, 2", *Prospect*, January, 4.
Wright, E.O. (1985), *Classes*, London : Verso.
Young, I.M. (1986), "Difference and Policy : Some Reflections in the Context of New Social Movements", *Cincinnati Law, Review*, 56, 535-50.
——— (1989), "Polity and Group Difference : A Critique of the Ideal of Universal Citizenship", *Ethics*, 99, 250-74. 施光恒訳（1996）「政治体と集団の差異——普遍的シティズンシップの理念に対する批判」，『思想』第867号，97-128頁.
——— (1990), *Justice and the Politics of Difference*, Princeton, NJ : Princeton University Press.
——— (2000), *Inclusion and Democracy*, Cambridge : Cambridge University Press.
——— (2001), "Equality of Whom? Social Groups and Judgments of Injustice", *Journal of Political Philosophy*, 9 (1), 1-18.
Young, N. (1977), *An Infantile Disorder ? The Crisis and Decline of the New Left*, London : Routledge & Kegan Paul.
Young, T. (2002), "'A Project to be Realized' : Global Liberalism and a New World Order", in E. Hovden and E. Keene eds., *The Globalization of Liberalism*, Basingstoke : Palgrave, 173-9.